Green **Line 5**

Lehrerband mit Kopiervorlagen

von
Martina Angele
Vera Brunkau
Anette Christiani
Paul Dennis
Ingrid Hartmann-Scheer
Hartmut Klose
Antje Körber
Axel Plitsch

herausgegeben von
Harald Weisshaar

Ernst Klett Verlag
Stuttgart · Leipzig

Green Line 5 Lehrerband mit Kopiervorlagen

Herausgeber: Harald Weisshaar, Bisingen

Autoren: Martina Angele, Konstanz; Vera Brunkau, Bergisch Gladbach; Anette Christiani, Dortmund; Paul Dennis, Lahnstein; Ingrid Hartmann-Scheer, Düsseldorf; Hartmut Klose, Seevetal; Antje Körber, Merseburg; Axel Plitsch, Wülfrath

Abkürzungen und Symbole im Lehrerband:

G	Grammatikparagraf
HA	Hausaufgabe
HV	Hörverstehen
KV	Kopiervorlage
L	Lehrerin/nen und Lehrer
S	Schülerinnen und Schüler
pl.	Plural
S.	Seite
TA	Tafelanschrieb/-bild
PA/	Partnerarbeit
GA/	Gruppenarbeit
SB	Schülerbuch
WB	Workbook
	Differenzierung nach oben
	Differenzierung nach unten
	Schreibübungen

1. Auflage 1 5 4 3 2 1 | 2013 12 11 10 09

Alle Drucke dieser Auflage sind unverändert und können im Unterricht nebeneinander verwendet werden.
Die letzte Zahl bezeichnet das Jahr des Druckes.

Redaktion: Martina Reckart

Gestaltung: Anita Bauch, Anne Leibbrand
Umschlaggestaltung: Koma Amok, Stuttgart
Illustrationen: Christian Dekelver, Weinstadt; Dorothee Wolters, Köln sowie Martin Hoffmann, Stuttgart; Koma Amok, Stuttgart
Satz: Satzkiste GmbH, Stuttgart
Reproduktion: Meyle + Müller, Medien-Management, Pforzheim
Druck: AZ Druck und Datentechnik GmbH, Kempten / Allgäu

Printed in Germany
ISBN 978-3-12-547163-4

9 783125 471634

Inhaltsverzeichnis

Liebe Kolleginnen und Kollegen,

der Lehrerband von *Green Line 5* führt die Konzeption der Lehrerbände von *Green Line 1* bis *4* fort:

1. Es gibt wieder vielfältige Hinweise zum methodischen Verfahren, zum Einsatz des *Workbook*, der CDs mit Trackangabe, der Online-Links und der DVDs. Außerdem finden Sie nützliche Hinweise zur Erweiterung des Pensums bis hin zum Einsatz der Kopiervorlagen. Tafelanschriebe, Tipps und Lösungen/Erwartungshorizonte zu den Aufgaben runden das Bild ab.

2. Darüber hinaus bietet auch dieser Lehrerband, wie die Lehrerbände von *Green Line 1* bis *4*, etliche Neuerungen gegenüber früheren Lehrwerksreihen:

   - Der Lehrerband liegt als **Ordner** vor und ist somit leicht zu handhaben. Ihre eigenen Materialien können Sie gleich an Ort und Stelle einfügen.
   - Jeder Unit ist eine **Planungsübersicht** vorangestellt. So erhalten Sie einen Überblick über die jeweilige Unit mit Hinweisen zum Einsatz der relevanten Medien.
   - Mit der Seitenaufteilung in **drei Kolumnen** ist jede Seite übersichtlich: die linke Randspalte ist die Navigationsleiste, die breite Mittelspalte vermittelt die Inhalte, die rechte Randspalte koordiniert den Medienverbund und gibt die genauen Mediendaten an.
   - Bei der Mehrheit der Aufgaben und Texte folgt am Ende der methodischen Kommentare eine Rubrik **„Tipps für junge Lehrer"** mit Informationen und Anregungen für Kolleginnen und Kollegen, die zum ersten Mal in dieser Klassenstufe unterrichten.
   - Begleitend zu jeder Unit gibt es ca. **10 Kopiervorlagen**, die zum Teil als Differenzierung nach unten und nach oben ausgewiesen sind. Auch zu den fakultativen Zusatztexten wurden Kopiervorlagen für diesen Lehrerband konzipiert.

Der vor Ihnen liegende Lehrerband verfolgt also nur ein Ziel: Er soll Ihnen die Arbeit erleichtern! Er steht im Zentrum des perfekt aufeinander abgestimmten Medienverbundes von *Green Line*, ist zentrales Steuerungselement und Ideengeber zugleich. Mit ihm können Sie Ihren Unterricht flexibel sowohl lang- als auch kurzfristig planen und die Vielfalt der Lehrwerksteile koordinieren.

Viel Freude und Erfolg beim Unterrichten mit *Green Line* wünscht Ihnen

Ihr Harald Weisshaar

A Allgemeiner Teil

I Das Lehrwerkskonzept

1. Ziele und Aufgaben

Ziele in *Green Line*

Die Zielsetzung in *Green Line* ist:
- Ausbildung einer allgemeinen Kommunikationsfähigkeit im Englischen.
- (Weiter-)Entwicklung der Fertigkeiten des Hör-/Hör-Sehverstehens, des Sprechens, des Leseverstehens und des Schreibens.
- Befähigung der Schülerinnen und Schüler (in der Folge: S) zur Sprachmittlung in zunehmend komplexen Alltagssituationen.
- Unterstützung der Persönlichkeitsbildung in intellektueller, sozialer, emotionaler und motorischer Hinsicht, u.a. durch die Beschäftigung mit einer Vielzahl fiktionaler und nichtfiktionaler Texte und durch die kreative Auseinandersetzung mit deren Inhalten.
- Weiterentwicklung eines interkulturellen Bewusstseins durch den Erwerb von Kenntnissen über englischsprachige Länder und durch die Auseinandersetzung mit deren Kulturen.
- Ausbau von Lerner- und Medienkompetenzen beim Erwerb und Gebrauch von (Fremd-)Sprachen.
- Aufbau einer Kultur der Selbsteinschätzung.
- Freude und Motivation beim Erlernen einer Fremdsprache in Hinblick auf lebenslanges Lernen und als Grundlage für den Aufbau von Mehrsprachigkeit.
- Anwendung des bereits Erlernten in fächerverbindenden Projekten, die sich an Standardsituationen unterschiedlicher Sachfächer orientieren.
- Ausbau der Methodenkompetenz durch vertiefte Beschäftigung mit zentralen *skills*.
- Erweiterung der kommunikativen Kompetenz durch Vermittlung und Betonung der Sprechfähigkeit in Alltagssituationen.

Gegenwärtige Situation

Der Englischunterricht in der Sekundarstufe I hat sich heute grundlegend geändert:
- Die S besitzen heute auch am Gymnasium sehr unterschiedliche Lernvoraussetzungen – eine Tatsache, die hohe Anforderungen an Differenzierung und Individualisierung stellt.
- Kenntnisse über unterschiedliche Lernertypen sollten beachtet werden, um den Lernprozess bei allen S optimal zu gestalten.
- Anspruchsvolle Forderungen aus dem Berufsleben tragen bei den S sehr früh zu dem Bedürfnis bei, etwas zu lernen, das sich später als nützlich erweist.
- Die veränderten Anforderungen an den Englischunterricht, basierend auf den Lehrgängen in der Primarstufe einerseits und den völlig veränderten Rahmenbedingungen durch den europäischen Referenzrahmen, durch einheitliche Prüfungsanforderungen und neue Bildungspläne und -standards andererseits, machen einen neuen Ansatz im Fremdsprachenunterricht unabdingbar.
- Die Betonung der Kommunikationsfähigkeit ist weiter ins Zentrum des Englischunterrichts gerückt. Hierzu gehört auch ein Ausbau der Methodenkompetenz.
- Motiviertes Lernen kann nur über lebendiges Englisch entwickelt werden – dazu gehören die situationsbezogene Vermittlung von Wortschatz und Grammatik ebenso wie ein Angebot altersgemäßer, vielfältiger Texte und Materialien.
- Für die S bedeutet autonomes Lernen: die eigenständige Überprüfung von Lernfortschritten, ein selbstständiger Umgang mit Audio-CDs und die Heranführung an den Umgang mit dem Wörterbuch – allesamt Grundbausteine für ein wirkliches *life-long learning*.

2. Die didaktischen Schwerpunkte

2.1 Neuerungen in *Green Line 5*

Das Schülerbuch *Green Line 5* setzt die Konzeption von *Green Line 4* fort, hebt sich jedoch durch einige neue Elemente vom Vorgängerband ab:
- In Anlehnung an das *Zoom-in* zu den USA aus Band 4 wird Band 5 mit dem obligatorischen *Zoom-in: The world speaks English* eingeleitet. Dieses bietet einen ersten Einblick in das Thema „Englisch als Weltsprache" sowie eine Überleitung zur Unit 1 über Australien.

- Im gesamten Buch wird in britischen Originaltexten nur britisches Englisch (BE) und die britische Schreibweise verwendet, in amerikanischen Originaltexten nur amerikanisches Englisch (AE) und die amerikanische Schreibweise.
- In Band 5 gibt es nur vier Units. Die Units 1 und 3 sind Kurzunits, deren Aufbau die S bereits aus Band 4 kennen. Hier werden zwar auch neue grammatische Strukturen eingeführt, aber der Schwerpunkt liegt eindeutig auf der Textarbeit. Daher gibt es nur einen *Language*-Teil, und die Units beginnen mit zwei Texten, von denen ein Text ausgewählt und bearbeitet werden kann. Auf eine *Check-in*-Doppelseite wurde hier zugunsten der beiden Auswahltexte verzichtet.
- In jeder der vier Units gibt es eine zusätzliche Seite *Writing texts*, die den S Hilfestellung beim Verfassen und kreativen Ausgestalten eigener Texte gibt.
- Im Grammatikanhang gibt es nach jedem Pensum eine englische Zusammenfassung, in Band 5 mit zusätzlichen Beispielsätzen und Erweiterungen. Die Unitübersicht und die blauen Infoboxen sind ebenfalls auf Englisch.
- In der *Free Section* findet sich in Band 5 ein spannender *Battle of the books*, mit dem schon im Herbst begonnen werden kann.
- Auf vielen Seiten in Band 5 gibt es Online-Links mit zusätzlichen Informationen und Aufgaben zum jeweiligen Thema.
- Am Ende des Buches findet sich eine *Time line of Australian history* mit interessanten Fakten aus der australischen Geschichte sowie eine Übersicht über die politischen Systeme Großbritanniens und der USA.

2.2 Solides Basiswissen

Green Line 5, wie seine Vorgängerbände ein ausgesprochen systematisches, klar aufgebautes Lehrwerk, verhilft den S zu einem soliden Basiswissen. Siehe dazu auch II. 2.

Wortschatz

Die Wortschatzeinführung erfolgt schwerpunktmäßig in den Bereichen *Check-in*, *Language* und *Text*. Soweit wie möglich verfolgt *Green Line* dabei die Trennung von Wortschatz- und Grammatikeinführung.

Wortschatzvernetzung und -festigung

Hauptort der Umwälzung und Vernetzung ist die *Wordwise*-Seite (z. B. S. 41), auf der gezielt neuer Wortschatz vernetzt und so das Behalten und sofortige Abrufen ermöglicht werden soll. In das Vokabular eingeschlossen sind auch eine Reihe von Redewendungen, die eine altersgemäße, umgangssprachliche Kommunikation ermöglichen.

Unitbegleitendes Vokabular

Das unitbegleitende Vokabular befindet sich im Anhang (S. 135–174). Es ist eine dreispaltige Auflistung des neuen Wortschatzes in chronologischer Reihenfolge mit Angabe des Erstvorkommens. Zusätzlich finden sich hier wertvolle Lerntipps:
- Die rechte Spalte gibt Erläuterungen zu Besonderheiten in Verwendung, Schreibung und Aussprache des neuen Wortschatzes.
- Gelb hinterlegte Boxen mit *Vocabulary skills* (z. B. S. 147) sollen den S Verfahren zum Erlernen von Wortschatz nahe bringen und ihnen so die Möglichkeit geben, die für sie am besten geeignete Methode zu finden. Auf diese Weise wird das individuelle Lernen auch im 5. Lernjahr fortgeführt.
- Boxen mit *Useful phrases* (z. B. S. 162) sichern vor allem leistungsschwächeren S einen kommunikativen Erfolg.
- Weitere, umrandete Boxen bieten landeskundliche Informationen (z. B. S. 149), Wortfelder (z. B. S. 144) und einen kurzen Überblick zu typischen Fehlerquellen (z. B. S. 163).

Alphabetische Wortliste

Die alphabetische Wortliste mit dem Erstvorkommen in *Green Line 1* bis *5* (Englisch-Deutsch sowie Deutsch-Englisch) im Anhang bereitet die S auf die Benutzung des Wörterbuches vor.

Grammatik

Green Line 5 zeichnet sich durch eine klare Progression der Grammatik aus. Anhand funktionalisierter Texte werden Pensen *en bloc* eingeführt und anschließend sukzessive ausgewertet. Dabei gilt das Prinzip von geschlossenen hin zu offenen Aufgaben. Die Grammatik wird nur themenorientiert angeboten, d. h. eingebunden in das Thema der jeweiligen Unit. Auch die Einschleifaufgaben sind weitgehend kontextualisiert. Sie führen jedoch so bald wie möglich in eine sinnvolle Kommunikation über.

Umfangreicher Grammatikstoff

Umfangreicher Grammatikstoff bedarf einer besonderen Bewusstmachung und Übung. In den Units finden sich dazu gelb hinterlegte *Grammar*-Boxen (z. B. S. 41), in denen die neuen Strukturen dargestellt werden. Zusätzlich wird auf den entsprechenden Paragrafen im Grammatikanhang verwiesen.

Grammatikanhang Der Grammatikanhang (S. 104–134) ist eine vereinfachte Regelgrammatik mit weiteren Aussagen zu Struktur und Bedeutung eines grammatischen Phänomens. Neben seiner Funktion als Nachschlagewerk dient dieser Anhang verstärkt als Lern- und Arbeitshilfe bei der Erarbeitung von Grammatik im Unterricht.

2.3 Differenzierung und Individualisierung

Binnendifferenzierende Maßnahmen Die im Schülerbuch und in den Materialien des Medienverbundes angebotenen Texte und Aufgaben gehen von einem mittleren Lernerniveau aus. An geeigneten Stellen werden daher speziell gekennzeichnete Aufgaben für eine Differenzierung nach oben bzw. nach unten angeboten. Das Symbol für Differenzierung nach oben ist ⊿. Das Symbol für Differenzierung nach unten – nur bei den Kopiervorlagen des Lehrerbandes und im *Workbook* – ist ⊿.

Die binnendifferenzierenden Maßnahmen beinhalten im Wesentlichen:
- ein im Anspruchsniveau variierendes, umfangreiches Aufgabenangebot.
- vielfältige Aufgaben für unterschiedliche Lernertypen.
- ausgewiesene Differenzierungsaufgaben auf unterschiedlichen Niveaustufen.
- offene Aufgaben, die individuell auf unterschiedlichen Niveaus erfüllt werden können.

Differenzierung ist möglich:
- durch Aufgaben im Schülerbuch zur Differenzierung nach oben ⊿, z. B. Unit 2, S. 40, *ex.* 7.
- durch zusätzliche Aufgabenstellungen, Tafelanschriebe, Kopiervorlagen, etc. mit Hinweisen zur Umsetzung der Differenzierung nach oben und unten im Lehrerband (z. B. S. 30).
- durch differenzierendes Arbeiten mit dem *Workbook* und dem Medienverbund (z. B. *Workbook*, S. 33).
- durch gezielten Einsatz der *Mediation* (S. 86–91) und der *Free section* (S. 92–103) sowie der fakultativen Zusatztexte in Schülerbuch und *Workbook*.
- durch Einsatz der Wiederholungsaufgaben *Revision A* und *B* sowie generell der *Check-out*-Seiten.

2.4 Textarbeit

Textqualität Auch in *Green Line 5* wird wieder gezielt auf eine gymnasialgerechte und hohe Textqualität geachtet. Sehr kurze, unnatürliche und nur zur Einführung eines einzelnen Grammatik-Teilpensums dienende Texte werden vermieden. Gleichzeitig werden längere Lesetexte und eine vertiefte Textauswertung angeboten. Hierzu sind in allen Units *pre-*, *while-* und *post-reading activities* angelegt. Die besondere Bedeutung der Textarbeit wird zusätzlich durch die dreiseitigen, literarischen Zusatztexte am Ende von zwei der vier Units unterstrichen. Das *Free voluntary reading*, das in *Green Line* bereits von Anfang an angelegt ist, findet in Band 5 mit dem *Battle of the books* einen besonderen Höhepunkt.

Textsortenvielfalt Neben der gegenüber früheren Lehrwerken erhöhten Textmenge spielt in *Green Line* die Textsortenvielfalt eine besondere Rolle. Beispiele hierfür sind Sachtexte, E-Mails, Telefongespräche, Bildergeschichten, etc., die als Ausgangspunkt für Sprachhandlungen dienen. Die Textsortenvielfalt führt zu einem deutlich erweiterten Aufgabenspektrum.

Basis der Kommunikation Neu ist auch, dass der Unterricht mit *Green Line* ungeachtet seiner speziellen Zielstellung immer vom Text (Hörtext, Hör-Sehtext, Lesetext oder Bild) ausgeht. Wie in der realen Kommunikation sind Texte Grundlage der Entwicklung rezeptiver Fertigkeiten (Lesen, Hören, Hör-Sehen) und Ausgangspunkt für sprachproduktive Tätigkeiten (Sprechen und Schreiben). Die in den Bildungs- und Rahmenplänen geforderte stärkere Verzahnung der Fertigkeiten im Unterricht wird hierdurch ermöglicht.

Vom Buchtext zum Schülertext An die Bearbeitung des jeweiligen Textes schließt sich eine auf das spezielle Unterrichtsziel zugeschnittene Aufgabenkette an, die zum Abschluss in das kommunikative Ziel, den Schülertext, mündet. Diese Vorgehensweise vom Buchtext zum Schülertext überbrückt die häufig bestehende Kluft zwischen der Vermittlung von Wortschatz und Grammatik auf der einen und der Entwicklung der Fertigkeiten auf der anderen Seite. Um diesem Ansatz gerecht zu werden, findet sich in allen Teilen der Units eine Vielzahl kommunikativer Aufgaben (*Team activity:* … z. B. S. 37, *ex.* 4, *Your turn:* …, z. B. S. 69, *ex.* 4, etc.).

Der Hauptlesetext Der Hauptlesetext jeder Unit ist mit entsprechenden Anregungen und Aufgaben zur Auswertung (*pre-*, *while-* und *post-reading*) versehen. Dem produktiven Schreiben wird dabei besonderes Gewicht beigemessen.

2.5 Übung, Transfer und Wiederholung

Aufgabenformen

In der Erarbeitungs- und Transferphase bietet *Green Line* neben der deutlich erhöhten Aufgabenzahl eine im Vergleich zu früheren Lehrwerksgenerationen ebenso deutlich erhöhte Vielfalt an Aufgaben an. Die Aufgaben decken die Bereiche der sprachlichen und grammatikalischen Fähigkeiten sowie die der zentralen *skills (Listening, Reading, Writing, Speaking)* umfangreich ab. Hier wird eine Gleichgewichtung der *skills* angestrebt. Da der Auftakt zu den einzelnen Doppelseiten jeweils mehrere Phänomene zusammenfasst, wird ein höheres Maß an authentischer Sprache als bisher erreicht. Darüber hinaus wurde auf eine große Menge leicht erfassbarer Aufgaben geachtet. Sie bilden die Grundlage für spätere gemischte Aufgabenformate, aber auch für die eigenständige Produktion im Sinne eines *creative writing*.
Das Spektrum der Aufgaben reicht somit von eher formbezogenen Aufgaben mit kommunikationsvorbereitender Funktion („geschlossene Aufgaben") bis hin zu komplexen Simulationen und realitätsnaher Kommunikation („offene Aufgaben").
Folgende Aufgabentypen erscheinen regelmäßig in den Units und sind besonders gekennzeichnet:

Listening:	bezeichnet jede Form von Höraufgaben.
Role play:	übt Dialoge und Situationen im Spiel ein.
How to:	sind Aufgaben zur Vermittlung von bestimmten Methoden.
Your turn:	fordert die S zu mündlichen Stellungnahmen und/oder zum kreativen Schreiben auf.
Team activity:	bezeichnet besondere Formen der Gruppenarbeit.
Revision:	wiederholt bereits bekannte Strukturen.
A song:	kennzeichnet die Lieder.
Writing texts:	schult das Schreiben und kreative Ausgestalten eigener Texte, in der Regel auf Grundlage eines Ausgangstextes sowie nach gezielten Vorgaben und Hinweisen.

Verzahnung von Schülerbuch und *Workbook*

Erhalten bleibt die sehr enge Verzahnung mit dem *Workbook*, das Aufgaben jeweils im gleichen Bereich, zum gleichen Schwerpunkt und in analoger Form wie das Schülerbuch anbietet. Damit wird zum einen die Aufgabenmenge erhöht, zum anderen durch die schriftliche Übung auch den stärker schreibgesteuerten Lernertypen eine zusätzliche Übungsmöglichkeit angeboten.

Wiederholung

Green Line 5 arbeitet mit einem vierfachen Wiederholungsnetz:
1. Im *Language*-Teil finden sich mit *Revision* gekennzeichnete Aufgaben (z. B. S. 71, *ex.* 4), die zielgerichtet bestimmte sprachliche Phänomene aufgreifen.
2. In jeder Unit bietet eine fakultative *Revision*-Seite Aufgaben zur Wiederholung bereits bekannter Strukturen.
3. Auf den *Check-out*-Seiten wird der in der Unit behandelte Stoff wiederholt und zusammengefasst, wobei ein selbstständiger Umgang mit den Aufgaben durch die Lösungen am Ende des Schülerbuches (S. 218–220) gefördert wird (siehe auch 2.6).
4. Die grün hinterlegten Seiten *Revision A* und *B* sind ein fakultatives Aufgabenangebot.

2.6 Lernfortschrittsdokumentation und Selbstbewertungskompetenz

Lernfortschritte

Durch die wachsende Bedeutung autonomer und individualisierter Lernprozesse müssen die S heute zunehmend selbstständig über erreichte Lernfortschritte nachdenken und diese dokumentieren. Auf der *Check-out*-Seite jeder Unit können die S ihre Lernleistung in der jeweiligen Unit überprüfen und selbstständig einschätzen. So wird eine ständige Ergebnissicherung gewährleistet.

Portfolio

Erarbeitete Produkte werden im *English folder* (z. B. S. 18, *ex.* 6) gesammelt. Selbstbewertungskompetenz wird auch mit dem Portfolio im *Workbook* (zum Heraustrennen in der Heftmitte) entwickelt.

2.7 Interkulturelle Kompetenz

Die Begegnung mit der Zielkultur geschieht nicht nur durch die *constellation of characters*. Auf den landeskundlichen Einführungsseiten der beiden Langunits, der *Check-in*-Doppelseite, erhalten die S sprachliche, soziale, kulturelle und geografische Informationen über das jeweilige Zielland. Diese Informationen werden dabei so weit wie möglich mit der eigenen Erfahrungswelt der S in Bezug gesetzt. Mit Hilfe der *Talkwise*- und *Skills*-Seiten ist es außerdem möglich, einen vertieften Zugang zum interkulturellen Lernen zu schaffen.

2.8 Anmerkungen zum Unterricht in 3- und 4-stündigen Kursen

Green Line 5 hat insgesamt nur 49 Seiten Obligatorik von Unit 1 bis Unit 4. Der Anteil der einzelnen Buchteile am Gesamtumfang ist wie folgt:

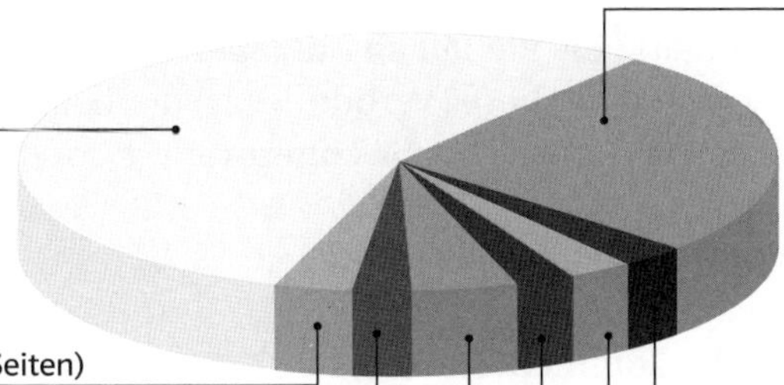

Empfehlungen für 3- und 4-stündige Kurse in Klasse 9:

	Klasse 9: 3-stündig	Klasse 9: 4-stündig
⟨Fakultatives Aufgabenangebot⟩	gelegentlich Aufgaben (je nach Leistungsstand) auswählen	zahlreiche Aufgaben auswählen
Differenzierung nach oben	gelegentlich Aufgaben (je nach Leistungsstand) auswählen	zahlreiche Aufgaben auswählen
English folder	zu Hause/in der Schule	u. a. im Unterricht
Aufgaben mit Schreibsymbol	in der Schule/als Hausaufgabe	u. a. im Unterricht
Listening	Aufgaben dazu u. a. mündlich	Aufgaben auch schriftlich
Aufgaben	Aufgaben im Wechsel schriftlich/mündlich; gelegentlich zeitintensivere Arbeitsformen oder Sozialformen einstreuen; Aufgaben mit Gestaltungselementen zu Hause anfertigen lassen	Aufgaben im Wechsel schriftlich/mündlich; gelegentlich zeitintensivere Arbeitsformen oder Sozialformen einstreuen
Revisions	einige Aufgaben im Unterricht, andere zu Hause oder als Freiarbeit	Aufgaben im Unterricht als Freiarbeit
Wordwise	im Unterricht, aber auch zu Hause	im Unterricht, aber auch zu Hause
Check-out	im Unterricht einführen, zu Hause mit Selbstkontrolle	im Unterricht, z. B. für Lernzirkel, aber auch zu Hause
Einsatz des *Workbook*	Aufgaben schriftlich/mündlich gemischt; als Methodenwechsel auch ruhigere schriftliche Phasen im Unterricht zur Vertiefung einplanen	Aufgaben schriftlich/mündlich gemischt; als Methodenwechsel auch ruhigere schriftliche Phasen im Unterricht zur Vertiefung einplanen
Einsatz der DVD	regelmäßig	konsequent
⟨Fakultative Zusatztexte⟩	anfänglich im Unterricht gemeinsam, gestützt durch Kopiervorlagen; zunehmend autonom	autonom, durch Kopiervorlagen gestützt; im Unterricht aufgreifen und vertiefen
⟨*Free section*⟩	selektiv und zur Auflockerung	durchgängig
Mediation	gelegentlich	regelmäßig
Skills/How to …	unverzichtbar	unverzichtbar

II Der Medienverbund

1. Der Lehrerband

Zentrales Steuerungs-element

Green Line 5 koordiniert eine Vielfalt an Aufgaben und Angeboten im *Green Line*-Medienverbund. Das zentrale Steuerungselement dieses Verbundes ist der Lehrerband, der wie bereits in den Bänden 1 bis 4 nicht nur die Inhalte des Schülerbuches interpretiert, sondern den gesamten Unterrichtsprozess steuert.

Aufbau des Lehrerbandes

Der Lehrerband besteht aus zwei Hauptteilen:
- Teil A – Allgemeiner Teil
- Teil B – Unterrichtskommentare

Der Teil B des Lehrerbandes folgt dem Aufbau des Schülerbuches. Jeder Unit ist eine Planungsübersicht vorangestellt. Diese enthält einen Überblick über die einzelnen Abschnitte der Unit: Hinweise zu den Zielen, die Wortschatz- und Grammatikpensen, die Fundstelle im Grammatikanhang, *Workbook*-Aufgaben, CD-Tracks, Online-Links, Kopiervorlagen und DVD-Einsatz. Nach landeskundlichen Informationen zum jeweiligen Schauplatz folgt der eigentliche methodische Kommentar zur Unterrichtsgestaltung.

2. Das Schülerbuch

Charaktere und Situationen

Es wurde große Sorgfalt darauf verwendet, Charaktere und Situationen authentisch zu gestalten. Topografische Gegebenheiten der einzelnen Schauplätze sind auch in den Details authentisch, und es treten vermehrt authentische Personen auf. In Band 5 gibt es wie auch schon in Band 4 keinen zentralen Handlungsort. Die Lehrwerkscharaktere sind durch eine Vielzahl von Personen abgelöst. Das den S aus den Bänden 1 bis 4 bekannte Filmmaterial führt diesen Ansatz mit den beiden DVDs *Jobs in Action!* und *Film in Action!* fort, die in den Klassenstufen 9 und 10 beliebig einsetzbar sind.

Aufbau des Schülerbuches

Der Aufbau des Schülerbuches im Überblick:
- 4 Units mit den fakultativen *Revisions A* und *B* nach den Units 2 und 3
- fakultative dreiseitige Lektüre in den Units 1 und 3 (ergänzt durch fakultative Texte im *Workbook*)
- drei *Project*-Doppelseiten nach den Units 1, 2 und 4
- Sprachmittlung (*Mediation*)
- fakultative *Free section*
- Grammatikanhang
- Unitvokabular
- Alphabetische Wortliste Englisch-Deutsch und Deutsch-Englisch von *Green Line 1* bis *5*
- Liste mit unregelmäßigen Verben
- *Classroom phrases*
- Lösungen zu den *Check-out*-Seiten
- Zeitstrahl zur australischen Geschichte, Übersicht über die politischen Systeme Großbritanniens und der USA

Zu den Neuerungen in Band 5 siehe 2.1.

Zwei der vier Units des Schülerbuches sind einheitlich gegliedert und bestehen aus den folgenden Teilen:

Check-in:	Einstimmung auf das Thema, neuer Themenwortschatz, Erwerb landeskundlichen Orientierungswissens
Language:	Vermittlung der zentralen *skills*, von Wortschatz und Grammatik
Writing texts:	Tipps zum eigenständigen Verfassen und kreativen Ausgestalten eigener Texte
(Revision):	Wiederholung bereits bekannter Strukturen
Talkwise:	Hinführung zum Sprechen über unterschiedliche Themenbereiche
Text:	Hauptlesetext mit Auswertung
Wordwise:	Wiederholung und Vernetzung insbesondere des neuen Unit-Wortschatzes
Check-out:	Selbstevaluation mit Lösungen hinten im Schülerbuch (S. 218–220)

Diese führen über einen Text oder Dialog, über Bilder, etc. in ein bzw. mehrere Phänomen(e) gleichzeitig ein, die dann sukzessive behandelt werden. Am Ende steht jeweils eine Aufgabe, mit der die gesamten

Pensen des Unitteils nochmals zusammengebracht und wiederholt werden. Den beiden Units 1 und 3 fehlen die *Check-in*-Doppelseite sowie die *Talkwise*-Seite, stattdessen liegt der Schwerpunkt hier auf der Textarbeit. Zusätzlich findet sich in den Kurzunits mit der *Skills*-Seite ein erweitertes Methodentraining zu den zentralen *skills*.

3. Das *Workbook*

Für den Unterricht und zu Hause

Alle Aufgaben der vier *Workbook*-Units sind für ihren optimalen Einsatzort im Schülerbuch selbst und hier im Lehrerband gekennzeichnet. Sie können sowohl für die Arbeit zu Hause als auch im Unterricht eingesetzt werden. Zusätzlich liegt dem *Workbook* ein *Skills*-Beiheft mit einem Überlick über alle *Skills* aus *Green Line 1–5* bei.

***Workbook* mit Audio-CD (für Schüler)**

Das *Workbook* (Klett-Nr. 547165) enthält zahlreiche Aufgaben zum Hörverstehen. Diese beziehen sich auf Hörverstehenstexte und -aufgaben des Schülerbuches. Zusätzlich enthält jede Unit einen eigenen Hörverstehenstext mit dazugehöriger Aufgabe. Alle Hörverstehenstexte und -aufgaben des *Workbooks* befinden sich auf zwei Audio-CDs, die – wie beim *Workbook* von *Green Line 1* bis *4* – hinten in das Heft eingelegt sind. Darüber hinaus umfassen diese Audio-CDs alle Hauptlesetexte der Schülerbuch-Units. Dem Workbook für S ist in der Heftmitte außerdem ein Portfolio und ein kurzer Überblick über die Schülerbuch-Grammatik zum Heraustrennen beigeheftet.

***Workbook* mit Audio-CD und Lernsoftware (für Schüler)**

Das *Workbook* mit zusätzlicher Lernsoftware enthält neben den Audio-CDs den auf *Green Line* zugeschnittenen Sprachtrainer für Grammatik, Vokabeln und Kommunikation, der zum Üben zu Hause und für den Unterricht die passende Ergänzung zu den Schülermaterialien bietet (Klett-Nr. 547168). Die Lernsoftware ist auch als Netzwerkversion für die Schule erhältlich (Klett-Nr. 990685).

***Workbook* mit Lösungen (für Lehrer)**

Das *Workbook* mit Lösungen ist für die Arbeit der Lehrerinnen und Lehrer gedacht und enthält die Lösungen und Texte zu allen Aufgaben des *Workbooks* (Klett-Nr. 547166).

4. Weitere Werkteile für den Unterricht

- **Standardaufgaben mit Audio-CD und Lehrersoftware** (Klett-Nr. 547164): Aufgaben zum Hör- und Leseverstehen, zu Grammatik, Wortschatz und *Mediation* zu jeder Unit, v. a. als Material zur Leistungsmessung.
- **Lehrersoftware** (nur mit Standardaufgaben erhältlich): Die CD-ROM bietet eine Sammlung von editierbaren Standardaufgaben, Texten, Aufgaben und Bildern zur Gestaltung des Unterrichts. Zusätzlich ist ein Lexikon mit dem gesamten Wortschatz des Schülerbuches enthalten sowie ein Aufgabengenerator, der eigene Texte nach vorhandenen Wortschatzkenntnissen überprüft und daraus Aufgaben erstellt. Ebenfalls integriert sind Filmausschnitte aus der DVD *Jobs in action!*.
- **Tonträger** (Klett-Nr. 547169): 4 Audio-CDs für den Unterricht, für die Arbeit des Lehrers/der Lehrerin mit allen Tonaufnahmen von Schülerbuch und *Workbook*.
- ***Jobs in action!* und *Film in Action!*** (DVDs zu Band 5 und 6, Klett-Nr. 585215 und 585216): Hier bieten sich eine Reihe von Einsatzmöglichkeiten an, so z. B. die gezielte Schulung des Hör-Sehverstehens und das anschließende Nachspielen. Die Charaktere aus den Schülerbüchern kommen in den Filmsequenzen nicht vor. Die DVDs können deshalb unabhängig von der unmittelbaren Progression eingesetzt werden.
- **Begleithefte zu den DVDs** (Klett-Nr. 585225 und 585226): Die Begleithefte zu *Jobs in action!* und *Film in Action!* enthalten detaillierte Hinweise zum Einsatz der DVDs im Unterricht sowie zahlreiche *Worksheets*.
- **PONS Green Line Wörterbuch** (Klett-Nr. 517679, für Schüler/innen): Das PONS-Wörterbuch zu *Green Line* ist Englisch-Deutsch und Deutsch-Englisch gestaltet. Es enthält 77.000 Stichworte und Wendungen sowie den Wortschatz des Schülerbuches. Die wichtigsten Wörter sind gekennzeichnet. Das Wörterbuch enthält außerdem zahlreiche farbige Informationskästen.

B Unterrichtskommentare

Zoom-in

Seite 8–11

Ziele
- Englisch als Weltsprache kennen lernen
- Eindrücke von Indien, Kanada, Südafrika und Australien sammeln

Fotos/Text

The world speaks English

Seite 8–11

Wortschatz *order, to record, banker, to call in, by, foreign, regulation, to break up, influence, superpower, pop culture, status, to lead, to dominate, to take a tour, sq.* (= square), *Namáste!, democracy, Indian, dialect, Hindi, possibility, change, poverty, survey, dish, Bollywood, independence, forest, tundra, monarch, portrait, Canadian, reminder, head of state, Howzit!, election, civil rights, leader, president, figure, racist, apartheid, separateness, system, minority, police state, society, wealth, black (person), crowded, township, middle class, G'day!* (= Good day!), *endlessness, outback, rainforest, settlement, Aussie* (coll), *indigenous, Aboriginal, continent, unique, systematic, forced, relocation, to tear apart, Aboriginal, to destroy, relations* (pl.), *ozone layer, skin cancer, cancer, separated, platypus* pl. *platypi, koala, kangaroo, roo* (coll), *down under*

L **Üben**

Just another pizza order in Manhattan

Seite 8

HV-Text

Announcer: Morning to you all out there! This is Rick Sabato at WHAM FM, and you are listening to our 'Believe It or Not' show, and I want you to listen to what happened to Dale Dupont of Manhattan a few days ago. He called in after a strange pizza-order experience. Believe it or not, here it is.

Steve: Pizza Per Favore! My name is Steve, what can I get for you?

Dale: Hi, I'd like your salami pizza, make it a large one, please.

Steve: OK, anything to drink, sir?

Dale: Yeah, a beer. Er, make it two. Budweiser, OK?

Steve: OK, do you want your order delivered or are you picking it up?

Dale: Delivered, please. Uh, how long will it take?

Steve: It should be there in 20 minutes, sir.

Announcer: OK, so far, so good, right? Well, keep listening. Dale's starting to get *real* hungry …

Steve: Pizza Per Favore! This is Steve, what can I get for you?

Dale: Yeah, hey, I placed an order 30 minutes ago. You said it'd be here in 20 minutes, so what's up?

Steve: OK, just a second, sir: Let me track that order for you right now … I've got a street grid on my screen right now, and … Let me see: OK, your driver is just a few blocks from your building. He should be there in 2–3 minutes.

Dale: Well, let's hope so …

Announcer: Well, if you're guessing there's *more* trouble, you're right …

Steve: Pizza Per Favore, my name is Steve, how can I help you?

Dale: Yo, Steve. Guess who? It's Dale Dupont. *Again.*

Steve: Oh, Mr. Dupont, I'm very sorry, I –

Dale: Steve, you said 2–3 minutes, and it's been five, man. How hard can it be to get a *pizza* to me, huh?!

Steve: I'm very sorry, sir, but it really should be there any minute. Your driver is just around the corner from your building.

Dale: Steve, I don't want to hear it. And you know what? I'm going to walk

	over to your pizza place and tell you and your manager what I think of your service!
Steve:	Uh, I'm sorry, Mr. Dupont, but that wouldn't be a good idea.
Dale:	Huh – *excuse me*?!
Steve:	I mean, you can't come over here. It's, er … *not possible.*
Dale:	NOT POSSIBLE?! Man, wait till you see just *how* possible it is! Your store is three blocks from my building, so see you in *one* minute, friend!
Steve:	Sir, wait. I might lose my job for telling you this, but you can't come over to see me because I'm sitting in a call center. In Bangalore. *India.*
Dale:	India?!
Steve:	That's right. Pizza Per Favore has 220 stores in the US and it's cheaper for a call center in India to deal with all the orders than to do it in the US. And with our computer systems and telephones, callers have no idea we're not taking their calls three blocks away. Well, until now. Oh, and my name isn't Steve. It's Rajiv. We all have English names for work.
Dale:	Hm. Well, Steve, as a New Yorker and a businessman, I thought I'd heard *every* weird story in the city, but this has got to be one of the best. Oh – hey, Rajiv, it's here!
Announcer:	Wild, huh? Here's a 'thank you' to Dale for sharing that story with us. Now I'd like to hear from our listeners – what do YOU think about that story? Do you think it's funny? Clever? Or maybe *sad* that more and more jobs are leaving America for India, China or wherever it's cheaper?

Methodisches Vorgehen

Pre-listening:
- a) Die S betrachten zunächst die Fotos auf der ersten *Zoom-in*-Seite und spekulieren über den möglichen Inhalt des Dialogs.

While-listening:
- b) L präsentiert die Tonaufnahme von CD. Während des Hörens machen sich die S Notizen. Zur Unterstützung kann L zunächst die *wh*-Fragen (*Who? Where? When? What? Why?*) als Leitfragen an die Tafel/auf Folie schreiben. Dies bietet sich besonders in leistungsschwächeren Lerngruppen an.

Post-listening:
- Vergleich der Ergebnisse im Plenum. Die S geben dabei den Inhalt des Dialogs wieder.
- c) wird anschließend im Unterrichtsgespräch erörtert und dient als Überleitung zur *Did you know?*-Box und dem Text *The world speaks English.* Als Ergänzung eignen sich an dieser Stelle auch die Downloadmaterialien zum Englisch Shakespeares unter Online-Link 547160-0001.

TA

Who?	– Dale Dupont (a NY businessman) and Steve from India (real name: Rajiv)
Where?	– in NYC / in Bangalore (India)
When?	– one evening
What?	– Dale waits for his pizza, phones the pizza service several times, finds out that he talks to Rajiv from Bangalore / India
Why?	– it is cheaper to have a call center in India than in NYC

Lösung

a) *Individuelle S-Antworten* b) *Siehe TA*
c) – *Steve works in a call center in Bangalore / India, but his English is fluent and so Dale can't tell where he is.*
– *Call centers have become very popular; as long as the people working there speak English well, they can be anywhere in the world.*

Material
Lehrer-CD 1/1
Online-Link 547160-0001

Üben **Four English-speaking countries** Seite 9–11

HV-Text

India.

Narrator: Namáste! I'm from India, the world's largest democracy. My country is rich in culture and tradition. English is not the mother tongue of most Indians – there are over 20 other languages as well as many dialects of the main language, Hindi. But English is used a lot in government and business. Especially in the IT industry, India has become a huge success story. Foreign businesses see the great possibilities of the millions of English-speaking workers. But so far, only a small number of people in just a few regions of the country have felt our new success. Most Indians have not seen a change in their standard of living. India is still a very poor country.
Many people who love our Indian culture never actually go to India and see the poverty in the streets and in the country. But they needn't travel so far to enjoy what they like most about the country – food, music and films. In Britain, Indian food has become so popular over the years that in a survey, Britons said that chicken tikka masala was their favourite dish, not fish-and-chips! And our Bollywood films with their love stories have millions of fans everywhere in the world.

Canada.

Narrator: Hi! For me, Canada is forests, tundra, the Rocky Mountains, and big cities with big skyscrapers. But there is a strong European feeling, too: Canada has a large French-speaking population (Québec was a French colony first) and the British monarch's portrait on Canadian money is just one reminder that Canada and the UK still share the same head of state. For tourists it is often surprising how some places in British Columbia and Québec can look, sound and feel almost more British than Britain or more French than France.

South Africa.

Narrator: Howzit! In 1994, in my country's first free elections, our civil rights leader Nelson Mandela became South Africa's first black president – after 27 years in prison. Mandela had been the great figure in South Africa's fight against white South Africa's racist apartheid ('separateness') system. Apartheid kept control of the country in the hands of the small 10% white minority. Going from a police state to a free society has gone surprisingly well, although poverty and crime are huge problems for us. The white minority still controls much of my country's wealth, and many of us blacks still live in poverty in the crowded townships. But a new black middle class is slowly growing.

Australia.

Narrator: G'day! Let me tell you something about my country, Australia. Lots of visitors to Australia love the endlessness of the dry outback, where you can drive for days without seeing another car. The same visitors are sometimes surprised to see just how much of the country is covered by rainforests, too. But deserts and rainforests aren't the best places for settlement. That's why most people live on or near the coasts, and that's where the big cities have grown. Now 85% of us Aussies live in cities.
The outback is the home of Australia's indigenous population, the Aboriginals. These Australians had already been living on the continent and developing their unique culture for over 40,000 years before the British began settling here in 1788. There was systematic killing of Aboriginals, and forced relocation tore families apart. During the 19th century, Aboriginal culture was almost destroyed. Relations

have improved a lot over the past years, and in 2008 the Australian government apologized to the Aboriginals for past crimes.For beach fans like me, Australia's the perfect place with its warm climate and beautiful coasts! But huge holes in the ozone layer mean a much higher risk of getting skin cancer. So at the beach, people wear more clothes than you would ever see on European beaches.Australia has been a continent for 50 million years, completely separated from the rest of the world, so it's no wonder that Australia's animal world has become unique. Platypuses, koalas and kangaroos (we call them roos) are just a few of the animals you can only find 'down under'.

Methodisches Vorgehen

- Im nächsten Unterrichtsschritt setzen sich die S mit den vier ehemaligen Kolonien Großbritanniens auseinander, die im SB vorgestellt werden. Hierzu teilt L die S in vier Gruppen ein. Um die GA zu erleichtern, können die Themen alternativ auch von mehreren Kleingruppen parallel bearbeitet werden.
- Jede Gruppe erhält den Auftrag, die Informationen zu einem der vier Länder in einer *mind map* auf einem Plakat zu visualisieren. Anschließend Präsentation der Ergebnisse im Plenum.
- **KV 1: Zoom-in: A quiz** kann zur abschließenden Sicherung bzw. Vertiefung der Ergebnisse eingesetzt werden.

Erweiterung

- Die Fotos auf S. 9–11 können auch als Einstieg in die Thematik verwendet werden. Die S beschreiben die Fotos und äußern spontan ihre ersten Eindrücke. Dabei können mögliche Vorkenntnisse zu den einzelnen Ländern eingebracht werden.
- *Gallery walk*: Die S fertigen in GA eine *mind map* und ein Rätsel/Quiz (z. B. *word search, crossword puzzle, multiple choice*) zu einem der vier vorgestellten Länder an. Dabei können die S zusätzliches Material aus dem Internet oder aus Büchern verwenden, die Informationen sollten aber überschaubar bleiben. Die Gruppenergebnisse werden auf Plakaten zusammengestellt und im Klassenraum aufgehängt. Während des anschließenden *gallery walk* gehen die S durch den Raum und lösen in Einzelarbeit oder PA die Rätselaufgaben der jeweils anderen Gruppen. Zur Ergebnissicherung setzen sich je vier S zusammen, die jeweils eines der vier Länder bearbeitet haben.
- Als Überleitung zur nachfolgenden Unit über Australien können auch die Downloadmaterialien unter Online-Link 547160-0002 eingesetzt werden. Hier lernen die S eine *Dreamtime*-Erzählung aus der Mythologie der Aborigines kennen.

Material
Lehrer-CD 1/2–5
Kopiervorlage 1
Online-Link
547160-0002
Ggf. Plakate

KV 1: Zoom-in: A quiz

a) *Read the facts about four English-speaking countries: India, Canada, South Africa and Australia. Name the country each sentence belongs to. Use pages 9–11 in your book for help.*

1. In 1994 this country got the first black president. ____________________
2. 85 % of the population lives in cities. ____________________
3. The British settlement began in 1788. ____________________
4. It is the largest democracy in the world. ____________________
5. A white minority still controls much of the country's wealth. ____________________
6. In this country you can hear more than 20 different languages. ____________________
7. After Russia this country has the second largest land area in the world. ____________________
8. This country has been independent from Britain since 1901. ____________________
9. Although there are successful industries, many people are still very poor. ____________________
10. This country has a large French-speaking population. ____________________

b) *Now write down five more facts and ask your partner which countries they belong to.*

____

____

____

____

____

____

c) *Which country do you find most interesting? Give reasons.*

Lösung: a) 1. *South Africa* 2. *Australia* 3. *Australia* 4. *India* 5. *South Africa* 6. *India* 7. *Canada*
8. *Australia* 9. *India* 10. *Canada*

ISBN 978-3-12-547163-4

Planung Unit 1

Übersicht

Bearbeitungszeitraum: 15 Unterrichtsstunden

Abschnitt	SB-Seiten	Ziele	Wortschatz/Grammatik	WB-Übungen	CD-*Tracks* Online-Links Kopiervorlagen	Gramm. Anhang (SB)
Text A *Walkabout*	12–13	Einen Romanauszug über die erste Begegnung mit einem Aborigine lesen Über Reaktionen in unerwarteten Situationen sprechen Personencharakterisierungen in einem literarischen Text herausarbeiten	*Writing texts:* Das Ende einer Geschichte schreiben	S. 4/*ex.* 1–3	Schüler-CD 1/1–3 Lehrer-CD 1/6–8 Online-Link 547160-1001 KV 1	
Text B *Angela*	14–15	Einen Romanauszug über den Streit zwischen einer Aborigine-Teenagerin und ihrer weißen Freundin lesen Über subtilen Rassismus nachdenken Personencharakterisierungen in einem literarischen Text herausarbeiten	*Writing texts:* Das Ende einer Geschichte schreiben	S. 5/*ex.* 1–3	Schüler-CD 1/4–6 Lehrer-CD 1/9–11 KV 2	
Skills *Taking notes*	16	Dialoge über eine Bootstour zum Great Barrier Reef verstehen Die Eigenarten des australischen Englisch kennen lernen Die Funktion von Global- und Detailverständnis kennen lernen Ein Internetprojekt durchführen	*Listening skills:* Notizen machen	S. 6/*ex.* 4–6	Schüler-CD 1/7–9 Lehrer-CD 1/12–17 Online-Link 547160-1002	
Language *First time in 'Oz'*	17–18	Eindrücke von Australien und von australischem Essen gewinnen Über frühere Gewohnheiten sprechen Etwas zulassen/tun lassen, jemanden zu etwas zwingen	*used to* *let, make, have sth done* *How to:* Ein Problem mit der australischen Polizei besprechen	S. 7/*ex.* 7–9 S. 8/*ex.* 10, 11	Lehrer-CD 1/18–20 KV 3	G1, 2
⟨***Revision***⟩ *Using relative clauses*	19	Den Gebrauch der Relativsätze wiederholen Die australische Tierwelt kennen lernen	R: *Defining and non-defining relative clauses, contact clauses*	S. 9/*ex.* 12–14	KV 4	G3

Abschnitt	SB-Seiten	Ziele	Wortschatz/Grammatik	WB-Übungen	CD-*Tracks* Online-Links Kopiervorlagen	Gramm. Anhang (SB)
Writing texts *Elements of a story*	20	Termini zur Analyse literarischer Texte kennen lernen und anwenden Eine Storyline entwickeln Die eigene Geschichte durch *peer editing* verbessern	*Writing texts:* Eine eigene Geschichte schreiben	S. 10/*ex.* 15–18	KV 5, 6	
Wordwise	21	Den Wortschatz der Unit umwälzen und vernetzen Typische Begriffe des australischen Englisch im Kontext verstehen Einen Song hören und verstehen	*is said to, is supposed to*	S. 11/*ex.* 19	Lehrer-CD 1/21 KV 7	
Check-out	22	Die Lernziele der Unit in Selbstkontrolle überprüfen	Wortschatz- und Grammatikschwerpunkte der Unit: Wortschatz „Australien“, *used to, let, make, have sth done*	S. 12/*ex.* 22–24		G1, 2
⟨***Text***⟩ *Down under*		Einen Auszug aus einem humoristischen Reiseroman über Australien lesen			Lehrer-CD 1/22–25 KV 8	

Unit 1 Australia

LANDESKUNDE

Together with the island of Tasmania, Australia, the smallest of the earth's continents, forms the Commonwealth of Australia. The Commonwealth consists of six states: New South Wales, Queensland, South Australia, Western Australia, Victoria, and Tasmania – and two territories: the Australian Capital Territory and the Northern Territory. In land area, Australia is the sixth largest nation after Russia, Canada, China, the United States of America and Brazil. Its population, however, is relatively small at about 21.3 million. The capital is Canberra.

The Commonwealth of Australia is a constitutional democracy based on a federal division of powers. The form of **government** in Australia is a constitutional monarchy with a parliamentary system of government. Queen Elizabeth II is the head of State and she is represented by the Governor-General at federal level and by the Governors at state level.

Australia's **history** began about 42,000 years ago when the first Australians arrived via land bridges and short sea-crossings from what is now South-East Asia. In 1770 Lieutenant James Cook charted the east coast of Australia and claimed the land for Great Britain. Cook's discoveries prepared the way for the establishment of a new penal colony.

The indigenous Australian population, estimated 350,000 people at the time of the European settlement, declined steeply for 150 years, mainly because of infectious diseases combined with forced re-settlement and cultural disintegration. Following the 1967 referendum, the federal government gained the power to implement policies and make laws with respect to the Aboriginals.

Australia has 34,218 kilometres of coastline (excluding all offshore islands). The **Great Barrier Reef**, the world's largest coral reef, lies at a short distance off the north-east coast and extends for over 2,000 kilometres. Although most of Australia is semi-arid or desert commonly known as the **outback**, it includes a diverse range of habitats from alpine heaths to tropical rainforests, and is recognized as a diverse country. Only the south-east and south-west corners of the continent have a temperate climate, and most of the population lives along the south-eastern coastline. The landscapes of the northern part of the country, with a tropical climate, consist of rainforest, wood- and grassland, mangrove swamps and desert.

Australia's **flora** and **fauna** is unique and diverse. With 755 species it has the greatest number of reptiles and Australian forests often contain a wide variety of eucalyptus trees. Most Australian woody plant species are evergreen and many are adapted to fire and drought, including numerous eucalyptuses and acacias. Among well-known Australian fauna are the monotremes (the platypus and the echidna), a host of marsupials, including the kangaroo, the koala, and the wombat, the saltwater and freshwater crocodiles, and birds such as the emu and the kookaburra.

The **koala** is Australia's most popular mammal. It looks like a teddy bear with round fuzzy ears, a big nose and not much of a tail. The koala, however, is not a bear, but a distant cousin to the wombat with which it shares a 15 million-year-old history. Koalas spend 18 hours a day sleeping in eucalyptus trees. The leaves of the trees give them almost all the water they need. This is why the Aboriginals named them 'koala' which means 'no drink'.

Australia is also home to some of the most venomous **snakes** and **spiders.** The most dangerous is the well-known funnel-web spider, which can be found in Sydney. It has long legs and compact eyes and constructs a funnel-shaped web. The red-back is one of Australia's most common spiders. It usually keeps to dark quiet places. Red-backs are not as deadly as the funnel webs, but their bite can be pretty nasty.

Uluru (Ayers Rock) is a very important place to the local Anangu Aboriginals and the most famous sight of the Australian outback. The 3.6 km long rock rises 335 m from the flat surroundings, right in the middle of the country, and is especially impressive at dawn and sunset when the red rock spectacularly changes its colour. There are walks around the base of the rock which pass caves, rock paintings and sacred Aboriginal sites.

Text A

Seite 12–13

Ziele
- Einen Romanauszug über die erste Begegnung mit einem Aborigine lesen und verstehen
- Über Reaktionen in unerwarteten Situationen sprechen
- Personencharakterisierungen in einem literarischen Text herausarbeiten
- *Writing texts:* Das Ende einer Geschichte schreiben

Australia

Methodisches Vorgehen

- Als Einstieg in die Unit kann der in Text A vorliegende Auszug aus dem Roman *Walkabout* von James Marshall oder Text B, ein Auszug aus dem Roman *Angela* von James Moloney dienen. Welcher Zugang zur Unit gewählt wird, sollte von L und den S gemeinsam entschieden werden. Hierzu weist L zu Beginn der Arbeit mit der Unit auf die beiden Zugangsmöglichkeiten hin und gibt den S einige Minuten Zeit, um sich mit den beiden Doppelseiten zu beschäftigen. Anschließend wird im Plenum über den Eingangstext abgestimmt.

Stationenlernen

Im Verlauf oder am Ende der Arbeit mit Unit 1 kann das Stationenlernen durchgeführt werden (**Kopiervorlagen 9–17**).

TIP Stationenlernen einsetzen

Vorbereitung:
- Kopieren Sie **KV 17: Arbeitsbericht** in Klassenstärke und geben Sie diesen zu Beginn des Stationenlernens an die S aus.
- Kopieren Sie die Arbeitsaufträge für die einzelnen Stationen in Klassenstärke.
- Nummerieren Sie kleine Aufstellkärtchen zum Aufbau der Stationen und zur schnelleren Orientierung für die S.

Durchführung:
- Die einzelnen Stationen werden gleichmäßig im Klassenraum verteilt und mit den entsprechend nummerierten Aufstellkärtchen versehen.
- Die S entscheiden sich für die Bearbeitung einer Station und absolvieren diese entsprechend ihrem individuellen Lerntempo.
- Sie übernehmen die Rolle des Beraters/der Beraterin. Vereinbaren Sie mit den S, ab wann Sie konsultiert werden dürfen und ermutigen Sie die S zur gegenseitigen Hilfe und Unterstützung.
- Nach der Bearbeitung einer Station tragen die S die benötigte Zeit in den Arbeitsbericht ein, überprüfen ihre Ergebnisse selbstständig, vermerken dies auf ihrem Arbeitsbericht (ggf. mit Angabe der Fehlerzahl) und lassen sich anschließend von einem/einer Partner/in kontrollieren (wird ebenfalls vermerkt).
- Wenn Sie Zeit haben, können auch Sie die Fremdkontrolle übernehmen. Dabei ist die Konzentration auf leistungsschwächere S sinnvoll.

Auswertung:
- Bei einzelnen Stationen können die Ergebnisse anschließend im Plenum präsentiert und gemeinsam besprochen werden.

Material
Kopiervorlagen 9–17

S L Text

Walkabout *(Choice A)*

Seite 12–13

Wortschatz *walkabout, survivor, human being, to appear, to be terrified (of sth)*

Methodisches Vorgehen

- Die S lesen den Text bis Z. 60 in Einzelarbeit und spekulieren über den weiteren Verlauf der Geschichte. Anschließend wird der zweite Teil des Textes gemeinsam gelesen.
- Alternative: L präsentiert den Text bis Z. 60 von CD, in leistungsschwächeren Lerngruppen bei geöffnetem SB. Die S sammeln im Plenum, was sie von dem Text verstanden haben und spekulieren über den weiteren Verlauf der Geschichte. Anschließend wird der zweite Teil des Textes vorgespielt.

Erweiterung

- Zur motivierenden Ergänzung der Textarbeit kann die *Web Unit: Australia in film* unter Online-Link 547160-1001 eingesetzt werden.

Tipps für junge Lehrer
Da die S den Umgang mit unbekanntem Vokabular durch die Arbeit mit *Green Line* bereits gewöhnt sind, sollte auf eine langwierige Semantisierung verzichtet werden. Dies gibt den S die Möglichkeit, mit Hilfe des *Dictionary* im Buchanhang einen unbekannten Text eigenständig zu erschließen.

Tipps zur Literatur
Zur Situation der australischen Ureinwohner ist ein weiteres spannendes Buch für den Einsatz im Unterricht zu empfehlen. Der Roman *Rabbit-Proof Fence* von Doris Pilkington beschreibt die Flucht dreier Aborigine-Mädchen aus einem staatlichen Erziehungsheim in den 1930er Jahren und ihren strapaziösen Weg entlang des *Rabbit-Proof Fence*. Auch die Verfilmung des Romans, *Long Walk Home*, lässt sich gut im Unterricht einsetzen.

Material
Schüler-CD 1/1–2
Lehrer-CD 1/6–7
Online-Link
547160-1001

Üben — 1 Reason to be afraid? — Seite 12

Wortschatz
to overreact, impulse, stranger, to die away, weapon, inquisitive, threatening, motionless, length, pre-digested, to provide sb/sth with, continuous, push-button, among, unchanging, to be devoted to sb/sth, purpose, to be dedicated to sth, death, weakness, face to face, lion, to stare sb/sth down, to slink away, shame, nakedness, strategy, rock wallaby, creature, movement, to intrigue sb, lack (of), harmless, to dislike, examination, to intensify, stare, bush, to fidget, train of events, waggle, to raise, to hold one's breath, breath, to sneeze, sneeze, disaster, spell, silence, the leavens (lit), *the gods* (lit), *force, to whirl around, gust of laughter, laughter, melodious, uncontrolled, amazement, infectious, instant, appreciation, ludicrous, guilt, in the twinkling of an eye, adapted, abridged*

Methodisches Vorgehen
- Zur Einstimmung auf den Text berichten die S im Plenum über ihre eigenen Erfahrungen. Alternativ kann die Fragestellung auch als vorbereitende schriftliche Hausaufgabe beantwortet werden. Zu Beginn der nächsten Unterrichtsstunde lesen mehrere S ihre Ergebnisse im Plenum vor. HA
- L leitet zur Arbeit mit dem Text über.

Lösung
Individuelle S-Antworten

Üben — 2 From different worlds — Seite 13

Wortschatz
preconception

Methodisches Vorgehen
- a) – c) Die S bearbeiten die Aufgaben in Einzelarbeit. Anschließend Vergleich mit einem/einer Partner/in und Besprechung der Ergebnisse im Plenum.
- d) Die S tauschen sich in GA über ihre eigenen Erfahrungen aus. Alternative: Zur Bearbeitung der Teilaufgaben bietet sich auch die *Think-Pair-Share*-Methode an. Die Teilaufgaben a) und b) werden zunächst in Einzelarbeit bearbeitet *(Think)*. Anschließend tauschen sich die S mit einem/einer Partner/in über ihre Ergebnisse aus und bearbeiten Teilaufgabe c) gemeinsam *(Pair)*. In einem weiteren Schritt berichten die S in Kleingruppen (je 4–5 S) oder im Plenum über die zuvor gesammelten Ergebnisse und beantworten die Fragen in Teilaufgabe d) *(Share)*.

Erweiterung
- Zur ersten Überprüfung des Textverständnisses kann auch **KV 1: Walkabout**, Teilaufgabe a), eingesetzt werden.

Lösung
a) *Erwartungshorizont:* 1. + 2. *Mary and Peter are shocked at first to see the Aboriginal boy. They stare at him because they have never seen an Aboriginal before. The Aboriginal boy, on the other hand, is happy to examine them. It is the first time that he sees white people.*

c) *Erwartungshorizont:* 1. *This sentence shows that Mary and Peter have a completely different way of life compared to the Aboriginal boy. They do not have to worry about food and they know different kinds of entertainment (ll. 13–17). The Aboriginals lead a very simple life. They have to fight the battle with death every day because they never know if they will find something to eat or not.* 2. *The distance between them disappears when Peter starts to sneeze. A sneeze is something human which does not depend on different ways of life. When the two boys laugh at the same thing, this brings them closer to each other.*

b) + d) *Individuelle S-Antworten*

Material
Workbook S. 4/1, 2
Kopiervorlage 1

Üben

3 Characterization

Seite 13

Wortschatz *characterization, protective, overprotective, confident, direct*

Methodisches Vorgehen

HA

- Die S bearbeiten die Aufgaben in Einzelarbeit oder PA. Die Ergebnisse können zu Beginn der nächsten Unterrichtsstunde auch als Reaktivierung bzw. Überleitung zu den nachfolgenden Aufgaben eingesetzt werden.
- Vergleich der Ergebnisse im Plenum. Diese sollten exemplarisch an der Tafel/ auf Folie festgehalten werden, da die S so Schritt für Schritt lernen, Charakterisierungen aus einem literarischen Text herauszuarbeiten.
- Wenn die Aufgaben im Unterricht bearbeitet werden, kann dies auch arbeitsteilig erfolgen. Die S werden in drei Gruppen eingeteilt, die je einen der Protagonisten bearbeiten. Anschließend Vergleich der Ergebnisse im Plenum.

Lösung

TB 13: 3

Erwartungshorizont:

1. ***Mary:*** *The girl's first impulse was to grab Peter and run. But as her eyes examined the stranger, her fear died away. (ll. 1–3); Mary had decided not to move. To move would be a sign of weakness. (ll. 26–27); Mary began to dislike this examination more and more. (ll. 49–50); There was no time to show her brother how angry she was with him. (ll. 69–70); She looked at the bush boy in amazement. (ll. 81–82);* ***Peter:*** *Peter had decided to follow his sister's strategy. He held her hand and stood waiting … (ll. 34–36); The delay was making him nervous. (ll. 53–54); The guilt that the little boy had started to feel died away. At first shyly, then with no holding back, he too started to laugh. (ll. 85–87);* ***Aboriginal boy:*** *The Aboriginal was in no hurry. Time meant nothing to him. (ll. 37–38); For the moment, he was happy simply to examine these strange creatures. (ll. 40–42); His laughter was out of control, and infectious. (ll. 82–83)*
2. ***(over)protective:*** *When Mary sees the Aboriginal boy she wants to grab Peter and run.* ***confident:*** *The Aboriginal boy is not scared. He is happy to examine the two children.* ***brave:*** *Mary does not want to show weakness and keeps staring at the Aboriginal boy.* ***careful:*** *Peter holds his sister's hand and waits for something to happen.* ***direct:*** *The Aboriginal boy examines the two children closely.* ***strong:*** *The Aboriginal boy knows how to survive in the outback.*
3. ***terrified:*** *Mary and Peter are terrified when they first see the Aboriginal boy.* ***nervous:*** *Peter gets nervous when the three of them keep staring at each other and nothing happens.* ***surprised:*** *The Aboriginal boy is surprised because he has never seen white people before.* ***relaxed:*** *The Aboriginal boy is relaxed because time means nothing in the outback.*

Tipps für junge Lehrer Zur Ergebnissicherung kann L eine/n S bitten, ihre/seine Ergebnisse auf Folie zu schreiben. Diese Vorgehensweise bietet sich auch aus zeitökonomischen Gründen an. Außerdem sollte L bei der Arbeit mit Texten die S immer wieder dazu anhalten, Textstellen mit Zeilenangaben zu belegen.

Material
Ggf. Leerfolie

◎S ◎L **Üben**

4 Listening: *Walkabout*

Seite 13

HV-Text

Darren: Hey Zach, it's Darren.
Zach: Of course it is. It's the afternoon before an English test. You only call me before English tests, remember? So let me guess: you haven't read "Walkabout" and you want to know what happens, right?
Darren: Well I'd wanted to read it all – really!
Zach: Yeah, right. All you've got is rugby and girls in your head.
Darren: No, really! Come on, you have to tell me what happens. I got to the part where the Aboriginal boy thinks he's going to die …
Zach: Wow, very good, Mr Literature! You've actually read a few pages.
Darren: Ha-ha.
Zach: Anyway, let's go back a bit. The boy Peter sneezes, and the Aboriginal boy laughs. Let's talk about that first.
Darren: About sneezing?
Zach: No, Darren. Both boys laugh together, together – get it? What does that mean?
Darren: Together? Oh, now I get it. They're both boys, they both laugh at the same thing – it, it …
Zach: … shows that they are all just human beings.
Darren: Hey, there's a name for that – uh – a name – uh – something with 's', uh …
Zach: Sym- …
Darren: Ah, now I've got it! Symbolic!
Zach: Right, symbolic! But there's even more to it. Peter sneezes because he's got a cold. Aboriginals never get colds. The boy had never been with white people before, and the cold Peter gives him really knocks him over. The same thing happened with the Indians in the New World after the Europeans arrived. Remember our History lesson? Oh, of course not. – Anyway, our teacher is going to ask us about symbols in "Walkabout".
Darren: Yeah, but the Aboriginal saves the girl and the boy in the outback, doesn't he?
Zach: I'll tell you this much: because they've discovered that they're all human beings, the Aboriginal boy just can't leave them there in the desert. So he saves the two Americans. But I won't tell you any more. Sit down right now and read the book. "Walkabout" is a great novel! It'll take you only a few hours. So do it now!
Darren: What?! Zach, please – the whole novel – I mean …
Zach: Bye, Darren, have fun. Gotta go. See ya!

Methodisches Vorgehen

Pre-listening:
- L führt kurz in die Situation des Hörtextes ein: *Now you hear a phone call between two Australian teens. Listen to what they say about the story.*

While-listening:
- L präsentiert den Dialog von CD. Zur ersten Verständnissicherung kann **KV 1: Walkabout**, Teilaufgabe b), eingesetzt werden. Alternativ tragen die S spontan zusammen, was sie von dem Dialog verstanden haben.

Post-listening:
- Im Anschluss an die inhaltliche Sicherung beschäftigen sich die S mit der Frage, was die beiden Jugendlichen unter dem Begriff „symbolisch" verstehen, und sammeln eigene Beispiele aus Büchern oder Filmen.

Lösung

Erwartungshorizont:
It is 'symbolic' when the two boys laugh together …
– because it shows that they are both human beings, no matter where or how they live.
– because it shows the influence of the white people: Peter has a cold which the Aboriginal boy catches as well; before that the Aboriginals never had colds.

Material
Schüler-CD 1/3
Lehrer-CD 1/8
Kopiervorlage 1

Üben — **5 Writing texts** — Seite 13

Methodisches Vorgehen

- Bei dieser Aufgabe ist die Kreativität der S gefragt, daher sollte sie in Einzelarbeit im Unterricht oder als Hausaufgabe bearbeitet werden.
- Zur Ergebnissicherung werden mehrere Texte im Plenum vorgelesen.

HA

Lösung

Individuelle S-Antworten

Tipps für junge Lehrer

Abhängig vom Stundenplan der S kann es sinnvoll sein, für diese umfassendere Hausaufgabe mehrere Tage Zeit zu geben. Auf jeden Fall sollte eine maximale Wortzahl (z. B. 160–180 Wörter) vorgegeben werden, da sonst die Arbeits-, aber auch die Vorlese- und Korrekturzeit das sinnvolle Maß übersteigen würden.

Material
Workbook S. 4/3

Text B

Seite 14–15

Ziele

- Einen Romanauszug über eine Aborigine-Teenagerin und ihre weiße Freundin lesen
- Über subtilen Rassismus nachdenken
- Personencharakterisierungen in einem literarischen Text herausarbeiten
- *Writing texts:* Das Ende einer Geschichte schreiben

S L **Text** — **Angela *(Choice B)*** — Seite 14–15

Hinweis

Der Roman *Angela* von James Moloney, ausgezeichnet mit mehreren Literaturpreisen, ist als Lektüre für den Unterricht bei Klett erschienen (ISBN 978-3-12-578162-7).

Wortschatz

part-Aboriginal, politically active, uni(versity), rally, cause, point of view

Methodisches Vorgehen

- Die S lesen den Text bis Z. 45 in Einzelarbeit und spekulieren über den weiteren Verlauf der Geschichte. Anschließend wird der zweite Teil des Textes gemeinsam gelesen.
- Alternative: L präsentiert den Text bis Z. 45 von CD, in leistungsschwächeren Lerngruppen bei geöffnetem SB. Nach dem Hören sammeln die S im Plenum, was sie von dem Text verstanden haben und spekulieren über den weiteren Verlauf der Geschichte. Anschließend wird der zweite Teil des Textes vorgespielt.

Tipps für junge Lehrer

Da die S den Umgang mit unbekanntem Vokabular durch die Arbeit mit *Green Line* bereits gewöhnt sind, sollte auf eine langwierige Semantisierung verzichtet werden. Dies gibt den S die Möglichkeit, mit Hilfe des *Dictionary* im Buchanhang einen unbekannten Text eigenständig zu erschließen.

Tipps zur Literatur

Zur Situation der australischen Ureinwohner ist ein weiteres spannendes Buch für den Einsatz im Unterricht zu empfehlen. Der Roman *Rabbit-Proof Fence* von Doris Pilkington beschreibt die Flucht dreier Aborigine-Mädchen aus einem staatlichen Erziehungsheim in den 1930er Jahren und ihren strapaziösen Weg entlang des *Rabbit-Proof Fence.* Auch die Verfilmung des Romans, *Long Walk Home,* lässt sich gut im Unterricht einsetzen.

Material
Schüler-CD 1/4–5
Lehrer-CD 1/9–10

Üben

1 Why did I have to say that?!

Seite 14

Wortschatz *to regret sth, shopper, buzz, slob* (coll), *thongs* (pl.), *footy* (Australian rules football) (coll), *shorts* (pl.), *to strut, catwalk, negligence, to be on edge, booth, no sign of, to slouch off, overalls* (pl.), *to hesitate, hotly, blouse, swept-back, confident, stance, to spell sth, to look the part, to hurry, handful, to turn to sb, instead, incredulously, rage, fucking* (vulg), *nearby, to get lumped in with, to draw, to form, semicircle, to pause, breath, generous as can be, on one's own terms, to be in tears, to colonise, to move in, to hold back, frustration, to bottle up sth, to throw sth back in sb's face, to care about sb, to step out of line, to turn on sb/sth, to storm away, to part, adapted, abridged*

Methodisches Vorgehen

HA

- Zur Einstimmung auf den Text berichten die S im Plenum über ihre eigenen Erfahrungen. Alternativ kann die Fragestellung auch als vorbereitende schriftliche Hausaufgabe beantwortet werden. Zu Beginn der nächsten Unterrichtsstunde lesen mehrere S ihre Ergebnisse im Plenum vor.
- L leitet zur Arbeit mit dem Text über.

Lösung

Individuelle S-Antworten

Üben

2 Feelings

Seite 15

Methodisches Vorgehen

- a) + b) Die S bearbeiten die Aufgaben in Einzelarbeit oder PA. In leistungsschwächeren Lerngruppen kann das Textverständnis zunächst mit **KV 2: Angela**, Teilaufgabe a), überprüft werden, bevor die Aufgaben im Plenum bearbeitet werden.
- Alternative: Zur Bearbeitung der Teilaufgaben bietet sich auch die *Think-Pair-Share*-Methode an. Die Teilaufgaben a) und b) werden zunächst in Einzelarbeit bearbeitet *(Think)*. Anschließend tauschen sich die S mit einem/einer Partner/in aus *(Pair)*, um dann im Plenum über die gemeinsamen Ergebnisse zu berichten *(Share)*.

Lösung

a) *Erwartungshorizont: Gracey is angry because she feels colonised by Angela. She does not want to be treated with respect just because Angela is with her. With what she says to the manager, Angela makes Gracey even angrier.*
b) *Individuelle S-Antworten*

Material
Workbook S. 5/1, 2
Kopiervorlage 2

Üben

3 Characterization

Seite 15

Wortschatz *characterization, direct, ungrateful, hypocritical*

Methodisches Vorgehen

HA

- a) Die S bearbeiten die Aufgaben in Einzelarbeit oder PA. Die Ergebnisse können zu Beginn der nächsten Unterrichtsstunde auch als Reaktivierung bzw. Überleitung zu den nachfolgenden Aufgaben eingesetzt werden.
- Vergleich der Ergebnisse im Plenum. Diese sollten exemplarisch an der Tafel/auf Folie festgehalten werden, da die S so Schritt für Schritt lernen, Charakterisierungen aus einem literarischen Text herauszuarbeiten.
- Wenn die Aufgaben im Unterricht bearbeitet werden, kann dies aus zeitökonomischen Gründen auch arbeitsteilig erfolgen. Dabei werden die S in Gruppen eingeteilt, die je eine der beiden Protagonistinnen charakterisieren. Anschließend Besprechung der Ergebnisse im Plenum.
- b) kann im Anschluss an die Charakterisierung der beiden Protagonistinnen gemeinsam im Plenum besprochen werden.

Lösung

TB 15: (3)

a) *Erwartungshorizont:*
1. ***Angela:** I was enjoying the sensation and didn't notice her mood. (ll. 7–8); … and still I didn't see what was happening, didn't realise how on edge she was. (ll. 18–19); I was angry. And how could she just talk so badly about my parents? It wasn't right. (ll. 78–79); There was no holding back now. I shouted at her, as I let go all the frustration and fear I'd bottled up over the weeks. (ll. 91–93); **Gracey:** She didn't answer and I thought maybe she was trying to remember its name. (ll. 12–13); But as I got close to the door, I heard Gracey's angry voice. (ll. 35–36); Her surprise quickly turned to rage. (ll. 52–53); And with that, she stormed away … (l. 102)*
2. ***aggressive:** Gracey gets aggressive when the manager wants her to leave and when she hears what Angela tells him. **(not) fair:** Gracey is not fair when she shouts at Angela who just wants to help. **direct:** Gracey is direct when she accuses Angela and her parents of colonising her. **ungrateful:** Angela thinks that Gracey is ungrateful after all she and her parents have done for her. **hypocritical, racist:** Gracey thinks that Angela is hypocritical and racist.*
3. ***ignorant:** Angela is ignorant because she does not realise how Gracey feels. **(over)protective:** Angela is overprotective towards Gracey. **strong:** Gracey appears strong when she tells Angela openly what she thinks.*

b) *Erwartungshorizont:* 1. *Angela does not notice Gracey's bad mood. (ll. 7–8). She offers to buy her a drink after the rally. (ll. 15–16). She tells the manager that Gracey is with her. (ll. 46–47).* 2. *Individuelle S-Antworten*

Material
Ggf. Leerfolie

S L **Üben**

4 Listening: Understanding *Angela*

Seite 15

HV-Text

Girl: Yeah, I think it's really good. Better than that *last* book we read, I'll tell you.

Boy 1: That's for sure. Hey, and that scene in the shopping mall just now, you know, in front of the jewellery shop? Now is *that* typical of discrimination, or what?

Boy 2: What do *you* know about discrimination, mate? Look at you, you surfie, with your long blond hair!

Boy 1: Hey, who said anything about *racial* discrimination? You don't have to be black or Asian to experience discrimination in Australia, let me tell you.

Girl: What do you mean?

Boy 1: I mean, the *exact* same thing that happened to Gracey has happened to me before. For my Dad's 40th birthday, I wanted to buy him a really nice present, so I went to one of those expensive shops over at the mall. I was wearing the same kind of clothes I am now – old jeans with holes everywhere, thongs, a T-shirt, a baseball cap. Er, do you think *one* salesperson paid any attention to me? Of course not! The looks on their faces told me I was a *total* loser. And that's how I felt, too. I mean, I know my family isn't rich, and maybe I look like I don't have any money. But that doesn't give anybody the right to treat you like you're *nothing*.

Boy 2: But with nice clothes and short hair, they would have treated you like a *king* in that shop! Black people like Gracey have a much harder time. I can see why she wants to get politically active and fight the system.

Girl: Sure. You know, I really liked Angela. She wants to help Gracey, but she says something awfully stupid.

Boy 1: I didn't like her at all. She's a rich kid who likes to feel good, so she helped Gracey with lots of old clothes and a free drink and meal here or there …

Boy 2: Yeah, and what she says to the manager – 'It's all right. She's with me.' – shows that she thinks she's better than Aboriginal Gracey, just because her Mum and Dad are rich.

Girl: Hey, that's not fair, you two! She feels terrible for what she says, and she *has* helped Gracey a lot, and she really likes Gracey, and …

Boy 2: But she doesn't *say* that she's sorry! She gets really angry with Gracey – she's too rich and too stupid to see what she's done wrong, and she makes things worse.

Girl: Angela is *not* stupid, you guys! Gracey doesn't give her any time to say she's sorry. Gracey gets angry first, and then …

Wortschatz *discrimination*

Methodisches Vorgehen

Pre-listening:
- L führt kurz in die Situation des Hörtextes ein: *Now you hear a conversation between three Australian students. Listen to what they say about the story.*

While-listening:
- a) L präsentiert den Dialog von CD. Zur ersten Verständnissicherung kann **KV 2: Angela**, Teilaufgabe b), eingesetzt werden. Alternativ tragen die S spontan zusammen, was sie von dem Gespräch verstanden haben.

Post-listening:
- b) Im Anschluss an die inhaltliche Sicherung beantworten die S die Frage, ob sie der Charakterisierung von Gracey und Angela zustimmen würden.
- Alternative: Teilaufgabe b) eignet sich auch als schriftliche Hausaufgabe. Hierdurch setzen sich die S noch einmal intensiv mit dem Verhalten und den Charaktereigenschaften der beiden Protagonistinnen auseinander.

HA

Erweiterung
- Nach der Besprechung der Ergebnisse berichten die S von eigenen Erfahrungen mit Diskriminierung bzw. von Fällen, die sie gehört oder gelesen haben. Hieran lässt sich die Frage anschließen, wie mit Diskriminierung im Alltag umgegangen werden kann.

Lösung

Erwartungshorizont:
a) *The teenagers talk about social discrimination. One of them was ignored in an expensive shop because he wore his old clothes. And they talk about racial discrimination as in Gracey's case.*
b) *Individuelle S-Antworten*

Material
Schüler-CD 1/6
Lehrer-CD 1/11
Kopiervorlage 2

Üben

5 Writing texts

Seite 15

HA

Methodisches Vorgehen
- Bei dieser Aufgabe ist die Kreativität der S gefragt, daher sollte sie in Einzelarbeit im Unterricht oder als Hausaufgabe bearbeitet werden.
- Zur Ergebnissicherung werden mehrere Texte im Plenum vorgelesen.

Lösung

Individuelle S-Antworten

Tipps für junge Lehrer

Abhängig vom Stundenplan der S kann es sinnvoll sein, für diese umfassendere Hausaufgabe mehrere Tage Zeit zu geben. Auf jeden Fall sollte eine maximale Wortzahl (z. B. 160–180 Wörter) vorgegeben werden, da sonst die Arbeits-, aber auch die Vorlese- und Korrekturzeit das sinnvolle Maß übersteigen würden.

Material
Workbook S. 5/3

Skills

Seite 16

Ziele
- Dialoge über eine Bootstour zum Great Barrier Reef verstehen
- Die Eigenarten des australischen Englisch kennen lernen
- Die Funktion von Global- und Detailverständnis kennen lernen
- Ein Internetprojekt durchführen
- *Listening skills:* Notizen machen

Üben

Listening: Taking notes

Seite 16

Wortschatz *to depend (on), point of view*

Methodisches Vorgehen
- Im Plenum berichten die S über bereits gesammelte Erfahrungen mit ähnlichen Aufgaben zum Hörverstehen. Anschließend leitet L zu *ex.* 1 über.

Erweiterung
- Zur Einstimmung in die Thematik kann bereits an dieser Stelle das Internetprojekt zum Great Barrier Reef durchgeführt werden (siehe *ex.* 4).

Material
Workbook S. 6/4–6

L **Üben**

1 At the Reef in a glass-bottom boat

Seite 16

HV-Text

Derrick: G'day, everybody. My name is Derrick Reese, I'm a ranger here at Great Barrier Reef Marine Park and will be your guide today. I have lots of different duties as a ranger, but my favourite is definitely taking day-trippers like yourselves out on the Reef in our glass-bottom boats. Now before we climb aboard, let me just say that I realize five o'clock in the morning is very early for a tour, but it's going to be a beautiful clear day today, and when you see the sun go up in about half an hour, you'll be very glad you came! And luckily, there are no wild waves today, so you'll be able to concentrate on the Reef – and not on your sick stomachs! Anyway, let me just make sure I've got everyone …

Wortschatz *glass-bottom*

Methodisches Vorgehen
- L präsentiert die Tonaufnahme von CD. Anschließend sammeln die S im Plenum, was das australische Englisch vom BE oder AE unterscheidet. Da es den S ggf. schwer fallen wird, die Unterschiede zu versprachlichen, sollte L Hilfestellung geben und entsprechendes Vokabular bereitstellen.

Lösung

Erwartungshorizont: The Australian 'a' sounds like an 'i' and the 'r' like an 'ah'. Some sounds or even syllables are left out. G'dye, myte. = Good day, mate.

Tipps für junge Lehrer
Bei dieser Aufgabe geht es in erster Linie um die Bewusstmachung der Unterschiede zwischen australischem und britischem bzw. amerikanischen Englisch. Daher sollte L in leistungsschwächeren Lerngruppen auch einen kurzzeitigen Wechsel ins Deutsche zulassen.

Material
Lehrer-CD 1/12

L **Üben**

2 Listening for gist

Seite 16

HV-Text

Mixed voices: Isn't it beautiful? What a great idea to come on a glass-bottom boat tour!

Derrick: Yes, the Reef *is* beautiful. And there's lots of it! The Great Barrier Reef is the planet's largest coral reef system – 2,600 kilometres long, longer than the Great Wall of China! And it's the only living thing you can see from space. Yes, enjoy it while you can. Some people say that in 40 years, this huge reef might not exist any more.

American teen: Huh? What do you mean?

Derrick: Well, it's all about global warming. With all the factories, cars, pollution and air-conditioners in the world, the earth keeps getting warmer, so the water gets warmer.

American teen: But why is warmer water a problem?

Derrick: Coral can only survive with water temperatures between 17.5 and 28 °C. But in some places, the water can get warmer than 28 °C. And when that happens, the corals die. The beautiful bright red, pink and blue corals you're looking at through the glass right now turn white when they die. Remember, the Reef is a living thing. The Reef is one big coral collection.

British teen: But when the corals die, the environment for all the other animals here dies, too. So you lose a home for all the animals here, and you lose a beautiful place!

Derrick: That's exactly right, unfortunately. But global warming is only one problem, although the biggest. The Reef is also dying from the pollution from Australian and Indonesian factories on the coasts. Yes, it's sad that the modern world doesn't respect nature as much as the Australian Aboriginals did – and still do.

American teen: What do the *Aboriginals* have to do with the Great Barrier Reef?

Derrick: Not the Reef, the environment. I've always admired the Aboriginals for their respect for nature. They have a better feeling for the land and the whole environment than industrial societies like Australia, Britain, America, and so on. Aboriginals never killed more animals than they needed to eat. We've got a few great books in our shop about the unique way the Aboriginals lived with nature before the white people came. Maybe if we had paid more attention to the environment like the Aboriginals, there wouldn't be any danger of losing unique places like the Reef. But, that's a whole different topic now, isn't it?

Wortschatz *shorthand, to interest*

Methodisches Vorgehen

Pre-listening:

- a) + b) Die S entscheiden sich für eine der beiden Rollen und machen sich Notizen, welche Informationen für ihre Rolle interessant sein könnten.

While-listening:

- c) L präsentiert den Dialog von CD. Die S machen sich Notizen für ihre Rolle. Dadurch soll den S bewusst werden, dass die Perspektive des Zuhörers/der Zuhörerin bestimmt, was als wichtig empfunden wird.

Post-listening:

- Die S tauschen sich in PA über ihre Ergebnisse aus und vergleichen diese mit ihren Notizen zu Teilaufgabe b).

Lösung

b) *Erwartungshorizont:*
1. *I would like to know …*
   – *if the Great Barrier Reef is in danger because of global warming.*
   – *which animals live there and if some of them are in danger of dying out.*
2. *I would like to know …*
   – *if the Aboriginals have anything to do with the Great Barrier Reef.*
   – *what the Aboriginals think about all the tourists coming there.*

c) *Erwartungshorizont:*
1. – *global warming, water gets warmer, coral and animals die*
   – *pollution from Australian and Indonesian factories*
2. – *Aboriginals respect nature, never killed more animals than they needed, Reef would not die if everyone respected nature like the Aboriginals do*

Material
Lehrer-CD 1/13

◎L Üben 3 Listening for details Seite 16

HV-Text

Derrick: OK, everyone, hope you enjoyed your boat tour. Before we go on land for your afternoon activities, here's just a little information about them, OK? The shuttle buses will be waiting for you in the parking lot when we get back, so it's just a few steps from where we let you off. For those who have chosen to see the *crocodile preserve*, you'll want to get on Shuttle 2. It leaves at 11.45, and that's in just 20 minutes. It takes a half hour to get there, so you'll have two hours at the farm before you get back on your shuttle at 2.15. For the people who are going to the *beach barbie*, you'll want Shuttle 1, and that departs at 12.30. It's only 15 minutes to the beach where everything has been set up for you, so you'll have plenty of time to enjoy the sun and sand there before your shuttle takes you back at 3.00. Oh, and in case you *still* haven't had enough after the barbie or the preserve, there is an extra activity we're offering, and that's a glass of Australian wine (or coke, if you're not old enough) over at the park rangers' station.

Woman: How much does that cost?

Derrick: Oh, nothing. The station is new and it's an opening party. So it's free, and you're our guests if you feel like it.

Methodisches Vorgehen

Pre-listening:

- L führt kurz in die Situation des Hörtextes ein: *After their boat trip the tourists can choose between two different activities. Listen to the text. Decide which activity interests you most.*

While-listening:

- a) L präsentiert den Dialog von CD. Die S wählen die Aktivität aus, die sie am meisten interessiert.
- b) Beim zweiten Hören notieren sich die S detaillierte Informationen zu „ihrer" Aktivität.

Post-listening:

- c) Die S tauschen sich in PA über ihre Aktivitäten aus. Dabei sollten je zwei S zusammenarbeiten, die sich auf verschiedene Aktivitäten konzentriert haben. Anschließend Besprechung der Ergebnisse im Plenum. Diese werden an der Tafel/auf Folie festgehalten.
- In einem abschließenden Gespräch werden die Unterschiede zwischen *listening for gist* und *listening for details* noch einmal kurz zusammengefasst.

TA

Crocodile preserve:	Shuttle 2, leaves at 11.45 (in 20 minutes), 30 minutes to go to the crocodile farm, two hours at the farm, departure at 2.15
Beach Barbie:	Shuttle 1, departs at 12.30, 15 minutes to go to the beach, plenty of time, departure at 3.00

Erweiterung

- Möglichkeit zur Differenzierung: Leistungsstärkere S können aufgefordert werden, die Details zu beiden Aktivitäten zu sammeln.

Material
Lehrer-CD 1/14
Ggf. Leerfolie

Lösung

b) *Siehe TA*

Üben 4 Team activity – an Internet project: The Great Barrier Reef Seite 16

Wortschatz *World Heritage Site*

Methodisches Vorgehen

- Die S sammeln in Kleingruppen (je 4–5 S) weitere Informationen zum Great Barrier Reef und stellen diese auf einem Plakat zusammen. Dabei können auch die Downloadmaterialien unter Online-Link 547160-1002 eingesetzt werden.

Für die Recherche sollten den S mindestens zwei Unterrichtsstunden zur Verfügung stehen.

- Aus zeitökonomischen Gründen kann das Projekt auch als längerfristige Hausaufgabe/begleitende GA außerhalb des Unterrichts durchgeführt werden. Wichtig ist dabei nur, dass genügend Zeit für die Präsentation der Gruppenergebnisse eingeplant wird.

HA

Material
Online-Link
547160-1002
Ggf. Plakate

Lösung *Individuelle S-Antworten*

S L **Üben**

Listening: Taking notes

Workbook Seite 6

HV-Text

Exercise 4.

Mandy: Hello, you two, Are you enjoying your stay here in Perth?
Ryan: Yeah, we sure are! And now we'd like to go on a trip to the middle of Australia, you know, the Red Centre.
Colleen: So we've come to you for some useful tips.
Mandy: Well, I know of one good tour that starts here in Perth, then goes west to Southern Cross and Kalgoorlie, then on through the desert to Alice Springs. That's the only real town in the middle of Australia.
Ryan: Sounds interesting. How do we get there? By plane?
Mandy: Oh no! This is the real overland experience. You go in a four-wheel drive car. And you see some of the small places in the Red Centre like Laverton and Warburton – and you visit Uluru, of course. That's one on the most famous sights in Australia. Just hang on a moment, and I'll get all the details, with a map …

Exercise 5.

Mandy: OK, let's have a look. We're here in Perth, on the west coast. And the tour starts from here once a week.
Colleen: And how long does it take to get to Alice Springs?
Mandy: Six days.
Ryan: Hm, I guess it's a long way.
Mandy: It is. – About one thousand two hundred miles. On the first day you drive through the forests and hills east of Perth and –
Colleen: We have landscapes like that back in Wyoming. When do we get to the desert?
Mandy: On the second day you get very close to it, and –
Ryan: Just a moment. – Where do we stay the night? In a hotel?
Mandy: No, most nights you set up camp in the bush. On your way to the desert you have the chance to explore the old gold mining towns.
Colleen: Gee! Did you have a Gold Rush, too?
Mandy: Yes, we did, in the 19th century. There's not much left of the towns now. Anyway, back to the desert. For the next two days you drive through it along the Great Central Road.
Ryan: What is there exactly to see in the desert?
Mandy: Well, you've heard about our special animals of course, and the desert plants are interesting, too, especially after rain. Maybe you'll visit an Aboriginal community, and then there are the beautiful rock formations and mountains.
Colleen: When do we get to that famous hill, Uluru? I've seen so many pictures of it.
Mandy: Just hold on, – we're getting there. You arrive in the evening and see it in the sunset. Next day, you get up at sunrise –
Ryan: That early?
Mandy: – but it's worth it. The colours are fantastic! You can walk around the hill, or visit a cultural centre. Are you interested in Aboriginal culture?

Ryan: Er – yeah, but I'm more into activities like sport.
Mandy: Well, you can enjoy camel rides, or hire a quad bike. And the next day you reach Alice Springs.
Colleen: Just one more question. – How much does the trip cost?
Mandy: Let's see ….. It's about one thousand dollars. That's Australian dollars. It's only about six hundred in US dollars.

Exercise 6.
Colleen: You know, Ryan, when we finally get to Alice Springs, – after all that driving, – sitting in a car for six days. – I think I'd like to do some kind of hiking. Like, – see the landscape round Alice Springs in more detail.
Ryan: What? Go for a walk in the desert all alone?
Colleen: No, look, I found this brochure about bushwalking. – It's organised for small groups.
Ryan: That doesn't sound too good to me. I think I'll be ready for the sea and water after all that desert. How about flying back to Perth from Alice Springs? Then we could do that surfing course. We won't have the chance of learning to surf when we get back to Wyoming.
Colleen: And we'll never come back to the Australian desert, either. I'd like to take part in this bushwalking trip. You spend two nights in tents at campsites, and you cook your own food.
Ryan: You couldn't carry a tent around with you!
Colleen: I don't have to. There's a van which takes all the baggage and equipment from place to place, and there's a professional guide, too. He tells you more about the unique wild landscape as you experience it.
Ryan: We'll have seen enough wild landscape by then. And that Beach Surf School in Perth sounds really good. They've been in the business for over 20 years. In the beginners' course they teach you about different kinds of waves, and you learn the basic technique of surfing. They have a one hundred percent success rate!
Colleen: It could go down after we've been there! How much does it cost?
Ryan: $55 a lesson – and a lesson lasts two and a half hours. You get all the equipment – surfboard, wetsuit, sunscreen, safety training, … By the way, how much does your bushwalking cost?
Colleen: About $900.
Ryan: That's a lot of money. And it sounds like hard work, – walking all day.
Colleen: You walk about 9 or 10 miles a day. That's not so far. And it is a unique chance. We could go to California next year and do a surfing course there …

Material
Schüler-CD 1/7–9
Lehrer-CD 1/15–17

Language

Seite 17–18

Ziele
- Eindrücke von Australien und von australischem Essen gewinnen
- Über frühere Gewohnheiten sprechen
- Etwas zulassen/tun lassen, jemanden zu etwas zwingen
- *How to:* Ein Problem mit der australischen Polizei besprechen

L **Text** — **First time in 'Oz'** Seite 17

Wortschatz *Oz* (coll), *to post, bit of information, first-time, used to* (+ infinitive), *penal colony, shipload, to make sb do sth, convict, criminal, ancestor, to let sb do sth, version,*

Asian-Pacific, nearby, yummy (coll), *coat of arms, preconception, to have sth done, exotic, to deliver, green ant, witchetty grub, emu, crocodile*

Methodisches Vorgehen

- L: *Here you find some information about Australia which Blake, a young man from Sydney, put on his website.* Die S lesen die Beiträge auf der Internetseite in Einzelarbeit.
- Alternative: Erfahrungsgemäß lassen sich auch S dieser Altersstufe noch zu einem Wettbewerb motivieren. Die Verständnissicherung kann beispielsweise in Form eines Quiz erfolgen. Hierzu wird die Klasse in zwei Gruppen eingeteilt. Die S erhalten den Auftrag, mit Hilfe der Informationen aus den Internetbeiträgen zehn Quizfragen für die gegnerische Mannschaft zu formulieren. Die Gruppe, die in einer vorgegebenen Zeit (und bei geschlossenem SB!) die meisten richtigen Antworten gegeben hat, gewinnt und sollte auch eine kleine Belohnung erhalten (z. B. 1x keine Hausaufgaben).

Material
Lehrer-CD 1/18–20

Üben

1 Understanding Oz

Seite 17

Wortschatz *aspect*

Methodisches Vorgehen

- Die S bearbeiten die Aufgaben in Einzelarbeit. Anschließend Vergleich der Ergebnisse im Plenum. L kann dabei wichtige Stichpunkte zu Teilaufgabe 1 und 2 an der Tafel festhalten, um vor allem leistungsschwächeren S eine Kontrollmöglichkeit zu geben.
- Alternative: Um das neue Vokabular zu festigen, sammelt L wichtige *words/ phrases* an der Tafel, mit denen die S bei geschlossenem SB jeweils einen oder mehrere Beispielsätze bilden. Anschließend bearbeiten die S die Aufgaben in Einzelarbeit.

TA

1. Australia: penal colony — but: people don't want to be reminded of that; some people were sent to Australia just because they had stolen an apple
2. today: most immigrants are not from Europe, but from Asia; Australians: holidays in Asia, not in Europe

Material
Workbook S. 7/7

Lösung

1.+2. *Siehe TA* 3. *Individuelle S-Antworten*

Üben

2 Find the rule: *Used to*

Seite 17

Strukturen

- *used to + infinitive*

Methodisches Vorgehen

- a)+b) Die Aufgaben werden im Plenum bearbeitet. L sammelt die Sätze mit *used to* an der Tafel. Anschließend formulieren die S eine Regel für den Gebrauch der neuen Struktur.

TIP
G 1

TA

used to (+ infinitive)

... Australia used to be a penal colony.
Most immigrants used to come from Europe ...
I didn't use to like that stuff at all.

Used to + infinitive expresses that something often happened in the past.
The negative form is didn't use to/never used to + infinitive.

Lösung

a)+b) *Siehe TA*

Üben

3 Your turn: Then and now

Seite 17

Strukturen
- *used to + infinitive*

Methodisches Vorgehen
- Diese Aufgabe kann als GA im Unterricht oder schriftlich als Hausaufgabe bearbeitet werden. Dabei sollten die S sowohl positive als auch negative Sätze formulieren. Insbesondere die Verneinung stellt bei leistungsschwächeren S eine häufige Fehlerquelle dar.

TIP
G1

Erweiterung
- Zur weiteren Übung der neuen Struktur kann **KV 3: The Aboriginals – then and now**, Teilaufgabe 1, eingesetzt werden.

Material
Workbook S. 7/8
Kopiervorlage 3

Lösung

Individuelle S-Antworten

Üben

4 Find the rule: *let, make* and *have*

Seite 18

Strukturen
- *let, make, have (sth done)*

Methodisches Vorgehen
- a) Die S betrachten die drei Bilder. L schreibt die Beispielsätze an die Tafel, markiert jeweils das Verb und fordert die S auf, die Unterschiede zu formulieren. In leistungsschwächeren Lerngruppen kann eine gemeinsame Übersetzung der Beispielsätze hilfreich sein.
- b) Die S suchen weitere Beispiele aus dem Text. L sammelt diese an der Tafel/auf Folie. Anschließend werden die Sätze gemeinsam übersetzt, um den S die unterschiedliche Bedeutung der drei Verben noch einmal bewusst zu machen. Bei Unklarheiten kann L als Hilfestellung auch auf den Grammatikanhang verweisen, in dem weitere Beispielsätze aufgeführt sind.

TIP
G2

Lösung

a) *Individuelle S-Antworten*
b) 1. *They made thousands of convicts spend the rest of their lives here. – Sie zwangen Tausende von Gefangenen dazu, den Rest ihres Lebens hier zu verbringen. They made them do a lot of the heavy work in the new colony. – Sie zwangen sie dazu, viel von der harten Arbeit in der neuen Kolonie zu verrichten.* ***to make sb do sth – jmdn. etw. tun lassen; jmdn. dazu bringen/zwingen, etw. zu tun*** 2. *Don't let anyone tell you that Oz is just a sunnier version of Britain. – Lass dir von niemandem erzählen, dass Australien nur eine sonnigere Version von Großbritannien ist. You shouldn't let preconceptions stand in your way. – Lass nicht zu, dass dir vorgefasste Meinungen im Weg stehen. My parents let me have a huge party. – Meine Eltern erlaubten es mir, eine große Party zu haben.* ***to let sb do sth – jmdn. etw. tun lassen; jmdm. erlauben, etw. zu tun*** 3. *Judges also had people sent to the other side of the world for stealing apples! – Richter ließen auch Menschen auf die andere Seite der Welt bringen, weil sie Äpfel gestohlen hatten. How would you like to have them served to you on a plate?! – Wie würdest Du es finden, wenn man sie dir auf einem Teller vorsetzen lassen würde? They also had all kinds of exotic dishes delivered by a local restaurant. – Sie ließen auch alle Arten von exotischen Speisen von einem hiesigen Restaurant anliefern.* ***to have sth done – etw. tun lassen; veranlassen, dass etw. getan wird***

Tipps für junge Lehrer

Zur Bewusstmachung bietet es sich an, die Verben und ihre deutsche Entsprechung farbig zu markieren. L sollte die S explizit auf den Unterschied zwischen dem *present perfect* von *to do (have done)* und *have something done* hinweisen.

Material
Workbook S. 7/9
Ggf. Leerfolie

Üben

5 Blake's barbie

Seite 18

Wortschatz

barbie (= barbecue) (coll), *rooftop terrace, all kinds of*

Strukturen
- *let, make, have (sth done)*

Methodisches Vorgehen
- Die Aufgabe kann je nach zur Verfügung stehender Zeit im Unterricht (mündlich/schriftlich) oder als Hausaufgabe (schriftlich) bearbeitet werden. Dabei müssen die S nicht den gesamten Text abschreiben, sondern können sich an der Nummerierung orientieren. Zur Ergebnissicherung bietet es sich an, den Text auf Folie zu kopieren.

TIP G2

HA

Erweiterung
- **KV 3: The Aboriginals – then and now**, Teilaufgabe 2, bietet eine weitere Möglichkeit zur Festigung der neuen Strukturen.

Material
Workbook S. 8/10
Kopiervorlage 3
Ggf. Leerfolie

Lösung

1. *let* 2. *make* 3. *let* 4. *let* 5. *make* 6. *have* 7. *making* 8. *have*

Üben

Zusatzaufgabe *Dictionary*

Seite 146

Methodisches Vorgehen
- Zur Festigung von *let, make* und *have (sth done)* kann auch die Zusatzaufgabe im *Dictionary* eingesetzt werden

TIP G2

Lösung

1. *let* 2. *have* 3. *make* 4. *made* 5. *let* 6. *have* 7. *let* 8. *make*

Üben

6 How to: Explain a problem to the police

Seite 18

Wortschatz *form, consulate*

HA

Methodisches Vorgehen
- Diese Aufgabe sollte zur Schulung der Schreibfertigkeit schriftlich erarbeitet werden. L kann zur Sicherung einige Dialoge vortragen lassen oder diese einsammeln und korrigieren. Auch das *peer editing* bietet sich an dieser Stelle an. Hierbei tauschen die S ihre Ausarbeitung mit einem/einer Partner/in aus, der/die den Dialog korrigiert bzw. Verbesserungsvorschläge macht. Die fertigen Dialoge können anschließend im *English folder* abgeheftet werden.
- Alternative: In Lerngruppen, in denen Partnerübungen gut funktionieren, können auch jeweils zwei S gemeinsam einen Dialog verfassen. Da dies nur im Unterricht möglich ist, muss hier der Zeitfaktor bei der Planung berücksichtigt werden.

Erweiterung
- Wenn sich die S dazu bereit erklären, können zur Ergebnissicherung mehrere Dialoge vorgespielt werden. Die Entscheidung für diese Methode ist allerdings sehr stark lerngruppenabhängig, da sich S dieser Altersgruppe oft nicht mehr vor der Klasse präsentieren wollen.

Lösung

Erwartungshorizont:

You:	*Excuse me, Sir.*
Police Officer:	*Hello there, may I help you?*
You:	*Yes, please. My passport and some money were stolen from my bag and I can't find my mobile.*
Police Officer:	*Oh, that doesn't sound good. But let's see. Please give me your name and address first.*
You:	*My name is Susan Schulze and I come from Dortmund in Germany.*
Police Officer:	*Can you tell me where and when your things were stolen?*
You:	*This morning I went to Bondi Beach with my language group. I left my bag on the beach when I went into the water. When I came back it was still there, but …*
Police Officer:	*OK. Please fill out these forms so that I can help you.*

You:	*Yes, of course. May I use your telephone to call my mother in Germany? I have to call her every day and if I don't, she'll be worried.*
Police Officer:	*Yes, definitely. Here you are. And with this form you go to the German consulate. They can give you a passport for your flight home.*
You:	*Oh, that sounds great. But, excuse me, where is the German consulate?*
Police Officer:	*You're lucky. It's directly opposite this building. You don't need to go very far.*
You:	*Great. Thank you very much for your help. Goodbye.*

Tipps für junge Lehrer Um sicher zu stellen, dass auch weniger motivierte S einen längeren Dialog schreiben, kann es sinnvoll sein, eine Wortzahl vorzugeben (z. B. 100–150 Wörter).

Material *Workbook* S. 8/11

⟨Revision⟩

Seite 19

Ziele
- Den Gebrauch der Relativsätze wiederholen
- Die australische Tierwelt kennen lernen

Üben

⟨Using relative clauses⟩

Seite 19

Wortschatz *necessary, followed by*

Strukturen
- *Defining and non-defining relative clauses, contact clauses*

Methodisches Vorgehen
- Um die wichtigsten Regeln zu den Relativsätzen zu wiederholen, lesen die S zunächst die *Grammar*-Box in Einzelarbeit. L bietet individuelle Hilfestellung.

TIP G 3

Erweiterung
- Zur Wiederholung der verschiedenen Relativsätze kann auch **KV 4: Different perspectives**, Teilaufgabe a), eingesetzt werden.

Material Kopiervorlage 4

Üben

1 Australia's animal world

Seite 19

Wortschatz *teddy bear, pouch, marsupial, to bite*

Strukturen
- *Defining relative clauses*

Methodisches Vorgehen
- Bei dieser Aufgabe sollte L vor allem darauf achten, dass die S *who* und *which* nicht verwechseln. Da die Aufgabe recht einfach ist, kann sie in leistungsstärkeren Lerngruppen auch mündlich bearbeitet werden.

TIP G 3

Lösung

1. *Australia is a continent which has been an island for 50 million years.* 2. *So it has many animals which are not found anywhere else in the world.* 3. *The animals are an attraction for tourists who travel down under to visit Oz.*
4. *They love to see marsupials like kangaroos which carry their young in pouches.*
5. *Koalas are also popular, with sweet faces which make them look like teddy bears.* 6. *But watch out! Those koalas bite people who try to hold them!*

Tipps für junge Lehrer Selbst in den oberen Jahrgangsstufen beachten nicht alle S die unterschiedliche Verwendung von *who* und *which*. Sie sollte vor Bearbeitung der Aufgaben ggf. noch einmal wiederholt werden (Eselsbrücke: ***who** – **people**, **which** – **things***).

Material *Workbook* S. 9/12

Üben | **2 The Tasmanian devil** | Seite 19

Wortschatz *symbol, to die out, contagious*

Strukturen
- *Non-defining relative clauses*

Methodisches Vorgehen
- Diese Aufgabe sollte schriftlich bearbeitet werden, damit auch leistungsschwächere S genügend Zeit haben, beide Sätze zu lesen und richtig miteinander zu verbinden. Anschließend Vergleich der Ergebnisse im Plenum.

TIP G3

Lösung

2. *Australians, who are proud of their special animals, are worried about the situation.* 3. *The devils, which are being killed by a form of cancer, have a loud scream.* 4. *The cancer, which is contagious, attacks their faces.* 5. *Australian scientists, who have been doing research into the problem, have little hope.* 6. *The animals, which are giving the cancer to each other, love to fight and bite.*

Tipps für junge Lehrer Es bietet sich an, die Lösungen von einem/einer zügig arbeitenden S auf Folie schreiben zu lassen. Diese kann anschließend als Grundlage für die Ergebnissicherung dienen.

Material
Workbook S. 9/13
Ggf. Leerfolie

Üben | **3 *Which/that, whose* or contact clause?** | Seite 19

Wortschatz *protection, to lay, dingo, laughing kookaburra, red-back (spider)*

Strukturen
- *Defining and non-defining relative clauses, contact clauses*

Methodisches Vorgehen
- Zum Abschluss der Wiederholungsphase bearbeiten die S die Aufgabe schriftlich in Einzelarbeit. Die Leistungsstärke der Lerngruppe, aber auch die zur Verfügung stehende Zeit sollten darüber entscheiden, ob die S den Text komplett abschreiben oder sich nur die Relativpronomen notieren.

TIP G3

HA

Erweiterung
- Zur weiteren Festigung der Relativsätze und der *contact clauses* kann **KV 4: Different perspectives**, Teilaufgabe b), eingesetzt werden.

Lösung

1. *which*/– 2. *whose*/– 3. *which*/*whose* 4. –/– 5. *whose*/*which*

Material
Workbook S. 9/14
Kopiervorlage 4

Writing texts

Seite 20

Ziele
- Termini zur Analyse literarischer Texte kennen lernen und anwenden
- Eine Storyline entwickeln
- *Writing texts*: Eine eigene Geschichte schreiben
- Die eigene Geschichte durch *peer editing* verbessern

Üben | **Elements of a story** | Seite 20

Methodisches Vorgehen
- Im Plenum wird zunächst die Bedeutung der Begriffe *plot, setting* und *atmosphere* wiederholt. Anschließend leitet L zu *ex.* 1 über.

Erweiterung
- Als Ergänzung zu den Aufgaben auf der *Writing texts*-Seite kann **KV 5: Elements of a story** eingesetzt werden.

Material
Workbook S. 20/15–18
Kopiervorlage 5

Üben

1 Story elements

Seite 20

Wortschatz *road trip, perspective, princess-like, worry-wart, foreshadowing, hint, red-herring, to return*

Methodisches Vorgehen
- Die S erhalten ausreichend Zeit, den Text und die Erläuterungen der einzelnen *story elements* zu lesen. L gibt bei Bedarf individuelle Hilfestellung.

Üben

2 Develop the storyline

Seite 20

Wortschatz *turning point, climax*

Methodisches Vorgehen
- L erläutert zunächst die Aufgabenstellung und die beiden neuen Begriffe *turning point* und *climax* (in Band 4 wurde bereits von *highlight* gesprochen). Anschließend machen sich die S Notizen als Vorbereitung zu *ex.* 3.

TIP
Green Line 4, S. 96

Lösung *Individuelle S-Antworten*

Tipps für junge Lehrer Den S sollten genügend zweisprachige Wörterbücher zur Verfügung stehen. Im Internet kann zusätzlich http://www.pons.eu als elektronisches Wörterbuch genutzt werden. L hat bei dieser Aufgabe unterstützende Funktion. Auf eine Bewertung der Ideensammlung sollte auf jeden Fall verzichtet werden.

Material
Ggf. zweisprachige Wörterbücher

Üben

3 Write your story

Seite 20

HA

Methodisches Vorgehen
- Mit Hilfe ihrer Stichpunkte aus *ex.* 2 schreiben die S eine eigene Fortsetzung der Geschichte. Dies kann in Einzelarbeit im Unterricht oder als Hausaufgabe erfolgen.

Lösung *Individuelle S-Antworten*

Tipps für junge Lehrer Auf eine Vorgabe der Wortzahl sollte hier verzichtet werden, da dies die S in ihrer Kreativität einschränken würde.

Material
Ggf. zweisprachige Wörterbücher

Üben

4 Peer editing

Seite 20

Wortschatz *peer editing*

Methodisches Vorgehen
- Beim *peer editing* arbeiten die S in PA oder in Kleingruppen zusammen, um selbst verfasste Texte gegenseitig zu bewerten und ggf. Verbesserungsvorschläge zu machen. L erläutert zunächst, worauf die S achten sollten. 1. Thema: Hat der/die S die Themenvorgabe beachtet? Gibt es überflüssige Textteile, die gestrichen werden können? 2. Satzbau: Variieren Satzlänge und Satzanfänge? Werden unterschiedliche *connecting words* verwendet? 3. Wortwahl: Passt die Wortwahl zur Thematik? Ist die Wortwahl abwechslungsreich und differenziert? 4. Struktur: Ist der Aufbau der Geschichte sinnvoll? Gibt es Einleitung – Hauptteil – Schluss? Werden Sinnabschnitte durch Paragraphen auch äußerlich gekennzeichnet?
- Als Hilfestellung kann das *peer editing form* auf **KV 6: Peer editing** dienen.

Lösung *Individuelle S-Antworten*

Tipps für junge Lehrer L sollte die S unbedingt dazu anhalten, bei der gegenseitigen Kritik respektvoll miteinander umzugehen.

Material
Kopiervorlage 6

Wordwise

Seite 21

Ziele
- Den Wortschatz der Unit umwälzen und vernetzen
- Typische Begriffe des australischen Englisch im Kontext verstehen
- *Is said to* und *is supposed to* in formellen und weniger formellen Situationen anwenden
- Einen Song hören und verstehen

Üben

1 Australia in words

Seite 21

Methodisches Vorgehen

- a) Zur Umsetzung dieser Aufgabe im Unterricht bieten sich verschiedene Möglichkeiten an: 1. Die S füllen in PA die Tabelle aus. Anschließend Vergleich der Ergebnisse im Plenum. Dabei werden die S-Beiträge an der Tafel/ auf Folie gesammelt. 2. Die S werden in Kleingruppen eingeteilt, die jeweils eines der vier Themen bearbeiten. Anschließend Vergleich der Ergebnisse im Plenum. 3. Die S fertigen gemeinsam ein großes Australien-Plakat an, auf dem die Ergebnisse zu den einzelnen Themen in Form einer *mind map* visualisiert werden.
- b) wird als Hausaufgabe bearbeitet, um den S die Möglichkeit zu geben, ihre bisher gesammelten Kenntnisse zu Australien noch einmal zu reflektieren.

HA

Erweiterung

- Als weitere Wortschatzübung kann an dieser Stelle **KV 7: Wordwise**, Teilaufgabe 1, eingesetzt werden.

Lösung

a) ***Aboriginal culture:*** *indigenous, spirits, rock paintings, respect for nature;* ***European settlement:*** *penal colony, convicts, James Cook, expeditions, Commonwealth, British monarch;* ***animal world:*** *kangaroo, witchetty grubs, emu, crocodile, shark, dingo, platypus, red-back spider, laughing kookaburra;* ***geography/climate:*** *outback, red continent, Asian-Pacific, ozone layer, rainforest*
b) *Individuelle S-Antworten*

Material
Workbook S. 11/19
Kopiervorlage 7
Ggf. Leerfolie,
Plakat

Üben

2 ⟨Real Australian⟩

Seite 21

Wortschatz *surfie* (coll), *to mark, to miss sth*

Methodisches Vorgehen

- Die S lesen den Text zunächst in Einzelarbeit, um sich einen ersten Eindruck zu verschaffen. Die Bedeutung der markierten *words/phrases* kann dann mit einem/einer Partner/in besprochen werden. Anschließend Vergleich der Ergebnisse im Plenum.
- Es ist davon auszugehen, dass die S nicht auf Anhieb alle Wörter verstehen. L sollte sie aber dazu ermuntern, die entsprechenden *words/phrases* aus dem Kontext zu erschließen.
- Alternative: In leistungsschwächeren Lerngruppen kann **KV 7: Wordwise**, Teilaufgabe 2, den S als Hilfestellung an die Hand gegeben werden (als Arbeitsblatt oder auf Folie). Hier ist die Bedeutung der *words/phrases* bereits vorgegeben und muss lediglich zugeordnet werden.

Lösung

Bastard – Man, rippers – cool things, It was ace! – It was great! chocka – full, sheilas – girls, hottie – attractive girl, to rubbish – to criticize, bloke – man, hot chick – attractive girl, oldies – parents, Bloody oath! – That's the truth!, plates – food

Material
Kopiervorlage 7

Üben **3 That's what people say** Seite 21

Wortschatz *format, to be said to* (+ infinitive), *to be supposed to* (+ infinitive)

Strukturen
- *is said to, is supposed to*

Methodisches Vorgehen
- a) Im Plenum wird zunächst der Unterschied zwischen den beiden Strukturen besprochen.
- b) Die S bearbeiten die Aufgabe schriftlich in Einzelarbeit oder PA. Anschließend Vergleich der Ergebnisse im Plenum.

Lösung

a) *said to = more formal situations; supposed to = less formal situations*
b) 1. *is said to* 2. *is supposed to be* 3. *is supposed to be* 4. *are supposed to be* 5. *are said to be* 6. *is said to be*

Tipps für junge Lehrer Da die Unterschiede sowohl im Deutschen als auch im Englischen nur schwer zu vermitteln sind, sollte diese Aufgabe möglichst nur in leistungsstärkeren Lerngruppen eingesetzt werden.

Song **4 ⟨A song: *Beds are burning* by Midnight Oil⟩** Seite 21

HV-Text

Out where the river broke
The bloodwood and the desert oak
Holden wrecks and boiling diesels
Steam in forty five degrees

The time has come
To say fair's fair
To pay the rent
To pay our share

The time has come
A fact's a fact
It belongs to them
Let's give it back

How can we dance
When our earth is turning
How do we sleep
While our beds are burning

How can we dance
When our earth is turning
How do we sleep
While our beds are burning

The time has come
To say fair's fair
To pay the rent
Now to pay our share

Four wheels scare the cockatoos
From Kintore East to Yuendemu
The western desert lives and breathes
In forty five degrees

The time has come
To say fair's fair
To pay the rent
To pay our share

The time has come
A fact's a fact
It belongs to them
Let's give it back

How can we dance
When our earth is turning
How do we sleep
While our beds are burning

How can we dance
When our earth is turning
How do we sleep
While our beds are burning

The time has come
To say fair's fair
To pay the rent now
To pay our share

The time has come
A fact's a fact
It belongs to them
We're gonna give it back

How can we dance
When our earth is turning
How do we sleep
While our beds are burning

Wortschatz *the time has come, to belong (to), to turn*

Methodisches Vorgehen

- Das Lied kann nach der Wortschatzarbeit oder an anderer Stelle der Unit beliebig eingesetzt werden. Wenn wenig Zeit zur Verfügung steht, wird das Lied zur Auflockerung einmal vorgespielt.
- Mehr Zeit benötigen die folgenden Vorgehensweisen: 1. Nach dem ersten Hören (bei geschlossenem SB!) sammelt L *words/phrases*, die die S verstanden haben. Anschließend legt L den Liedtext auf Folie auf. Nach dem zweiten Hören schließt sich ein kurzes Unterrichtsgespräch über den Inhalt des Liedes an. 2. Alternativ erhalten die S den Liedtext mit Lücken und tragen während des Hörens die fehlenden Wörter ein. Diese Methode ist bei den S in der Regel sehr beliebt. Auch hier kann sich ein kurzes Unterrichtsgespräch über den Inhalt des Liedes anschließen.

Material
Lehrer-CD 1/21
Ggf. Leerfolie

Lösung *Individuelle S-Antworten*

Check-out

Seite 22

Ziele • Die Lernziele der Unit in Selbstkontrolle überprüfen

Üben

1 Before and after

Seite 22

Strukturen
- *used to*

Methodisches Vorgehen
- Die Aufgabe kann wahlweise im Rahmen einer abschließenden Übungsstunde oder direkt im Anschluss an S. 17, *ex.* 3, eingesetzt werden.
- Die S bearbeiten die Aufgabe in Einzelarbeit. Anschließend Selbstkontrolle oder Überprüfung durch einen/eine Partner/in.

TIP G 1

Material
Workbook S. 12/22

Lösung *Siehe SB S. 218*

Üben

2 Use *let, make,* or *have*

Seite 22

Strukturen
- *let, make, have sth done*

Methodisches Vorgehen
- Die Aufgabe kann wahlweise im Rahmen einer Übungsstunde oder direkt im Anschluss an S. 18, *ex.* 5, eingesetzt werden.
- Die S bearbeiten die Aufgabe in Einzelarbeit. Anschließend Selbstkontrolle oder Überprüfung durch einen/eine Partner/in.

TIP G 2

Material
Workbook S. 12/23

Lösung *Siehe SB S. 218*

Üben

3 Your turn: A talk about Australia

Seite 22

Methodisches Vorgehen
- Bei dieser Aufgabe ist es den S freigestellt, einen landeskundlichen Vortrag zu halten oder das erlangte landeskundliche Wissen in einer Abenteuergeschichte umzusetzen. Die S erarbeiten ihren Vortrag in Einzelarbeit.
- Die Form der Ergebnissicherung ist abhängig von der zur Verfügung stehenden Zeit und der Größe der Lerngruppe. Hier bieten sich mehrere Vorgehensweisen an: 1. Alle S tragen nacheinander ihre Ergebnisse vor. Dies kann jedoch dazu führen, dass es den zuhörenden S schnell langweilig wird. 2. Nur einzelne S

TIP Ergebnissicherung in Kleingruppen

präsentieren ihre Ergebnisse. Dabei sollte darauf geachtet werden, dass auch leistungsschwächere S berücksichtigt werden. 3. Die S halten ihre Vorträge in Kleingruppen (je 4–5 S).

Lösung *Musterlösung siehe SB S. 218*

Tipps für junge Lehrer Die Ergebnissicherung in Kleingruppen hat drei entscheidende Vorteile: 1. Die S sind weniger nervös, als wenn sie im Plenum präsentieren müssen. 2. Der Zeitaufwand für die gesamte Ergebnissicherung bleibt überschaubar (max. 20 Minuten). 3. Jede/r S hat das Gefühl, dass sie/er die Präsentation nicht umsonst erstellt hat.

Material
Workbook S. 12/24

⟨Text⟩

Seite 23–25

Ziele • Einen Auszug aus einem humoristischen Reiseroman über Australien lesen

Text ⟨Down under⟩ Seite 23–25

Wortschatz Siehe Annotationen S. 23–25

Methodisches Vorgehen

- Wenn die S den Text zu Hause vorbereitet haben, kann die Verständnissicherung über **KV 8: Down under** erfolgen. Alternativ stellt L eigene Aufgaben zum Textverständnis, z. B. *Collect all the information about Australia that you find in this text.* Die Ergebnissicherung erfolgt in der nächsten Unterrichtsstunde mündlich im Plenum.
- Wird der Auszug im Unterricht behandelt, kann der Einstieg über die Fotos im SB erfolgen. Idealerweise scannt L die Fotos ein und zeigt sie zunächst über Beamer oder OHP. Die S beschreiben die Fotos (Reaktivierung/Festigung der landeskundlichen Kenntnisse) und stellen Vermutungen an, um welche Art von Text es sich handeln könnte. So lässt sich bei den S eine Erwartungshaltung an den Text aufbauen.
- Die S lesen den Text in Einzelarbeit. Dies hat den Vorteil, dass die S ihr Lesetempo selbst bestimmen und schon beim ersten Lesen ein umfassenderes Textverständnis erlangen können. Anschließend bearbeiten die S die Aufgaben auf **KV 8** oder alternative Arbeitsaufträge (siehe oben). Zur Ergebnissicherung können die Lösungen auf **KV 8** oder ein von L bereit gestelltes Lösungsblatt dienen. Dies gibt den S die Möglichkeit, ihre Ergebnisse individuell abzugleichen.
- Da es unter den S auch zahlreiche auditive Lerner gibt, sollte L abwägen, ob ein Vorspielen des Romanauszugs von CD sinnvoll wäre. In leistungsstärkeren Lerngruppen kann die Präsentation bei geschlossenem SB erfolgen.

Erweiterung

- Wenn der Roman als Ganzschrift zur Verfügung steht, kann ein/e S schon im Vorfeld gebeten werden, das Buch zu lesen und den Inhalt im Plenum vorzustellen. In fast jeder Lerngruppe gibt es eine oder mehrere „Leseratten“, die gerne auch englische Ganzschriften lesen.

Tipps für junge Lehrer Auch wenn häufig der Eindruck entsteht, dass das Schuljahr keine Zeit für fakultative Angebote lässt, sollte gerade auf das Lesen längerer Texte nicht verzichtet werden (Schulung des Leseverständnisses, Motivation, Vorbereitung auf die Arbeit mit Texten in den höheren Jahrgangsstufen).

Material
Lehrer-CD 1/22–25
Kopiervorlage 8
Ggf. Leerfolie

KV 1: Walkabout

a) *Are the sentences right, wrong or not in the text?*
Tick the right answers. Correct the wrong sentences in your exercise book.

	right	wrong	not in the text
1. The story takes place in Sydney.			
2. Mary and her brother went to Australia to visit their grandparents.			
3. After the plane crash they are happy to meet the Aboriginal boy.			
4. The Aboriginal boy has never seen white people before.			
5. To Mary and Peter the Aboriginal boy looks threatening.			
6. The Aboriginal boy is in a hurry when he meets Mary and Peter.			
7. Mary doesn't like the situation when they keep staring at each other.			
8. Suddenly Mary sneezes and the Aboriginal boy runs away.			

b) *Listen to the conversation between Zach and Darren, two Australian teens (see exercise 4 on page 13 in your book). Tick the right answers.*

1. Darren calls Zach
   a) the afternoon before the French test.
   b) the morning before the English test.
   c) the afternoon before the English test.
2. Darren has read
   a) the whole book.
   b) a few pages.
   c) the first chapter.
3. That the children in the story laugh together shows
   a) that they are all human beings.
   b) that they are friends.
   c) that the sneeze is funny.
4. The test will be about
   a) symbols in *Walkabout*.
   b) Aboriginal culture.
   c) the last History lesson.
5. Finally Zach tells Darren
   a) how the story ends.
   b) to ask somebody else.
   c) to read the novel himself.

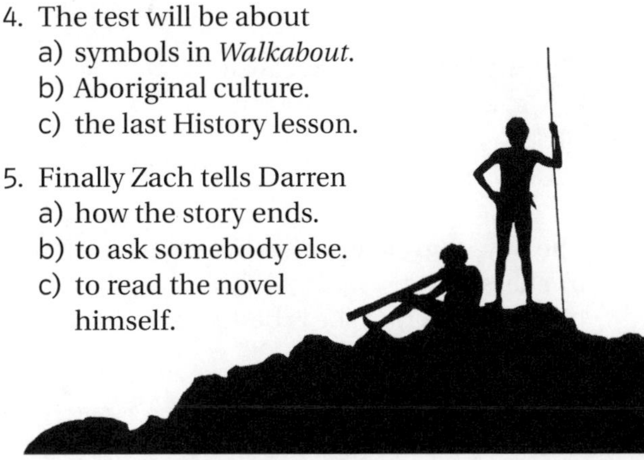

Lösung: a) 1. *wrong: The story takes place in the Australian outback.* 2. *not in the text* 3. *wrong: They are both terrified.* 4. *right* 5. *wrong: He looks more inquisitive than threatening.* 6. *wrong: The Aboriginal boy is not in a hurry because time means nothing to him.* 7. *right* 8. *wrong: Peter sneezes and the Aboriginal boy starts to laugh.* b) *1. c), 2. b), 3. a), 4. a), 5. c)*

ISBN 978-3-12-547163-4

KV 2: Angela

a) *Are the sentences right, wrong or not in the text?*
Tick the right answers. Correct the wrong sentences in your exercise book.

	right	wrong	not in the text
1. The story takes place in Angela's high school.			
2. Angela and Gracey want to go shopping with Shirley and Wendy.			
3. Angela decides to go the jewellery store to pick up her mum's watch.			
4. Outside the shop Gracey has an argument with the manager.			
5. He wants Gracey to go away because she doesn't want to buy anything.			
6. Angela wants to help Gracey but she doesn't find the right words.			
7. Gracey runs away when Angela tells the manager that she is with her.			
8. When Gracey and Angela meet again, they talk about their argument.			

b) *Listen to the conversation between three Australian teenagers (see exercise 4 on page 15 in your book). Tick the right answers.*

1. The students talk to each other
   a) in a jewellery store.
   b) in the school hallway.
   c) in a shopping mall.

2. The two boys and the girl talk about
   a) discrimination.
   b) the last film they watched.
   c) their homework.

3. One boy was treated badly in a shop because of
   a) his age.
   b) his hair and clothes.
   c) his skin colour.

4. The girl likes Angela because
   a) she wants to help Gracey.
   b) she is rich.
   c) she is nice to the manager.

5. The boys don't like Angela because
   a) she is white.
   b) she thinks that she is better than Gracey.
   c) she is nice to Gracey.

Lösung: a) 1. *wrong: It takes place at a mall.* 2. *wrong: They want to attend a rally for the Aboriginal cause.* 3. *right* 4. *right* 5. *wrong: He wants her to go away because she is part-Aboriginal.* 6. *right* 7. *wrong: Gracey starts to shout at Angela.* 8. *not in the text* b) 1. *b),* 2. *a),* 3. *b),* 4. *a),* 5. *b)*

ISBN 978-3-12-547163-4

KV 3: The Aboriginals – then and now

1 How life used to be

a) *You are on a tour through Australia. An Aboriginal who works as a guide in the Australian outback tells you about how the Aboriginals used to live in the past. Make sentences with **used to** (or the negative form). Write in your exercise book.*

Start like this: When I was young we …

1. learn from our Dreamtime stories
2. follow the stars which told us where to go
3. sing songs about the creation of the land, the animals and the people
4. not go to school
5. learn how to play the didgeridoo
6. live all over Australia

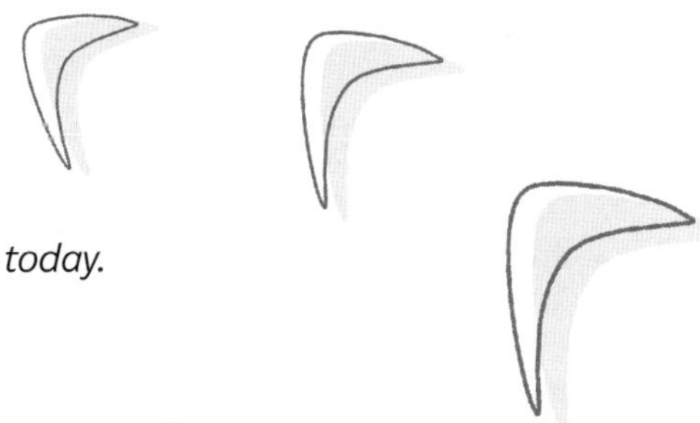

b) *Work with a partner. Find out about where and how most Aboriginals live today. Be prepared to present your results in class.*

2 The Stolen Generations

a) *The term Stolen Generations is used to describe the Aboriginal children who were taken from their families and brought to boys' or girls' homes or church missions between 1869 and the 1970s. Read what Netta, one of the stolen children, tells about this time. Put in the correct forms of **let**, **make** or **have**.*

Homes Are Sought For These Children

ROUP OF TINY HALF-CASTE AND QUADROON CHILDREN at the Darwin caste home. The Minister for the Interior (Mr Perkins) recently appealed aritable organisations in Melbourne and Sydney to find homes for the children and rescue them from becoming outcasts.

When the government agency ______________________ me leave my home, I was only five years old and so I can't really remember the time before I became a 'stolen child'. One day I was in the kitchen with my mum. A policeman took me away and ______________________ me sit in a truck where I finally fell asleep from crying. They ______________________ me brought to a girls' home led by the church. The missionaries didn't ______________________ us speak our own language any more. Once I was caught when I talked to a friend in my mother tongue and I was badly punished. They ______________________ us speak English all the time. I often asked about my family, especially at nights, but nobody told me the truth. They ______________ me think that my parents were dead. Later on I heard that the government ______________ us taken away from our families to make sure that we were growing up in a white society and to put an end to Aboriginal culture.

b) *Work with a partner. Find out more about the Stolen Generations and the reasons why they were taken away from their families.*

c) *In 2008 the Australian prime minister Kevin Rudd apologized for what has been done to the children of the Stolen Generations. Why do you think it took the government so long to apologize? Discuss.*

Lösung: **1 a)** 1. *used to learn from our Dreamtime stories* 2. *used to follow the stars which told us where to go* 3. *used to sing songs about the creation of the land, the animals and the people* 4. *didn't use to go to school* 5. *used to learn how to play the didgeridoo* 6. *used to live all over Australia*
2 a) 1. *made* 2. *made* 3. *had* 4. *let* 5. *made* 6. *made* 7. *had*

ISBN 978-3-12-547163-4

KV 4: Different perspectives

a) *Say which type of relative clause you can find in the following sentences. Use the Grammar box on page 19 in your book for help.*

1. Most tourists who come to Australia want to see its sunny side.

   ____

2. You might get scared by the spiders you see on your tour through the country.

   ____

3. The Great Barrier Reef, which is one of the greatest wonders of the world, is in danger.

   ____

4. The Australians, who are very proud of their country, want to save the Great Barrier Reef.

   ____

5. At Bondi Beach you can meet the surfers whose skills are popular all over the world.

   ____

b) *Improve the following text by using relative clauses. Make contact clauses where possible. Write the text in your exercise book.*

Australia is about the size of the continental US. It has a long tradition of immigration. The first immigrants are said to have arrived around 50,000 years ago. They were the ancestors of the Australian Aboriginals. Europeans first landed in the 1600s and 1700s, but immigration from Europe only started in 1788 with the British. Their criminals were sent over to their new penal colony. In 1901 the Australian government began the so-called White Australia policy. Its aim was to keep non-Europeans away. The countries in the area never accepted this Australian policy. It was not abolished until the 1960s. But still many people have found their new home in Australia. Their countries were often destroyed by wars. The European immigrants after World War II or the Vietnamese and Cambodian 'boat people' are good examples for this. Around 1970 new laws were passed. They made immigration to Australia more difficult.

Start like this: Australia, which is about the size of the continental US, has …

Lösung: a) 1. *defining relative clause* 2. *contact clause* 3. *non-defining relative clause* 4. *non-defining relative clause* 5. *defining relative clause* b) *… a long tradition of immigration. The first immigrants, who were the ancestors of the Australian Aboriginals, are said to have arrived around 50,000 years ago. Europeans first landed in the 1600s and 1700s, but immigration from Europe only started in 1788 with the British whose criminals were sent over to their new penal colony. In 1901 the Australian government began the so-called White Australia policy whose aim it was to keep non-Europeans away. The countries in the area never accepted this Australian policy which was not abolished until the 1960s. But still many people, whose countries were often destroyed by wars, have found their new home in Australia. The European immigrants after World War II or the Vietnamese and Cambodian 'boat people' are good examples for this. Around 1970 new laws were passed which made immigration to Australia more difficult.*

ISBN 978-3-12-547163-4

KV 5: Elements of a story

a) *Match the story elements and the definitions.*

setting	tells the reader who is telling the story
plot	gives the reader a first idea about someone's qualities
foreshadowing	gives the reader a first idea about time and place
perspective	gives the story its main idea or ideas
characterization	gives the reader hints of what will / might happen

b) *Read the beginning of a story. Underline the elements from a) in different colours. If possible, use the same colours as on page 20 in your book.*

I woke up early and looked around the room. Where on earth was I? Then I remembered. I had spent the first night in my new home. Sydney, Australia. The night before I had been welcomed by my host family and liked them at once. Stephen, the father, was a friendly, athletic man who liked to keep telling weird jokes. His wife Julie was small and energetic. With Darren, their son, my stay in Australia promised to be fantastic. For the weekend they were planning a trip to Bondi Beach, the surfer's paradise. Great to look forward to. But suddenly it hit me like a pang. In my last e-mail I had told Darren that I knew how to surf. If only I hadn't …

c) *Continue the story from exercise b). Make notes for the storyline first.*

d) *Now continue the story from exercise b). Remember to give it a good title.*

Lösung: a) ***setting:*** *gives the reader a first idea about time and place;* ***plot:*** *gives the story its main idea or ideas;* ***foreshadowing:*** *gives the reader hints of what will / might happen;* ***perspective:*** *tells the reader who is telling the story;* ***characterization:*** *gives the reader a first idea about someone's qualities*

ISBN 978-3-12-547163-4

KV 6: Peer editing

Peer editing form

Peer editor: ____________________ Date: ____________________

Author: ____________________ Text title: ____________________

		needs work	good	comment
1.	Does the text show pre-writing activities?			
2.	Does the title go well with the text?			
3.	Are paragraphs used to structure the text?			
4.	Is the text well-organised (introduction, main part, ending / conclusion)?			
5.	Does the introduction make the reader interested in the story?			
6.	Does the writer follow the topic throughout the story?			
7.	Is the text interesting?			
8.	Is the style of language right for that kind of text?			
9.	Are the sentences clear?			
10.	Is the grammar correct?			
11.	Are spelling and punctuation correct?			
12.	Best parts of the text:			
13.	Parts needing more work:			

Klett

ISBN 978-3-12-547163-4

KV 7: Wordwise

1 Australia in words

a) *Look at the words in the box. Take three minutes to remember them.*
Then cover the words and write down as many of the words as you can remember.

kangaroo • outback • ancestor • Sydney • water sports •
down under • emu • surfing • Canberra • Aboriginal • hot • koala • dry •
beach • harbour • colony • land • spider • continent • settler • coast

b) *Compare the box with the list of words you have written down. How many did you get right? (Don't forget to check your spelling!) Why did you remember some words but not others?*
To help you: It is often easier to remember
- *words that belong together in some way,*
- *unusual words,*
- *the first word and the last word in a list.*

c) *Now compare your list with a partner's. Were there any words you both forgot? Talk about what the reason might be. Did you write down any words that were not in the box? Why do you think that happened?*

d) *Now write your own box of words and test your partner's memory. Take turns.*

2 Australian words

Match the typical Australian words / phrases and their English 'translation'.
It can help you to read the text on page 21, exercise 2, in your book first.

Bloody oath!
chocka
Bastard
rippers
hottie
sheilas
It was ace!
hot chick
oldies
bloke
to rubbish
plates

Man
girls
That's the truth!
food
It was great!
full
cool things
parents
attractive girl
to criticize
man
attractive girl

Lösung: **2** *Bloody oath! – That's the truth!, chocka – full, Bastard – Man, rippers – cool things, hottie – attractive girl, sheilas – girls, It was ace! – It was great!, hot chick – attractive girl, oldies – parents, bloke – man, to rubbish – to criticize, plates – food*

ISBN 978-3-12-547163-4

KV 8: Down under

a) *Match the words from* Down Under *with the right definitions.*

A	underwater currents that carry people out to sea	1	bay
B	a person who rescues people	2	boogie boarding
C	a part of the coast	3	to surface
D	a sport that has to do with water	4	rips
E	a synonym for surprising	5	lifeguard
F	to jump high quickly	6	amazing
G	to come up from under water	7	to leap
H	to be carried along by the water	8	to drift by

b) *Write down definitions for the following words.*

wetsuit (l. 36): ______________________________

to drown (l. 47): ______________________________

pity (l. 115): ______________________________

c) *Answer the following questions about* Down Under.

1. Where does the story take place? ______________________________

____

2. Who are the characters in the story? ______________________________

____

3. What do Glenn and Deirdre want to do? Why doesn't the narrator like their idea? ______________________________

____

____

____

d) *Find two or three parts of the text which you think are funny. (Don't forget to give the lines!)*

____

____

____

____

Lösung: a) A4, B5, C1, D2, E6, F7, G3, H8 b) Lösungsvorschlag: ***wetsuit:*** *a suit for divers or swimmers to keep the body warm in cold water;* ***to drown:*** *to die by being unable to breathe under water;* ***pity:*** *a feeling of sympathy for someone who is unhappy or in a difficult situation* c) 1. *The story takes place on Freshwater Beach, near Manly, in Australia.* 2. *The characters are the narrator and his Australian friends Glenn and Deirdre.* 3. *Glenn and Deirdre want to go boogie boarding but the narrator does not know anything about that sport and cannot even surf. He is scared because there are dangerous rips, high waves and bluebottles.*

ISBN 978-3-12-547163-4

KV 9: Stationenlernen Unit 1

Station 1: An Australian memory

a) *Work with a partner. Cut out the cards, mix them and put them face down on the table. One of you takes two cards. If the name matches the photo, you can keep the cards. Tell your partner what you know about the animal / sight / place. Take turns.*

b) *Find more information about the animals / sights / places on your cards. Present your results to your partner.*

c) *With your information from b) make a poster about Australia.*

ISBN 978-3-12-547163-4

KV 9: Stationenlernen Unit 1

Station 1: An Australian memory

Sydney Opera House	red-back spider	Bondi Beach	koala
Australian flag	Ayers Rock	Tasmanian devil	Aboriginal
Great Barrier Reef	rock wallaby	didgeridoo	Bungle Bungle National Park
boomerang	Kakadu National Park	emu	outback

ISBN 978-3-12-547163-4

KV 10: Stationenlernen Unit 1

Station 2: Discuss with your partner

Choose one of the topics and make notes.
Then discuss the topic with your partner (3–5 minutes).

Holidays with your parents. Yes or no? Discuss.

You prepare a trip to Australia. Talk about how you organise the trip and what you want to do there.

Do you prefer a sport and action holiday or a beach holiday? Discuss.

Do you like to learn more about the culture of a country when you are on holidays? Discuss.

You want to go to a foreign country but you haven't got enough money. What do you do? Discuss.

Talk about your dream holidays.

Station 3: Holidays in Australia? Let's see how Aussies are!

a) *Look at the pictures. Collect ideas that we have about Australians and their country. Make notes in your exercise book.*

b) *Your Australian exchange partner wants to know what ideas we have about his / her country. Use your notes from a) to tell him / her about these ideas in an e-mail.*

c) *What ideas do people from other countries have about us? Where do these ideas come from? Discuss with your partner. Make notes.*

ISBN 978-3-12-547163-4

KV 11: Stationenlernen Unit 1

Station 4: Walkabout: Question-answer-cards

Work with a partner. Read the text on pages 12 and 13 in your book again. Cut out the cards, mix them and put them face down on the table. One of you takes a card. If your partner answers the question correctly, he/she can keep the card. If the answer is wrong, put the card back on the table. Take turns. The winner is the one with the most cards.

Who are the protagonists in the story? Where are they? (The protagonists are two American kids, Mary and her younger brother Peter, and an Aboriginal boy. They meet after Mary's and Peter's plane has crashed in the Australian outback.)	**What is Mary's first reaction when she sees the Aboriginal boy?** (She is terrified and wants to run away.)
Describe the situation in which Mary and Peter are in the beginning. (They will die in the hot desert if they don't get help quickly.)	**Describe the Aboriginal boy.** (He is naked and he doesn't carry a weapon. He looks more inquisitive than threatening.)
Describe the distance between Mary and Peter and the Aboriginal boy. (It seems as if there are 100,000 years between them. Mary and Peter never have to worry about the basic things in life while the Aboriginal's life is dedicated to the battle with death.)	**How does the young Aboriginal boy see Mary and Peter?** (He is happy to look at the strange creatures. They are the first white people he has ever seen.)
Describe Mary's and Peter's reactions when the Aboriginal boy keeps staring at them. (Mary begins to dislike the examination and intensifies her stare. Peter starts to get nervous when nothing happens.)	**How do the three protagonists react to Peter's sneeze?** (Mary is angry with Peter because she has hoped that the Aboriginal boy would go away when she keeps staring at him. After the second sneeze the Aboriginal boy starts to laugh. Peter feels guilty at first, but then he starts to laugh, too.)

ISBN 978-3-12-547163-4

KV 11: Stationenlernen Unit 1

Station 4: Angela: Question-answer-cards

Work with a partner. Read the text on pages 14 and 15 in your book again. Cut out the cards, mix them and put them face down on the table. One of you takes a card. If your partner answers the question correctly, he/she can keep the card. If the answer is wrong, put the card back on the table. Take turns. The winner is the one with the most cards.

Who are the protagonists in the story?

(The protagonists are Angela, a girl from a rich white family in Brisbane, and Gracey, who is part-Aboriginal from a poor background.)

What does the reader learn about Angela's and Gracey's friendship in the beginning?

(They used to be best friends. But since Gracey has found politically active Aboriginal friends at university, she has started to see Angela as one of the whites who treat Aboriginals badly.)

What is the situation in the beginning?

(The two girls are waiting for Gracey's new friends at a mall before they all attend a rally for the Aboriginal cause. Angela wants to attend, too.)

Describe the place where the two girls want to meet Gracey's new friends.

(They are at a mall where there are many buskers and shoppers.)

Who is the narrator of the story?

(Angela is the first-person narrator. She tells the story from her point of view.)

How does the reader learn before the argument at the mall that Angela's and Gracey's friendship is changing?

(Gracey is in a bad mood, but Angela doesn't notice.)

Why does Angela become angry?

(Gracey is talking badly about Angela's parents although they have always treated her well. Angela feels sad because she and her family wanted to help Gracey.)

Why is Gracey angry with Angela?

(Gracey thinks that Angela's head is full of boys and clothes and that she doesn't realise what she is doing to Gracey. She thinks that Angela wants to change her.)

ISBN 978-3-12-547163-4

KV 12: Stationenlernen Unit 1

Station 5: Australia in words

Get together in groups of four. One of you stays in the classroom while the others wait outside. The one in the classroom writes down five words / phrases which have to do with Australia on a piece of paper. Now the other members of the team try to guess the words / phrases. Ask your teacher to be the referee. For every right word the team gets 10 points. If all the words / phrases are guessed within 15 seconds, the team gets 10 extra points. Write your names and your points down on your Arbeitsbericht. *In the end the winner is the team with the most points.*

Station 6: Party time at Sue's house

Fold back the right part of the grid. Then fill in the missing words on the left. Be careful with the tenses. Check your results.

1. Sue's parents often ___________ her have barbies at their house.	let
2. But they don't ___________ her friends drink any alcohol.	let
3. Sue ___________ her friends bring their own food.	makes
4. After the barbie Sue's parents ___________ her clean the house.	make
5. Her mother always ___________ her use her car to take the guests home.	lets
6. Last time the heavy rain ___________ them finish the barbie earlier.	made

ISBN 978-3-12-547163-4

KV 13: Stationenlernen Unit 1

Station 7: Quiz: *which*, *that*, *whose* or contact clause?

Work with a partner. Partner A names a white box (A2, C1, etc.). Partner B reads the sentence in the same box on his/her field. Partner A names the solution and writes it down. Take turns. When all the boxes are filled out, check the solutions on your partner's field.

Partner A

	1	2	3	4
A	**A law ________ was introduced in 1997 gives protection to sharks.** (which / that)			**Exotic birds, ________ you only see in zoos in Europe, fly around wild in Australia.** (which)
B	**It is the great white shark ________ swimmers worry about most.** (which / that)		**Dingoes are wild dogs ________ live in the outback.** (which / that)	
C		**The young of the platypus develop in eggs ________ it lays near lakes and rivers.** (–)		**The laughing kookaburra gets its name from the sound ________ it makes.** (–)
D	**The platypus is a strange animal ________ long nose helps it to find its way in the water.** (whose)		**Dingoes are killed by farmers ________ hate them because they kill their sheep.** (who)	

✂- -

Partner B

	1	2	3	4
A		**There's the red-back spider ________ can easily kill you.** (which / that)	**Tasmanian devils, ________ are famous for their loud scream, are being killed by a form of cancer.** (which)	
B		**It is only the bite of the female red-back spider ________ is dangerous.** (which / that)		**Animals are an attraction for tourists ________ travel down under.** (who)
C	**Australia has large crocodiles ________ teeth are strong and dangerous.** (whose)		**Australia has many animals ________ are not found anywhere else in the world.** (which / that)	
D		**The Tasmanian devil, ________ could die out soon, is the symbol of the island of Tasmania.** (which)		**Koalas are very popular because they have faces ________ make them look like teddy bears.** (which / that)

ISBN 978-3-12-547163-4

KV 14: Stationenlernen Unit 1

Station 8: A map of Australia

a) *Write the correct numbers in the boxes. Try not to look at the map in your book.*

	platypus		Victoria		crocodile		Tasmania
	Sydney		red-back spider		Western Australia		Queensland
	Cairns		South Australia		Kakadu National Park		Adelaide
	koala		Canberra		Darwin		Perth
	Northern Territory		Brisbane		Melbourne		Uluru (Ayers Rock)
	Tasmanian devil		Great Barrier Reef		kangaroo		Alice Springs

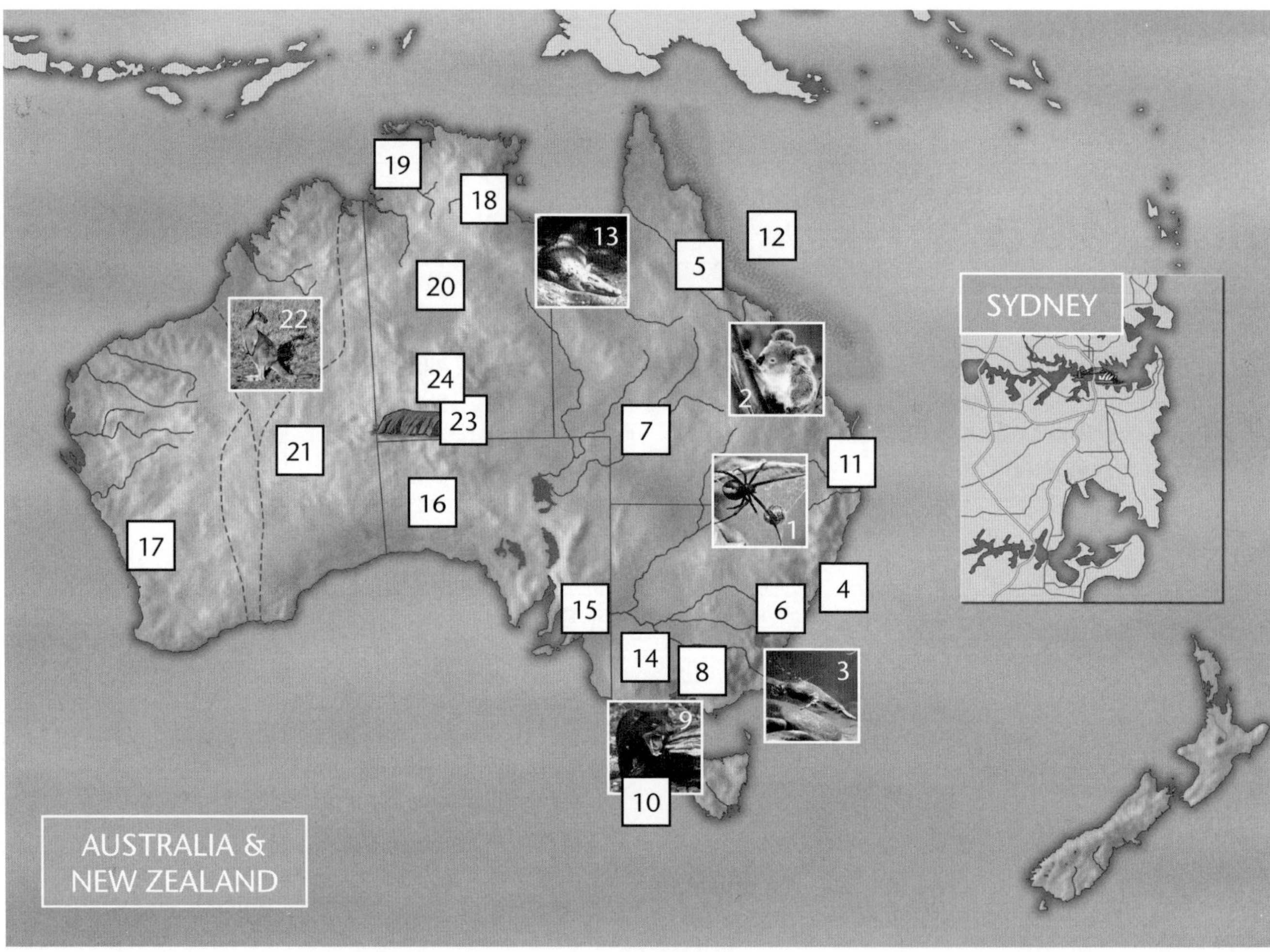

b) *Choose the region of Australia which interests you most. Why would you like to go there? Present your favourite region to your partner.*

Lösung: 1. *red-back spider* 2. *koala* 3. *platypus* 4. *Sydney* 5. *Cairns* 6. *Canberra* 7. *Queensland* 8. *Melbourne* 9. *Tasmanian devil* 10. *Tasmania* 11. *Brisbane* 12. *Great Barrier Reef* 13. *crocodile* 14. *Victoria* 15. *Adelaide* 16. *South Australia* 17. *Perth* 18. *Kakadu National Park* 19. *Darwin* 20. *Northern Territory* 21. *Western Australia* 22. *kangaroo* 23. *Uluru (Ayers Rock)* 24. *Alice Springs*

ISBN 978-3-12-547163-4

KV 15: Stationenlernen Unit 1

Station 9: Find out about your dream holidays

What kind of holidays do you like? You don't know? Then take the following test. But don't take it too seriously!

1. What are your dream holidays?
   a) being on the beach all day
   b) exploring faraway countries
   c) staying at home with your friends

2. You are packing your things to go on a holiday. What do you take with you?
   a) a suitcase
   b) a large bag, a camera and a guitar
   c) a rucksack

3. You want to take a course during your holidays. What kind of course do you choose?
   a) a language course
   b) a tennis class
   c) a survival training course

4. You are on a lonely island. What do you do there?
   a) you look for water and food
   b) you search for other people
   c) you sleep all day

5. What would be fun for you during your holidays?
   a) a jungle river cruise
   b) a mountain bike tour
   c) a trip to an adventure park

6. You are abroad but you don't speak the language. What do you do?
   a) you don't say anything
   b) you describe things with your hands
   c) you use your dictionary

7. What do you see as a highlight during your holidays?
   a) chilling out
   b) going shopping
   c) going for a walk

8. Which holiday ad seems most attractive to you?
   a) Take it easy!
   b) Adventure, adventure!
   c) Change of scene!

Auswertung: ***Majority answer a):*** *You don't like risks. You wait for the holidays to read an interesting book, learn a foreign language or just do nothing. Sea or mountains don't matter to you.* ***Majority answer b):*** *You like travelling to discover different cultures. You think that holidays are the best chance to meet new friends.* ***Majority answer c):*** *You think that holidays are perfect for feeling free and you like going on adventure holidays. But be careful: don't plan too much!*

ISBN 978-3-12-547163-4

KV 16: Stationenlernen Unit 1

Station 10: Vocabulary cards

Work with a partner. Cut out the vocabulary cards, mix them and put them face down on the table. Take one of the cards. If your partner knows the answer, he / she can keep the card. Take turns. The winner is the one with the most cards.

Strafkolonie *translation* (penal colony)	**to deliver** *noun* (delivery)	**Formular** *translation* form
abridged text *explanation* (a text that has been made shorter)	**confidence** *adjective* (confident)	**to post** *translation* (online stellen)
jmdn. veranlassen, etw. zu tun *translation* (to make sb do sth)	**point of view** *translation* (Ansicht, Einstellung)	**crime** *adjective* (criminal)
to interest *adjective* (interesting)	**nearby** *synonym* (not far away)	**ancestor** *translation* (Vorfahre / Vorfahrin)
to return *synonym* (to go / come back)	**convict** *explanation* (somebody who has been sent to prison)	**foreshadowing** *explanation* (gives hints of what will / might happen in a story)

ISBN 978-3-12-547163-4

KV 17: Arbeitsbericht

Trage nach Abschluss einer Aufgabe das Datum, die Uhrzeit und die Station ein. Überprüfe dann deine Aufgabe und unterschreibe im Feld „Selbstkontrolle". Lass deine Ergebnisse anschließend von einer Klassenkameradin oder einem Klassenkameraden kontrollieren und lass sie / ihn unter „Fremdkontrolle" unterschreiben. Bei Partneraufgaben kann hier dein / e Partner / in unterschreiben.

Station	Datum / Uhrzeit	Selbstkontrolle	Fremdkontrolle

ISBN 978-3-12-547163-4

⟨Project⟩ English and Art

Seite 26–27

Ziele
- Über europäische Malerei sprechen
- Australische Aboriginekunst kennen lernen und über deren Stil und Techniken sprechen
- *Art presentation skills:* Über Aboriginekunst recherchieren und einen Vortrag darüber halten

STEP 1

Üben — **Talk about art from your own culture** — Seite 26

Wortschatz *bold*

Methodisches Vorgehen
- L stellt Fragen zur Einführung in die Thematik: *Would you like to go to an art gallery/museum? Why/Why not? If you have been to an art gallery/museum before, what kinds of pictures did you see? What did/didn't you like about them? Have you got a favourite artist?*
- a) L: *Look at the pictures carefully and describe them. Make a few notes using the Useful phrases and then share your ideas with a partner.* Nach Abschluss der PA werden die Ergebnisse gemeinsam im Plenum besprochen.
- b) Die S sammeln in Einzelarbeit oder PA, was sie über die drei Künstler wissen. Diese Informationen können anschließend durch eine Internetrecherche ergänzt werden. Zum Sammeln der Ergebnisse und zur Vertiefung kann **KV 1: Talking about art from your own culture** dienen. HA

TA

Art movements

Renaissance	- 14th to 17th century
	- da Vinci, Botticelli, Michelangelo, ...
	- wanted to present the beauty of nature
Impressionism	- 19th century
	- Cézanne, Manet, Monet, Renoir, ...
	- emphasis on light and its changing qualities
Expressionism	- mainly used for 20th century works
	- Die Brücke, Der Blaue Reiter (groups in Germany)
	- expresses emotions with strong, powerful colours
Pop art	- 1950s
	- Andy Warhol, Keith Haring, Roy Lichtenstein
	- popular images, e.g. in advertising

Erweiterung
- L: *Prepare an info spot on one of the following art movements: Renaissance, Impressionism, Expressionism, Pop Art* (siehe „Tipps für junge Lehrer"). Während der Kurzpräsentationen machen sich die übrigen S Notizen (siehe TA).
- Zur Vertiefung kann auch die *Web Unit: Pop Art* unter Online-Link 547160-0003 eingesetzt werden.

Lösung

a) *Individuelle S-Antworten*

b) *Erwartungshorizont:* ***Sandro Botticelli*** *(1445–1510): early Renaissance painter; did work for all the major churches of Florence and the Sistine Chapel in Rome; was supported by several members of the powerful Medici family; painted portraits of the Medicis and many religious paintings; work was little known for centuries after his death, but was rediscovered in the late 19th century*

__Vincent van Gogh__ (1853–1890): considered to be the greatest Dutch painter after Rembrandt and, together with Cézanne and Gauguin, as the greatest post-impressionist artist; influenced the role of expressionism in modern art; work shows strong colours and coarse brushwork; was mentally ill and committed suicide; left about 800 paintings and a similar number of drawings; many self-portraits
__Andy Warhol__ (1928–1987): American artist; leading figure in the movement known as pop art; began a successful career as an illustrator for several magazines and in advertising; in the 1960s started to use images from popular culture to create paintings that remain icons of 20th-century art; became an international celebrity in the 1970s; exhibited his work in museums and galleries all around the world

Tipps für junge Lehrer

Ein *info spot* ist die kurze mündliche Präsentation eines Themas (ca. 1–2 Minuten). Als Hilfestellung können bis zu fünf Wörter auf einen Spickzettel (*cue card*) geschrieben werden. L sollte die S dazu anhalten, nicht einfach fertige Inhalte aus dem Internet zu übernehmen, sondern sich vielmehr auf eine verständliche Präsentation der Inhalte zu konzentrieren. Bei dem vorliegenden Thema bietet es sich an, die Präsentation durch ein Bild zu unterstützen.

Material
Online-Link
547160-0003
Kopiervorlage 1

STEP 2

Üben

A first look at Australian Aboriginal art

Seite 26

Wortschatz *bark, canvas, source*

Methodisches Vorgehen

- Die S betrachten das Bild, ohne den Text zu lesen, und äußern ihre ersten Reaktionen bzw. Unterschiede zu den Bildern in STEP 1. Anschließend sammeln L und die S gemeinsam im Plenum, was in dem Bild dargestellt sein könnte. Um die Aufmerksamkeit der S gezielt nach vorne zu lenken, kann das Bild auch auf Folie kopiert werden.
- a) Die S lesen den Text und ergänzen ihre zuvor gesammelten Ideen in Einzelarbeit oder PA. Anschließend Vergleich der Ergebnisse im Plenum.
- b) Differenzierung nach oben: In leistungsstärkeren Lerngruppen kann die Recherche als Hausaufgabe durchgeführt werden, in leistungsschwächeren Lerngruppen bietet sich eine Bearbeitung in PA bzw. in Kleingruppen im Computerraum an. L bietet hierbei individuelle Hilfestellung.

HA

- Wird die Recherche zu Hause durchgeführt, sollte den S genügend Zeit gegeben werden (mind. 1 Woche). Anschließend werden im Unterricht Kleingruppen gebildet (je 3–4 S). Diese haben eine Stunde Zeit, um ihre Ergebnisse zusammenzuführen. In einer der nächsten Stunden werden 1–2 Gruppen per Los ausgewählt, die ihre Ergebnisse im Plenum präsentieren. L: *Make your presentation interesting. Use a picture, a film sequence, an extract from a story, a dance, or a piece of music to support your presentation.*

Erweiterung

- Die S stellen einen Film zum Thema Aborigines im Plenum vor, z. B. *Where The Green Ants Dream* von Werner Herzog oder *The Last Wave* von Peter Weir.
- Die S wählen eine Geschichte aus den *Stories of the Dreaming* aus (siehe z. B. http://www.dreamtime.net.au/) und stellen diese im Plenum vor. Die Mitschüler/innen machen sich Notizen, wie diese Geschichte zu den zuvor gesammelten Informationen zum *Dreaming* der Aborigines passt.

Lösung

Erwartungshorizont:
a) *maggots, kangaroos, lizards, fish in a lake, a territory argument, a village with men and women around it; activities: hunting, fishing, cooking*
b) *Individuelle S-Antworten*

Tipps für junge Lehrer Die S sollten dazu ermutigt werden, ihre Kontaktzeit mit Englisch zu erweitern. Dieses Thema bietet vielfältige Möglichkeiten der Begegnung mit der Sprache außerhalb der Unterrichtszeit – im Internet, durch Erzählungen oder durch Filme.

Material
Ggf. Leerfolie

STEP 3

Üben

A closer look at style and technique

Seite 27

Wortschatz *X-ray, sacred, root, dot, shield*

Methodisches Vorgehen

- L: *What do you understand by naturalistic or abstract art?* Die S sammeln Ideen im Plenum. Diese werden in einer Tabelle an der Tafel festgehalten.
- a) Die S lesen den Text und ergänzen die Tabelle in Einzelarbeit. Anschließend Sammeln der Ergebnisse im Plenum.
- b) + c) Die S beschreiben zunächst die beiden Kunstwerke in Einzelarbeit. Die Ergebnisse werden im Plenum verglichen. Anschließend beschäftigen sich die S in PA noch einmal genauer mit dem Bild in STEP 2.

TA

Styles in Aboriginal art

naturalistic	abstract
- realistic, like nature - pictures of people, animals, plants - X-ray technique to show internal organs	- an artist's view of sth - circles (= sacred places), 'U' shapes, lines (paths of ancestors / systems of water / roots) = religious symbols

Both styles use small dots of paint. = 'dot' paintings

a) *Siehe TA*
b) *Erwartungshorizont:* ***Aboriginal shield:*** *abstract style, 'dot' painting, dots in lines (= paths of ancestors) and circles (= sacred places), 'U' shape;* ***bark painting:*** *naturalistic style, realistic presentation of a kangaroo, X-ray technique to show internal organs*
c) *Erwartungshorizont: use of both styles:* ***abstract:*** *dots around the lake and the fireplaces (= path of ancestors), the dots form circles (= sacred places), dots are also used for the bodies of the people around the fireplaces and for the pictures of animals;* ***naturalistic:*** *the hunters and the animals are painted quite realistically, animal in the middle = use of X-ray technique*

Tipps für junge Lehrer Damit die S möglichst viel in den dargestellten Kunstwerken erkennen, sollten sie die zuvor gesammelten Informationen nutzen. L: *Look back at the texts and the notes you have made so far.*

STEP 4

Üben

Do a project

Seite 27

Methodisches Vorgehen

- L und die S besprechen die *Art presentation skills* gemeinsam. Um zu wiederholen, was einen guten Vortrag ausmacht, können die *skills* beliebig ergänzt werden (siehe TA).
- Die S bilden Gruppen (je 3–4 S) und wählen ihr Projektthema aus. Für die Vorbereitung der Präsentation sollte den Gruppen genügend Zeit gegeben werden.
- Projekt 1: Die S suchen im Internet nach einem/einer Aborigine-Künstler/in und dessen/deren Werk. Die Internetseite http://www.aboriginalartonline.com kann hierbei Hilfestellung geben.

- Projekt 2: Bei der Recherche kann den S die Seite http://www.ozoutback.com.au/postcards/postcards_forms/rockpaintings_nt/ weiterhelfen. Hier finden sich Abbildungen von Felszeichnungen aus dem Kakadu-Nationalpark mit den dazugehörigen Beschreibungen. Auch die offizielle Seite des Nationalparks bietet zuverlässige Informationen: http://www.environment.gov.au/parks/kakadu/culture-history/art/rock-art.html
- Projekt 3: Dieses Projekt bietet die Möglichkeit einer fächerübergreifenden Zusammenarbeit mit dem Fach Bildende Kunst. Die S können ihr Bild im Kunstunterricht erstellen und anschließend im Englischunterricht präsentieren.

TA

What is important for a good presentation?
- Make sure that your pronunciation is clear.
- Explain new words and write them on the board.
- Don't copy texts from the Internet for your handout.
- ...

Erweiterung

- Möglichkeit zur *Mediation*: Die S berichten im Kunstunterricht auf Deutsch, was sie im Verlauf des Projekts über *Aboriginal art* gelernt haben.

Lösung

Individuelle S-Antworten

Tipps für junge Lehrer

Als ein Aspekt der Medienerziehung sollte L die S dazu auffordern, die zur Recherche genutzten Internetseiten auf ihre Zuverlässigkeit hin zu überprüfen.

KV 1: Talking about art from your own culture

a) *Find information about the artists whose paintings you can see on page 26 in your book. Make notes.*

Andy Warhol

____

____

____

____

____

____

____

____

Vincent van Gogh

____

____

____

____

____

____

____

____

Sandro Botticelli

____

____

____

____

____

____

____

b) *Compare your results with a partner's.*

c) *Do you have a favourite artist? Present one of his/her works in class. The Useful phrases on page 26 in your book can help you.*

ISBN 978-3-12-547163-4

Planung Unit 2

Übersicht

Bearbeitungszeitraum: 20 Unterrichtsstunden

Abschnitt	SB-Seiten	Ziele	Wortschatz/Grammatik	WB-Übungen	CD-*Tracks* Online-Links Kopiervorlagen DVD	Gramm. Anhang (SB)
Check-in *What next?*	28–29	Über die Zukunft nach dem Schulabschluss nachdenken Ein Gespräch über die Berufswünsche dreier Jugendlicher verstehen Eine berufliche Selbsteinschätzung vornehmen	Wortfelder „Schule“, „Beruf“	S. 15/*ex.* 1–3	Schüler-CD 1/10 Lehrer-CD 2/1–2 Online-Link 547160-2001 DVD: *Jobs in action!*	
Language 1 *Information, please!*	30–32	Sich über berufliche Perspektiven informieren Berufliche Pläne diskutieren Partizipien zur stilistischen Verbesserung von Texten einsetzen	*Participle constructions in place of relative clauses, to express reasons and time, perfect participle* *How to:* Über persönliche Eigenschaften sprechen	S. 16/*ex.* 4–6 S. 17/*ex.* 7, 8	Schüler-CD 1/ 11–12 Lehrer-CD 2/3–5 KV 1–3	G4
Writing texts *A letter of application*	33	Die Struktur und das Layout eines englischen Bewerbungsschreibens nachvollziehen Die Elemente und die Struktur eines englischen Lebenslaufes kennen lernen	*Writing texts:* Ein eigenes Bewerbungsschreiben und einen eigenen Lebenslauf auf Englisch schreiben	S. 18/*ex.* 10, 11	Online-Link 547160-2002 KV 3–5	
Language 2 *Just you wait!*	34–35	Über Konkurrenz im Berufsleben nachdenken Sätze auf verschiedene Weise verknüpfen Den Gebrauch von Partizip Präsens und Infinitiv nach Verben der Wahrnehmung unterscheiden Ein eigenes Gedicht schreiben	*Participles to link sentences* *Participle or infinitive after verbs of perception and an object*	S. 19/*ex.* 12, 13	Lehrer-CD 2/6–7 Online-Link 547160-2003 KV 1	G4
⟨***Revision***⟩ *Talking about the future*	36	Den Gebrauch der verschiedenen Zukunftsformen wiederholen Über zukünftige Tätigkeiten sprechen Die eigenen Pläne für die Zukunft versprachlichen	R: *Future tenses*	S. 20/*ex.* 15–17		G5

Abschnitt	SB-Seiten	Ziele	Wortschatz/Grammatik	WB-Übungen	CD-*Tracks* Online-Links Kopiervorlagen DVD	Gramm. Anhang (SB)
Talkwise *Making a good impression at an interview*	37	Sich auf ein Vorstellungsgespräch vorbereiten Die Bedeutung der Körpersprache in einem Vorstellungsgespräch verstehen Vorstellungsgespräche strukturieren Ein Vorstellungsgespräch durchführen	*Useful phrases: A job interview*	S. 21/*ex.* 18–20	Schüler-CD 1/ 13–14 Lehrer-CD 2/8–10 KV 6	
Text *Now that's what I call living!*	38–40	Eine außergewöhnliche Biographie lesen Die Struktur eines Textes herausarbeiten Die Erzählperspektive eines Textes untersuchen Eine kurze Biographie schreiben	*Collaborative writing:* In Gruppenarbeit eine längere Biografie schreiben	S. 22/*ex.* 22–24	Schüler-CD 1/ 15–18 Lehrer-CD 2/11–14	
Wordwise	41	Den Wortschatz der Unit umwälzen und vernetzen Die Entsprechungen der deutschen Adverbien „sicherlich“, „wohl“, „zufällig“ unterscheiden Den Gebrauch von Suffixen kennen lernen Alltagsenglisch verstehen	*be certain to, be likely to, happen to*	S. 23/*ex.* 25, 26	KV 7	
Check-out	42–43	Die Lernziele der Unit in Selbstkontrolle überprüfen Ein Bewerbungsschreiben auf Englisch schreiben Sich auf ein Vorstellungsgespräch vorbereiten	Wortschatz- und Grammatikschwerpunkte der Unit: Wortfeld „Beruf“, *participle constructions, participles to link sentences, participles after verbs of perception and an object* *Team activity:* Über die wichtigsten Dinge im Leben sprechen	S. 24/*ex.* 29–31 S. 25/*ex.* 32–34	KV 8, 9	G4, 5

Unit 2 What next?

Check-in

Seite 28–29

Ziele
- Über die Zukunft nach dem Schulabschluss nachdenken
- Ein Gespräch über die Berufswünsche dreier Jugendlicher verstehen
- Eine berufliche Selbsteinschätzung vornehmen

L **Fotos/Text**

What next?

Seite 28–29

Wortschatz

construction, railway system, stereotype, career, to study, dead body, exam, to take an exam, to reach, GCSE (= General Certificate of Secondary Education), A-levels, foreign language, higher education, questionnaire, to suit sth, technical, reliable, bank, tactful, social work, nurse, personnel manager, practical, architect, musician, opportunity, competitive, lawyer

Methodisches Vorgehen

- SB geschlossen. Im so genannten Cluster-Verfahren sammeln L und die S gemeinsam, was bei der zukünftigen Berufswahl beachtet werden sollte. Hierzu erhalten die S bunte Karteikarten, auf denen sie jeweils einen Aspekt festhalten. Die beschriebenen Karten werden an die Tafel o. ä. geheftet und anschließend im Unterrichtsgespräch nach Kategorien sortiert (z. B. *hobbies, interests, strengths and weaknesses, skills, favourite subjects, future pay, …*)
- L leitet zur Bearbeitung von *ex.* 1 über.

TIP
Cluster-Verfahren einsetzen

Projekt

- Im Verlauf oder am Ende der Arbeit mit Unit 2 kann das Projekt **Australia – a dream destination** durchgeführt werden (**Kopiervorlagen 10–15**). Auf der Grundlage der Informationen im SB und zusätzlicher Internetrecherchen bietet die Organisation eines fiktiven Forums die Gelegenheit, sich mit *Volunteering* in Australien zu beschäftigen und dabei berufsorientierte Kommunikationsformen einzusetzen. Der Themenvorschlag kann von der Lerngruppe beliebig verändert bzw. konkretisiert werden.

Planung und Durchführung:

- Zur Organisation eines Forums sind – wie im Berufsleben – Vorbereitungen erforderlich. Diese umfassen verschiedene Formen der mündlichen und schriftlichen Kommunikation, wie z.B. die Kontaktaufnahme mit Sprechern/Sprecherinnen, die je eine der Organisationen vorstellen. Ggf. kann auch ein realer Sprecher/eine reale Sprecherin für das Forum gewonnen werden. In diesem Fall kann ein/e S als Dolmetscher/in fungieren.
- Für die Rolle als Sprecher/in recherchieren die S auf den Webseiten der entsprechenden Organisationen (z.B. WWOOF, Greening Australia, Australian Trust for Conservation Volunteers), informieren sich über deren Ziele, Anforderungen und Kosten und finden heraus, ob die angebotenen Projekte auch für deutsche S zugänglich sind.
- Neben den Sprecher/innen bereitet sich ein/e Moderator/in auf seine/ihre Rolle vor. Im Anschluss an das Forum erstellen ein/e oder mehrere S zur Ergebnissicherung einen kurzen Bericht für die Lerngruppe. Denkbar ist auch, dass sich mehrere S bei einer der vorgestellten Organisationen bewerben und sich auf ein Vorstellungsgespräch vorbereiten (fakultativ).
- Die S wählen eine der Aufgaben aus. Die Vorbereitung des Forums kann je nach zur Verfügung stehendem Zeitrahmen als Hausaufgabe parallel zur Arbeit mit Unit 2 erfolgen.

Präsentation der Ergebnisse:

- Die Arbeitsergebnisse sollten möglichst in der gesamten Lerngruppe präsentiert werden. Für die schriftlichen Arbeitsergebnisse bietet sich ein *gallery walk* an, bei dem die S Gelegenheit haben, den Verfassern/Verfasserinnen persönlich Rückmeldung zu geben. Im Plenum können offene Fragen geklärt werden.

- Für die Aufgaben zur mündlichen Kommunikation empfiehlt sich die Erarbeitung in Kleingruppen mit anschließender Präsentation von mindestens einem Rollenspiel im Plenum.

Auswertung:

- Bei der Rückmeldung zu den Arbeitsergebnissen sollte der kommunikative Aspekt im Vordergrund stehen. Dies gilt vor allem für die mündlichen Arbeitsaufträge, bei denen sprachliche Fehler in der Regel nicht zu Kommunikationsproblemen führen. Dagegen sollte bei den schriftlichen Arbeitsaufträgen – wie im Berufsleben – besonders auf die Sprachrichtigkeit geachtet werden, da diese an externe Adressaten gerichtet sind.
- Die Feedbackbögen dienen als Grundlage für die Selbsteinschätzung und konstruktive Rückmeldung der S. In einem abschließenden Unterrichtsgespräch kann auch die Relevanz der ausgewählten Bewertungskriterien thematisiert werden.

DVD

- Zur Unterstützung und motivierenden Ergänzung der Arbeit mit Unit 2 können Filmsequenzen aus der DVD *Jobs in action!* eingesetzt werden.

Material
Lehrer-CD 2/1
DVD *Jobs in action!*
Kopiervorlagen 10–15
Ggf. Karteikarten

Üben

1 Think about the world of work — Seite 28

Methodisches Vorgehen

- SB geschlossen. L präsentiert die Texte auf S. 28 von CD. Die S machen sich Notizen, in welchen Berufen die Personen arbeiten, und weshalb sie sich für diese Berufe entschieden haben. Differenzierung nach unten: L gibt fünf Berufe vor, von denen die S drei auswählen und den entsprechenden Personen zuordnen.
- SB geöffnet. Die S kontrollieren ihre Antworten selbstständig. Ggf. Klären von Wortschatzfragen im Plenum. Zur Überprüfung des Textverständnisses erklären die S in eigenen Worten, was mit folgenden Sätzen gemeint ist: 1. *"You see, you can forget about stereotypes when you choose a career!" (Men and women can do the same jobs.)* 2. *"I like the fact that no two days are the same." (It's never boring, every working day is different.)* 3. *"It's good to be my own boss." (Nobody tells him what he has to do.)*
- a) Die S bearbeiten die Aufgabe in Einzelarbeit. Anschließend Vergleich mit einem/einer Partner/in bzw. Besprechung der Ergebnisse im Plenum.
- b) Die S überlegen sich in Einzelarbeit Fragen, die sie den drei Personen stellen würden.

Erweiterung

- Zu Teilaufgabe b): Die S tauschen ihre Fragen mit einem/einer Partner/in aus und überlegen sich Antworten auf seine/ihre Fragen. Anschließend können 1–2 Schülerpaare ein fiktives Interview im Plenum vorspielen.
- Die S lesen die *Did you know?*-Box auf S. 28, in der Fakten zum englischen Schulsystem zusammengestellt sind (ggf. *ex.* 3 vorziehen). Als weitere Informationsquelle kann die Info-Box auf S. 150 dienen.
- Als Vertiefung können auch die Downloadmaterialien unter Online-Link 547160-2001 eingesetzt werden.

Lösung

a) *Erwartungshorizont: **information the speakers give:** women and men can choose the same careers, the real word of work is different from how it is presented on TV, as your own boss you have to work long and irregular hours; **important when you choose a career:** personal interests, same chances for men and women, use of job for society, level of independence, working hours, realistic expectations, …*
b) *Individuelle S-Antworten*

Material
Workbook S. 15/1
Online-Link 547160-2001

Tipps für junge Lehrer

Je nach methodischem Vorgehen und der Motivation der S kann die vorgegebene Reihenfolge der Aufgaben variiert werden.

2 Listening: Work experience

Üben (S/L audio) — Seite 28

HV-Text

Marco: Are you going to stay on at school and do A-levels like me and Pete, Naomi?
Naomi: Yeah, although I'm not sure what subjects I want to do yet.
Pete: Well, what A-levels do you need for what you want to do later?
Naomi: I don't *know* what I want to do later, Pete. I only know what I *don't* want to do.
Pete: What's that?
Naomi: Work in a kindergarten. That's what I did for my work experience last year, and, you know, oh, I'm just *not* patient enough to look after lots of little children. I think it'd kill me!
Marco: Why did you choose a kindergarten for your work experience?
Naomi: I *didn't* choose it. I kept hoping I'd get something like, you know, radio or TV.
Marco: Dream on!
Naomi: Why not? Nothing wrong with dreaming! Anyway, that didn't work out. And well, in the end the kindergarten was all they could offer me.
Pete: Well, at least it taught you something, even if it's only what *isn't* right for you. But I was *so* lucky. I really enjoyed my work experience.
Marco: Oh yeah, you worked in a dogs' home, didn't you, Pete?
Pete: Yeah. It was great. I mean, not always for the dogs, 'cos some of them have been, like, so badly treated before they arrive there. But it was great to be able to help them. The vet who came to see the dogs was really cool. I spent a lot of time with her, and talked to her a lot. She really helped me to make up my mind that I want be a vet, too.
Naomi: Hadn't you thought of it before?
Pete: Yeah. I mean, I've always liked the idea of working with animals. But I didn't actually know *that* much about being a vet before. You know, what it's *really* like.
Marco: And the best way to find out about being a vet is from the horse's mouth!
Naomi: Very good, Marco! What did *you* do for your work experience, anyway? Something with computers, I bet.
Marco: Only indirectly. I said I was interested in telecommunications, so they gave me a placement with a telephone company. And I drove around with these two guys, and we sorted out, you know, people's telephone problems.
Naomi: So did you learn anything from it?
Marco: Lots! Like, if you're a telephone engineer you have to get up early for work. And there are lots of health and safety rules you have to remember. Oh yeah, and you need to wear nice clean socks 'cos some customers make you take your shoes off when you go into the house!
Pete: I remember you telling me that.
Marco: It was all good fun. But I wouldn't want to do that job forever. There are areas of technology that, well, they interest me more.
Naomi: I have to admit, I can't imagine having a job at all yet.
Pete: Well, if you go to university, it'll be a few years before you have to worry about that.
Naomi: Maybe, but I still need to start thinking, so I can choose my A-level subjects.

Wortschatz *work experience*

Methodisches Vorgehen

Pre-listening:

- L schreibt den Begriff *work experience* an die Tafel. Die S stellen Vermutungen an, was damit gemeint sein könnte und berichten von eigenen Erfahrungen.

While-listening:
- a) L und die S lesen die Aufgabenstellung gemeinsam. Die S erstellen ein einfaches *listening grid.*
- L präsentiert die Tonaufnahme zweimal von CD. Die S machen sich Notizen.

Post-listening:
- Vergleich der Ergebnisse in PA und anschließend im Plenum. Differenzierung nach oben: L: *What is meant by the phrase "from the horse's mouth"?*
- b) Ausgehend von den eigenen Erfahrungen und den Informationen aus dem Hörtext diskutieren die S in Kleingruppen die Vor- und Nachteile eines Praktikums. Die Ergebnisse werden stichwortartig an der Tafel festgehalten.

TA

Work experience

Advantages:
- shows the pros and cons of the job
- helps to find out what you want to do / don't want to do
- can help you to find out your own strengths / weaknesses
- can help you to make useful contacts
- helps you to decide which A-levels / qualifications you might need
- ...

Possible problems:
- you might not always get the placement you want
- you might not get to know all aspects of the job
- you might be asked to make coffee, do stupid jobs, ...
- ...

Lösung

a)

	Where?	*Did he/she like it?*	*Why/Why not?*
Naomi	*in a kindergarten*	*No*	*wasn't patient enough*
Pete	*in a dog's home*	*Yes*	*great to help the dogs, talked a lot to the vet, helped him to make up his mind to become a vet*
Marco	*at a telephone company*	*Yes/No*	*learned a lot from it, but other areas of technology interest him more*

b) *Siehe TA*

Material
Schüler-CD 1/10
Lehrer-CD 2/2
Workbook S. 15/2

Üben

3 ⟨Comment on the 'Did you know?' facts⟩ Seite 28

Wortschatz *statistics* (pl.)

Methodisches Vorgehen
- a) L und die S lesen die *Did you know?*-Box gemeinsam. Anschließend werden die Fragen im Plenum diskutiert.
- b) Die S legen eine Tabelle an, in der sie in einer Spalte die Informationen zum britischen Schulsystem notieren. Anschließend ergänzen sie vergleichbare Informationen zum deutschen Schulsystem (ggf. mit Hilfe des Internets). HA
- Vergleich der Ergebnisse zunächst mit einem/einer Partner/in und anschließend im Plenum. Es bietet sich an, die Ergebnisse auf Folie festzuhalten, um sie zu einem späteren Zeitpunkt nochmals einsetzen zu können.

Erweiterung
- Die S fassen die Informationen zum deutschen Schulsystem analog zur Info-Box auf S. 150 in einem Text zusammen.
- Einen Überblick über die Bildungssysteme Großbritanniens und der USA bieten die Downloadmaterialien unter Online-Link 547160-2003.

a) + b) *Individuelle S-Antworten*

Material
Online-Link
547160-2003
Ggf. Leerfolie

Üben

4 Talk about the questionnaire

Seite 29

Methodisches Vorgehen

- a) Die S beantworten den Fragebogen in Einzelarbeit. Anschließend Vergleich der Ergebnisse mit einem/einer Partner/in.
- b) Differenzierung nach oben: In PA überlegen sich die S weitere Aussagen und Berufe, die zu den verschiedenen Farben passen.

TIP
Wörterbücher einsetzen

Lösung

a) + b) *Individuelle S-Antworten*

Tipps für junge Lehrer

Da der Fragebogen die Persönlichkeit der S betrifft, sollte auf eine Besprechung der individuellen Ergebnisse im Plenum verzichtet werden.

Material
Workbook S. 15/3

Language 1

Seite 30–32

Ziele
- Sich über berufliche Perspektiven informieren
- Berufliche Pläne diskutieren
- *How to:* Über persönliche Eigenschaften sprechen
- Partizipien zur stilistischen Verbesserung von Texten einsetzen

L **Text**

Information, please!

Seite 30

Connexions is a UK government information and support service for young people aged thirteen to nineteen, created in 2000 following the Learning and Skills Act. Connexions works closely with many other services, particularly those within local governments. There are Connexions centres all around the country which offer support and advice on topics including education, housing, health, relationships, drugs, and finance. The staff, known as Connexions personal advisers, is "trained to offer confidential advice and practical help" by telephone, SMS or instant messaging. The Connexions website gives information on various topics of potential interest to young people in England. For more information check: http://www.connexions-direct.com

Wortschatz

support service, adviser, leaflet, plus (+), *to work one's way up, to rise, whiz-kid, to design, it says …, multimedia, competition, to employ sb, mainly, to put sb off, deadline, to meet a deadline*

TIP
http://www.connexions-direct.com

Methodisches Vorgehen

- L leitet zum Text auf S. 30 über: *You completed a questionaire to find out more about yourself. Marco completed a questionaire, too, and he got information on a possible career.*
- Präsentation der Tonaufnahme von CD, in leistungschwächeren Lerngruppen bei geöffnetem SB. Danach stellt L Fragen zum Textverständnis: *What is Connexions? What job did Marco get information about?*
- Anschließend Bearbeitung von *ex.* 1.

Material
Lehrer-CD 2/3

Üben | **1 Talk about careers in IT** | Seite 30

Methodisches Vorgehen
- a) Die S bearbeiten die Aufgabe in Einzelarbeit. Anschließend Vergleich mit einem/einer Partner/in bzw. im Plenum.
- b) Differenzierung nach oben: Die S überlegen sich in PA, welche weiteren Informationen sie in einer solchen Informationsbroschüre erwarten würden.

Erweiterung
- Im Plenum wird die Frage diskutiert: *Why do you think the Internet service is called Connexions? (It can help you to find useful contacts./It connects school and business world./etc.)*
- An dieser Stelle bietet es sich an, die Bearbeitung von S. 41, *ex.* 1, vorzuziehen.

Lösung

a) *you might earn from £15,000+ in the beginning to £50,000+ later on (ll. 18–20), offers many good opportunities (l. 27), experiences great competition for jobs (l. 30), would like to attract more women (ll. 34–35), you must be able to meet project deadlines (l. 41)*
b) *Erwartungshorizont: Which other skills do you need apart from meeting project deadlines?/Which A-levels do you need to get a job?/It is said in the leaflet that the field of IT offers many good opportunities. What are they?/Can I do work experience in an IT job?/etc.*

Üben | **2 Find the rule: Participle constructions in place of relative clauses** | Seite 30

Wortschatz *in place of*

Strukturen
- *Participle constructions in place of relative clauses*

Methodisches Vorgehen
- Vor Bearbeitung von *ex.* 2 sollte die Bildung und der Gebrauch von *present* und *past participles* wiederholt werden.
- a) Die S nennen den Unterschied zwischen den Partizipien in den beiden Beispielsätzen.
- b) Die S schreiben in Einzelarbeit die vorgegebenen Sätze um und erstellen eine Regel zur Umformung von Relativsätzen in Partizipialkonstruktionen. Die Ergebnisse können mit Hilfe von G4 im Grammatikanhang überprüft werden.
- Die Regel zur Umformung von Relativsätzen wird an der Tafel/auf Folie festgehalten. L weist dabei auf die *Tip*-Box hin, um den Gebrauch der Partizipialkonstruktionen deutlich zu machen.

TIP
G4

TA

Participle constructions in place of relative clauses
Students wanting careers advice can contact Connexions.
› Students who want careers advice can contact Connexions.
Marco is showing Pete a leaflet given to him by his adviser.
› Marco is showing Pete a leaflet which was given to him by his adviser.

You use the present participle for relative clauses in the active voice and the past participle for relative clauses in the passive voice. Participle constructions sound more formal and are therefore often used in written English.

Lösung

a) 1. *present participle = active voice* 2. *past participle = passive voice*
b) *Siehe TA*

Material
Ggf. Leerfolie

Üben | **3 Participles** | Seite 31

Wortschatz *to train sb (in sth), university*

Strukturen
- *Participle constructions in place of relative clauses*

Methodisches Vorgehen
- Die S bearbeiten die Aufgabe schriftlich in Einzelarbeit. Anschließend Vergleich der Ergebnisse im Plenum. Dabei erklären die S, ob es sich um eine Aktiv- oder Passivkonstruktion handelt.

TIP
G4

Erweiterung
- Zur Vertiefung kann **KV 1: It's all about jobs**, Teilaufgabe 1, eingesetzt werden.

Lösung

1. *Any idiot put …* 2. *But only people trained …* 3. *… with the Connexions adviser helping me.* 4. *… clever young people working …* 5. *Some of the jobs described …* 6. *… of a job involving computer games!* 7. *People employed …* 8. *… about universities offering IT courses.*

Material
Workbook S. 16/4
Kopiervorlage 1

Üben

4 Participle constructions to express reasons and time

Seite 31

Strukturen
- *Participle constructions to express reasons and time*

Methodisches Vorgehen
- a) + b) Die S bearbeiten die Aufgaben in PA. Anschließend Vergleich der Ergebnisse im Plenum. Um Verständnisfragen zu klären, kann G4 im Grammatikanhang gemeinsam gelesen werden. Zur Vertiefung suchen die S einen weiteren Beispielsatz aus dem Text auf S. 30.
- L ergänzt den TA bzw. die Folie aus *ex.* 2.

TIP
G4

TA

Participle constructions to express reasons and time
Being so popular, this area of IT also experiences great competition for jobs.
› Because it is so popular, this area of IT also experiences great competition for jobs.
Starting your career, you might earn anything from £15.000+.
› When you start your career, you might earn anything from £15.000+.

Erweiterung
- Zur Vertiefung kann **KV 1: It's all about jobs**, Teilaufgabe 1, eingesetzt werden.

Lösung

a) *Siehe TA*
b) 1. *Weil dieser IT-Bereich so beliebt ist, gibt es auch einen großen Konkurrenzkampf um die Stellen.* 2. *Wenn du deine Karriere beginnst, könntest du £15.000 und mehr verdienen.*

Material
Workbook S. 16/5
Kopiervorlage 1
Ggf. Leerfolie

Üben

5 Turn a written report on the Connexions website into spoken English

Seite 31

Wortschatz *pay*

Strukturen
- *Participle constructions in place of adverbial clauses*

Methodisches Vorgehen
- Die S bearbeiten die Aufgabe schriftlich in Einzelarbeit. Anschließend Vergleich der Ergebnisse im Plenum. Dabei weist L noch einmal auf den Gebrauch von Partizipialkonstruktionen an Stelle von Adverbialsätzen hin.

TIP
G4

Lösung

When I left school, I had no real plans. Because I wanted to earn money, I took a job in a shoe factory. The low pay was no problem. Because I was living with my parents, I had enough money to spend. Soon the factory no longer needed me. When I heard the news, I stayed calm at first. Then I began to worry because I wasn't able to find another job. Finally I was helped by Connexions to become a nurse. Now my life is great, and because I learn useful skills, I can look forward to a good future.

Üben

6 Write about the students' plans in formal style

Seite 31

Strukturen
- *Participle constructions to express reasons*

Methodisches Vorgehen
- L weist die S noch einmal darauf hin, dass in gesprochenem Englisch Nebensätze eher gebräuchlich sind, während formale Texte oft Gebrauch von Partizipialkonstruktionen machen. Die S bearbeiten die Aufgabe in Einzelarbeit. Anschließend Vergleich der Ergebnisse im Plenum.

TIP
G4b)

Lösung

1. *Enjoying action, Tom would like to be a firefighter.* 2. *Being interested in machines, Ryan has decided to become an engineer.* 3. *Loving clothes, Mel sees her future in fashion.* 4. *Having a good business idea, Jake plans to start his own company.* 5. *Hoping to see the world, Nicole is going to look for a job in the travel industry.* 6. *Wanting to help people, Amy might do social work.* 7. *Dreaming of being the next J K Rowling, Ben has already started his first book.*

Material
Workbook S. 16/6

Üben

7 How to: Talk about personal qualities

Seite 32

Wortschatz *quality*

Methodisches Vorgehen
- Vor der Bearbeitung von *ex.* 7 bietet es sich an, **KV 2: Find out about yourself** einzusetzen.
- a) Zunächst werden die Informationen in der Sprechblase und die *Useful phrases* gemeinsam gelesen. Anschließend sammeln die S mit Hilfe des Fragebogens und des Wörterbuchs weitere *words/phrases*, mit denen sie sich selbst beschreiben würden. Diese werden im *English folder* abgeheftet.
- b) Mit Hilfe der Notizen auf **KV 2** und den in Teilaufgabe a) gesammelten *Useful phrases* präsentieren sich die S in Kleingruppen. Die übrigen Gruppenmitglieder machen ggf. Verbesserungsvorschläge.

TIP
Sammeln von *personal vocabulary* für den *English folder*

Erweiterung
- Zur Wiederholung von Charaktereigenschaften kann **KV 3: Describing people** eingesetzt werden.

Tipps für junge Lehrer
Es stellt für viele S eine Herausforderung dar, sich selbst zu präsentieren. Die Gruppen sollten deshalb wenn möglich nach Sympathie gebildet werden. Dies ist auch sinnvoll, da Freunde/Freundinnen sich am besten kennen und wissen, an welchen Stellen die Selbstdarstellung verbesserungsfähig ist.

Material
Kopiervorlagen 2, 3
Ggf. Wörterbücher

S L **Üben**

How to: Talk about personal qualities

Workbook Seite 17

HV-Text
Career adviser:
1. If you had to choose three adjectives to describe what kind of person you are, what would they be?
2. What skills do you have that an employer might find useful?
3. Of course when you're thinking about possible careers, it's important to be realistic. So what kind of things are you *not* so good at?
4. How do you react to having to work under pressure?
5. Even if you don't expect to get your dream job, what would it be, and why?

Material
Schüler-CD 1/11
Lehrer-CD 2/4
Workbook S. 17/7

Üben

8 Using perfect participles

Seite 32

Wortschatz *hairdresser*

Strukturen
- *Perfect participle*

Methodisches Vorgehen

- a) Die S beantworten in PA die Fragen zu den beiden Beispielsätzen. Anschließend Vergleich im Plenum und Ergänzung des TA/der Folie aus *ex.* 2 und 4.
- b) Die S bearbeiten die Aufgabe in Einzelarbeit. Vergleich mit einem/einer Partner/in und anschließend im Plenum.
- c) Differenzierung nach oben: Als Hausaufgabe machen sich die S Notizen zu weiteren Details und schreiben mit Hilfe der Sätze aus Teilaufgabe b) einen Text über den Tagesablauf des jungen Friseurs.

TIP G4b)

HA

TA

Perfect participle
After you have worked your way up, your salary can rise to £50,000+.
› Having worked your way up, your salary can rise to £50,000+.
Because it has grown fast, the world of multimedia offers many good opportunities.
› Having grown fast, the world of multimedia offers many good opportunities.

You can use the perfect participle to say that something happened before another action in the past began.

Lösung

S. 32 8

a) *Siehe TA*
b) *Having forgotten to feel the temperature of the water, he gave a client a nasty shock. Having collected a pile of clean towels, he dropped them on the floor. Having picked up the wrong bottles, he mixed the wrong hair colour. Having promised to get a client a cup of coffee, he forgot to do it. Having got into trouble all day, he was glad to go home.*
c) *Individuelle S-Antworten*

Material
Workbook S. 17/8
Ggf. Leerfolie

Üben

9 Improve the text with participles in place of the underlined phrases

Seite 32

Wortschatz *image*

Strukturen
- *Participle constructions in place of relative clauses and adverbial clauses*

Methodisches Vorgehen
- Differenzierung nach oben: Bei dieser Aufgabe müssen unterschiedliche Nebensätze durch Partizipialkonstruktionen ersetzt werden. Leistungsschwächere S sollten die Erklärungen im Grammatikanhang zu Hilfe nehmen.
- Die S bearbeiten die Aufgabe zunächst in Einzelarbeit. Anschließend Vergleich der Ergebnisse im Plenum. Dabei erklären die S, welche Art von Nebensatz jeweils durch die Partizipialkonstruktion ersetzt wurde.

TIP G4

Lösung

S. 32 9

You have to be realistic hoping for a career in the media. Having seen famous stars in the media, you might imagine an exciting lifestyle. Of course most workers employed in the industry have nothing to do with celebrities. However, being so popular, work in this field is hard to find, and people wanting to enter the industry must be ready to take any basic job. For most areas of work mentioned in this leaflet qualifications are needed, but looking for their first job, people also need luck. Having managed to start a career, some work their way up very quickly. Having a young image, the world of the media can offer a fast track to the top.

S L **Üben**

Mediation: Foreign languages

Workbook Seite 17

HV-Text

Interviewer: Hello. I'm Jenny Hall with this week's edition of 'Being British', and today we're going to explore the topic of what it means to be British in the context of foreign languages. Hmm, yes, not a very happy subject! Anyway, my guest in the studio is Bob Jenkins from the National

Centre of Languages. Welcome, Bob. I'm very glad you're able to join us today.

Bob: Thank you for your invitation, Jenny. As you know, I have very strong feelings about the subject.

Interviewer: Of course, here in Britain we've *never* been able to speak foreign languages. It's an old joke, isn't it? When you're in a foreign country, just speak English louder – and people will understand!

Bob: Well, it may be a joke, but it really isn't very funny. I think we Brits should be ashamed of ourselves. Did you know that in a study of foreign language skills in Europe, Britain's rating was 27th out of 28 countries?

Interviewer: Ouch! That's terrible!

Bob: It is. But it isn't surprising when you think how few girls and boys in our schools take a GCSE in a foreign language – fewer than half. And of course it isn't just a problem for people when they go abroad on holiday. It's actually a problem for the whole country.

Interviewer: You're thinking of the economy, I believe.

Bob: Exactly. In today's world, British companies have to do business with other countries. And if they don't have people who can speak other languages, they won't win the contracts.

Interviewer: But is that really so important when English is recognized as *the* world language?

Bob: I believe it's *very* important. For one thing, it's arrogant to expect everybody else to speak our language. And for another, it's a disadvantage in business not to be able to understand everything that is being said. The world is changing. There's a lot of competition now from countries that are developing fast, like China, India and Brazil. They realize what a big role communications skills play in helping to bring economic success so they're putting a lot of energy into learning other languages.

Interviewer: But surely there are *some* people in Britain with language skills.

Bob: Oh yes. There's quite a bit of language training going on, especially in foreign companies in the UK. Take the German BMW group, for example. They employ thousands of people in the UK and they spend a lot of money every year teaching German to their workers so that they can communicate with factories in Germany. Not just managers, by the way, but workers at all levels.

Interviewer: That makes a lot of sense. But as you say, that's a foreign company.

Bob: Yes, and British companies need to wake up and learn from them. It isn't only a question of language, you know. If you want to do business with foreign people, you also need to know about their culture and how to behave in their country. It helps you to get on well with them and build up good relations.

Interviewer: Yes, you don't want to make mistakes and cause embarrassing situations.

Bob: Even between European neighbours, there are certain differences. Here in the UK, we're more like Americans and we usually call people by their first names right away. But that can be a problem in France, for example. The business culture there is more formal, and people prefer to wait before using first names. If you get too friendly too quickly, they might think you're a cowboy – not to be taken seriously as a business partner!

Interviewer: So doing business with other countries is not just about the numbers.

Bob: Not at all. It's about lots and lots of different skills. It's definitely not enough just to speak English in a very loud voice and hope that …

Material
Schüler-CD 1/12
Lehrer-CD 2/5
Workbook S. 17/9

Writing texts

Seite 33

Ziele
- Die Struktur und das Layout eines englischen Bewerbungsschreibens nachvollziehen
- Die Elemente und die Struktur eines englischen Lebenslaufes kennen lernen
- *Writing texts:* Ein eigenes Bewerbungsschreiben und einen eigenen Lebenslauf auf Englisch schreiben

Text

A letter of application

Seite 33

Wortschatz *letter of application, application, placement, to apply (for), architecture, CV* (= Curriculum Vitae), *knowledge, Yours sincerely, Encl., to print, signature, to enclose, date of birth, volunteer, reference, available*

Methodisches Vorgehen
- SB geschlossen. Die S überlegen in PA, wie ein Bewerbungsschreiben aufgebaut sein sollte.
- SB geöffnet. Die S vergleichen ihre Ideen mit dem im SB abgedruckten Musterbrief. Ggf. kann L auf Besonderheiten hinweisen: *How do you write the date in a formal letter? Why do you have to print your name? (so that it can be read easily) Why do you think you shouldn't enclose a photo? (so that there's no discrimination)*
- L leitet zur Bearbeitung von *ex.* 1 über.

Material
Workbook S. 33/10, 11

Üben

1 Look at the letter

Seite 33

Methodisches Vorgehen
- a) L und die S sammeln mögliche Gründe gemeinsam im Plenum. Dabei bietet es sich an, auf die einzelnen Gründe genauer einzugehen.
- b) Im Plenum nennen die S Unterschiede zwischen einem Bewerbungsschreiben und einem persönlichen Brief. Anschließend werden in PA *Useful phrases* aus dem Musterbrief auf S. 33 gesammelt und durch eigene Ideen ergänzt (siehe TA).

TIP
Useful phrases sammeln

TA

Useful phrases: A letter of application

Application for ...
I am writing to apply for .../Your name was given to me ...
When I leave school I plan to .../As you will see from the enclosed CV, .../
... so I already have some knowledge of the job./Having learnt ..., I would have no language problems.
I hope very much that you are able to offer me a placement./I would work hard for your firm and make myself as useful as possible./Thank you for reading this application./I look forward to hearing from you.
Yours sincerely, ...
Encl.

Erweiterung
- Mit **KV 4: Going abroad** setzen sich die S noch einmal genauer mit den Gründen für einen Auslandsaufenthalt und dem Konzept eines *gap year* auseinander.
- Zur weiteren Übung von Bewerbungsschreiben auf Englisch können die Downloadmaterialien unter Online-Link 547160-2002 oder **KV 5: A letter of application** eingesetzt werden.

Lösung
a) *Erwartungshorizont: wants to improve her language skills – wants to be close to her English friends – wants to get to know the English way of life – ...*
b) *elements which are not used in a letter to a friend: address, heading, formal ending, enclosed CV*

Material
Online-Link 547160-2002
Kopiervorlagen 4, 5

Üben

2 Talk about the CV

Seite 33

Methodisches Vorgehen

- a) Die S erklären zunächst die Bedeutung eines Lebenslaufs für die Bewerbung und nennen Elemente, die ein solcher Lebenslauf unbedingt beinhalten sollte. L hält diese an der Tafel/auf Folie fest.
- Anschließend vergleichen die S ihre Vorstellungen mit dem Muster im SB und nennen Elemente, die noch ergänzt werden könnten.
- b) Differenzierung nach oben: Die S entwerfen in PA oder GA verschieden gestaltete Lebensläufe und skizzieren ihre Entwürfe auf Folie. Diese werden anschließend im Plenum hinsichtlich ihrer Vor- und Nachteile diskutiert (z. B. Übersichtlichkeit, Gewichtung der einzelnen Aspekte, etc.).

TA

Elements of a CV
- personal details: full name, address, telephone number, e-mail address, nationality, date of birth, (single or married?)
- education
- work experience
- (further education: e.g. language or computer courses)
- personal profile: character, skills, hobbies, free time activities

Lösung

a) *A CV gives important details about someone's life and work experience. Nina could have added information about further education.*
b) *After your personal details you can continue with your work experience before you give details about your education. You can also organise your personal profile in different paragraphs (e.g. hobbies, special skills, …). Another way to organise a CV is in form of a table in which you give the dates on the left and the details on the right.*

Material
Ggf. Leerfolie

Üben

3 Your turn: Your own application

Seite 33

HA

Methodisches Vorgehen

- Die S schreiben in Einzelarbeit oder als Hausaufgabe eine Bewerbung an ein selbst gewähltes Unternehmen. Dabei können die in *ex.* 1 gesammelten *Useful phrases* Hilfestellung geben. L sollte die S darauf hinweisen, dass es sinnvoll ist, sich vor dem Schreiben der Bewerbung Notizen zu machen. Differenzierung nach unten: Falls sich die S mit eigenen Ideen schwer tun, kann L mehrere fiktive Stellen zur Auswahl vorgeben.
- Austausch der Bewerbungen mit einem/einer Partner/in. Gute Beispiele können anschließend gesammelt und im Klassenraum aufgehängt werden.

Lösung

Individuelle S-Antworten

Language 2

Seite 34–35

Ziele
- Über Konkurrenz im Berufsleben nachdenken
- Sätze auf verschiedene Weise verknüpfen
- Den Gebrauch von Partizip Präsens und Infinitiv nach Verben der Wahrnehmung unterscheiden

L Text

Just you wait!

Seite 34

Wortschatz *Just you wait!, to serve, hot, to work out, to decide on sth, meteorology, whatsit* (coll), *meteorologist, stupid, to have one's head in the clouds, weather forecast, to predict, direction*

Methodisches Vorgehen
- L: *Marco works in his parents' coffee bar. His friends often meet there. Let's read what they talk about.*
- Die S benennen das Thema des Dialogs (Berufswünsche und die dazu notwendigen Voraussetzungen). L erläutert die Redewendungen *Just you wait!* und *to walk around with one's head in the clouds.*
- Anschließend Bearbeitung von *ex.* 1.

Material
Lehrer-CD 2/6
Online-Link 547160-2003

Erweiterung
- Einen guten Überblick über die Bildungssysteme Großbritanniens und der USA bieten die Downloadmaterialien unter Online-Link 547160-2003.

Üben

1 Think about competition for jobs

Seite 34

Methodisches Vorgehen
- a) Die S diskutieren die Fragen in Kleingruppen. Auf eine Sicherung der Ergebnisse sollte verzichtet werden, da es hier verstärkt um den kommunikativen Aspekt geht. Im Anschluss an die Diskussionsphase kann L Listen mit den zehn beliebtesten Berufen in Deutschland und GB austeilen oder als Folie auflegen. Unterschiede und Gemeinsamkeiten werden dann gemeinsam im Plenum erörtert.
- b) In leistungsstärkeren Lerngruppen kann die Aufgabe direkt nach Teilaufgabe a) im Plenum besprochen werden. Anschließend erhalten die S die Aufgabe, eine E-Mail mit Tipps für einen Freund/eine Freundin zu schreiben, der/die sich für einen der zuvor genannten Studiengänge interessiert. Der Brief sollte begründete Argumente enthalten (z. B. Bezug auf Lieblingsfächer, Qualifikation, Ehrgeiz, Durchhaltevermögen, etc.).
- Hilfreiche Internetseiten zu den beliebtesten Studiengängen und Berufen in Deutschland und GB siehe unter http://www.rankaholics.de, http://www.chap.com/popjobs.html und http://www.thecompleteuniversityguide.co.uk.

Lösung

a) *Erwartungshorizont:* 1. *doctor, vet, lawyer, teacher, scientist, engineer, architect, psychologist, actor/actress, journalist* 2. *earn a lot of money, interesting work, career opportunities, possibility to help other people, etc.* 3. *Yes, because the candidates do their best to get the job./Yes, because competition makes it easier for companies to find the best candidate./No, because when there are a lot of candidates, it is difficult to get the job./No, because there is high pressure for the candidates.*
b) *Individuelle S-Antworten*

Material
Ggf. Leerfolie

Üben

2 Use present participles to link sentences

Seite 34

Wortschatz *fluent*

Strukturen
- *Present participles to link sentences*

Methodisches Vorgehen

- a) Die S vergleichen die beiden Sätze im SB und stellen eine Regel zum Verknüpfen von Sätzen durch das Partizip Präsens auf. L ergänzt diese im TA oder auf der Folie aus *Language 1, ex.* 2, 4 und 8.
- L fordert die S auf, einen weiteren Beispielsatz im Text auf S. 34 zu suchen und diesen in zwei Hauptsätze umzuformulieren. Auch dieses Beispiel wird im TA bzw. auf Folie ergänzt.
- b) Die S bearbeiten die Aufgabe schriftlich in Einzelarbeit. Anschließend Vergleich der Ergebnisse im Plenum.

TIP
G4

TA

Present participles to link sentences

Marco works in his parents' coffee bar. He serves the customers.
› Marco works in his parents' coffee bar, serving the customers.
Naomi and Pete are sitting at a table. They chat and wait for their coffee.
› Naomi and Pete are sitting at a table, chatting and waiting for their coffee.

You can use present participles to link sentences when you want to describe that two actions are happening at the same time. This helps to make a text flow better.

Lösung

a) *Siehe TA*
b) 1. *Pete and Nina send e-mails regularly, telling each other their news.*
2. *Recently Nina contacted Pete, mentioning her work experience idea.*
3. *Pete talked to a careers teacher at school, explaining what Nina wanted to do.* 4. *The careers teacher was very helpful, giving Pete information about possible firms.* 5. *Now Nina has written a letter to a firm of architects, asking for a placement.* 6. *She is still waiting to hear from them, hoping for a positive reply.*

Material
Workbook S. 19/12

Üben **3 Participle or infinitive** Seite 35

Wortschatz *verb of perception*

Strukturen

- *Participle and infinitive without 'to' after verbs of perception and an object*

Methodisches Vorgehen

- a) L übersetzt den Begriff *verb of perception*. Die S nennen Verben, die in diese Kategorie gehören. Anschließend vergleichen die S die beiden Sätze im SB und erstellen eine Regel, wann das Partizip und wann der Infinitiv verwendet wird (siehe TA). Diese Überlegungen können anhand von G4 im Grammatikanhang überprüft werden.
- b) Die S suchen weitere Beispielsätze im Text auf S. 34 und übersetzen diese ins Deutsche. Anschließend Vergleich der Ergebnisse im Plenum.

TIP
G4

TA

Present participle and infinitive after verbs of perception and an object

I saw Marco working in the coffee bar.
› The present participle describes an action that is continuing.
I saw Marco drop a cup.
› The infinitive describes a completed action.

S + Verb of perception + object + present participle / infinitive without 'to'

Lösung

a) *Siehe TA*
b) *I heard you telling Marco … (ll. 12–13) – Ich hörte, wie du Marco erzählt hast … / Did I hear you mention my name? (l. 16) – Hörte ich euch meinen Namen erwähnen? / I can feel this coffee waking me up already. (ll. 17–18) – Ich merke schon, wie der Kaffee mich aufweckt. / That's why we always see her walking*

l. 30

around … (ll. 31–32) – Deshalb sehen wir sie immer herumlaufen … / And you'll hear me predict … – Und ihr werdet mich … vorhersagen hören … (ll. 36–37) → In German these ideas are expressed with the infinitive or a subordinate clause with 'wie'.

Material
Workbook S. 19/13

Üben

4 What Pete saw

Seite 35

Wortschatz *appointment, waiting room*

Strukturen
- *Participle and infinitive without 'to' after verbs of perception and an object*

TIP
G4

Methodisches Vorgehen
- Die S bearbeiten die Aufgabe schriftlich in Einzelarbeit. Anschließend Vergleich der Ergebnisse im Plenum.

Erweiterung
- Zur Vertiefung kann **KV 1: It's all about jobs**, Teilaufgabe 2, eingesetzt werden.

Lösung

But I heard a dog barking and a woman shouting for help. So I went in and saw a woman standing on a chair, holding a cat in her arms. I also saw a little white dog barking at the cat. Then I watched the cat jump out of the window. I saw the cat running away and I heard her owner shout after her to come back. I heard the woman call it 'Sugar cat'.

Material
Kopiervorlage 1

L **Üben**

5 Listening: A telephone call for Nina

Seite 35

HV-Text

Nina: Schuster.
Mr Webb: This is Colin Webb of Webb-Miller Architects calling from Peterborough in England. Could I speak to Nina Schuster, please?
Nina: This *is* Nina Schuster. Good morning, Mr Webb.
Mr Webb: Good morning. I'm calling about your application for work experience.
Nina: Yes. I'm very happy to hear from you.
Mr Webb: Yes, well, I thought it might be a good idea to phone and find out a little more. When exactly were you hoping to do your work experience, and for how long?
Nina: I like – I would like to come to England mid-July until mid-August.
Mr Webb: So you want to stay for a month?
Nina: Yes, please. That would be great.
Mr Webb: I also wanted to ask you what you did during your work experience last summer with the architects in Hamburg.
Nina: I – er – I help with some letters, and I make – I made copies of plans for houses, and –
Mr Webb: So you did general office duties.
Nina: Yes. Sometimes I also went with architects to visit new houses from Design.
Mr Webb: A lot of work in our firm is designing individual houses, but we also often deal with projects like hotels and community buildings.
Nina: That sounds very interesting.
Mr Webb: Good. And what about accommodation? Would you need help finding somewhere to stay in Peterborough?
Nina: Thank you, no. My friends say I can live with them when – if I come to Peterborough.
Mr Webb: Ah yes, of course. You did say you have friends here. That's good because I'm afraid we won't be able to pay you while you're here.
Nina: Yes, I know that, Mr Webb. That's all right.
Mr Webb: Fine, Miss Schuster. It's been very useful talking to you, and I think we'll be able to offer you a placement.

Nina: Oh, thank you very much, Mr Webb.
Mr Webb: What will happen next is that I'll send you a letter, suggesting definite dates for next summer. I would, however, like to have a reference from, uh, Design architects in Hamburg if I could, and a note from your parents saying they're happy for you to come over, please. Would it be possible to have a reference from your school in English, too, do you think?
Nina: Yes, of course. No problem. I'll ask my English teacher. And I've already got a reference from Design architects in Hamburg in English.
Mr Webb: Fine. You can send everything when you reply to my letter. Well, that's it for now. Goodbye, Miss Schuster. You'll be hearing from me very soon.
Nina: I look forward to it. Thank you again. Goodbye, Mr Webb.

Methodisches Vorgehen

Pre-listening:
- a) L erinnert die S an die Vorgeschichte, die zu dem folgenden Telefonat geführt hat: *Do you remember Nina and what she wants to do in the summer? (She is a friend of Pete's. She has written a letter of application to a firm of architects in Peterborough to ask for a work experience placement.) After he got her letter, Mr Webb calls Nina to find out more about her application. Let's listen to their conversation.*

TIP
Storyline der Unit aufgreifen

While-listening:
- L präsentiert die Tonaufnahme zweimal von CD. Die S machen sich Notizen zu den Aufgaben im SB.

Post-listening:
- Vergleich der Ergebnisse in PA und anschließend im Plenum.
- b) Als Vorbereitung auf die Hausaufgabe sammeln die S im Plenum Ideen, wie Nina sich jetzt wohl fühlt, was sie wohl als Erstes erledigen möchte, wem sie zuerst davon erzählt, etc. Als Hausaufgabe schreiben die S eine E-Mail von Nina an ihren Freund Pete. Differenzierung nach unten: Die S-Antworten auf die oben genannten Fragen können als sprachliche Hilfe für die Hausaufgabe an der Tafel festgehalten werden.

HA

Erweiterung
- Differenzierung nach oben: Die S schreiben in GA die drei von Mr Webb angeforderten Referenzen für Nina. Dazu teilt L die Klasse in sechs Gruppen ein, von denen je zwei die Rolle des Architekturbüros in Hamburg, die des Englischlehrers/der Englischlehrerin und die der Eltern übernehmen. Leistungsschwächere S sollten der letztgenannten Gruppe zugeordnet werden. Nach Abschluss der Erarbeitungsphase setzen sich die Gruppen mit demselben Arbeitsauftrag zusammen und vergleichen ihre Ergebnisse. Anschließend werden die besten Entwürfe im Plenum vorgestellt. Zur besseren Lesbarkeit sollten die Texte am Computer geschrieben werden.

Lösung

a) 1. *Mr Webb wants to know exactly when Nina would like to do her work experience and for how long. Nina answers that she would like to come to England mid-July until mid-August for one month. He asks her what she did during her work experience in Hamburg. She replies that she did general office duties, such as helping with letters or making copies of plans for houses, and that she went with architects to visit new houses. Mr Webb also wants to know whether Nina needs help finding somewhere to stay. She tells him that she can live with her friends.* 2. *Mr Webb will send Nina a letter, suggesting definite dates for the summer. Nina should send him a reference from her last placement, a note from her parents allowing her to go to England and a reference from her school in English. She can send everything when she replies to his letter.*
b) *Individuelle S-Antworten*

Tipps für junge Lehrer In leistungsschwächeren Lerngruppen kann die Tonaufnahme auch mehrmals vorgespielt und der Arbeitsauftrag beliebig abgewandelt werden. So kann L beispielsweise *Right or wrong?*-Fragen oder *Multiple choice*-Fragen vorbereiten.

Material Lehrer-CD 2/7

6 ⟨A poem: *Let no one steal your dreams* by Paul Cookson⟩

Wortschatz *ambition, to fire, to hold sb back, to set one's sights, fixed, limit, soul, truly, to take away*

Methodisches Vorgehen

- L trägt das Gedicht vor, die S lesen leise mit. Anschließend wird der Inhalt des Gedichts im Plenum besprochen. L: *What's the message of the poem? What advice does the speaker give us? (We should always follow our dreams.)* Die S sollten versuchen, den Inhalt mit eigenen Worten wiederzugeben.
- Anschließend schreiben die S ein Gegengedicht, in dem sie den Leser/die Leserin auffordern, mit dem Träumen aufzuhören. Dabei sollten sich die S grob an die Form des Gedichts im SB halten. Auf freiwilliger Basis können die S ihr Gedicht vortragen und im Klassenraum aufhängen.

Erweiterung

- Differenzierung nach oben: Im Plenum wird die sprachliche Gestaltung des Gedichts genauer untersucht. Dazu müssen ggf. die Vokabeln *stanza, verse, repetition, metaphor* eingeführt werden. L fragt gezielt, was mit folgenden Versen gemeint ist: *The burning of ambition/That fires the drive inside your heart./Your only limit is the sky./Follow your heart/Follow your soul/Will you feel truly whole.* Anschließend wird die Wirkung der sprachlichen Besonderheiten besprochen (z. B. *repetition: shows the importance of a phrase; imagery: makes the message more realistic, the reader can imagine the situation better, etc.*).

Lösung *Individuelle S-Antworten*

Tipps für junge Lehrer L sollte das Gedicht zunächst vortragen, um der besonderen sprachlichen Gestaltung dieser Textart gerecht zu werden.

⟨Revision⟩

Seite 36

Ziele
- Den Gebrauch der verschiedenen Zukunftsformen wiederholen
- Über zukünftige Tätigkeiten sprechen
- Die eigenen Pläne für die Zukunft versprachlichen

Üben ### ⟨Talking about the future⟩ Seite 36

Üben ### 1 Remind yourself of the forms Seite 36

Wortschatz *prediction, interview*

Strukturen
- *Future tenses*

Methodisches Vorgehen

- Im Plenum werden zunächst die verschiedenen *future tenses* an der Tafel gesammelt. Die S erläutern die Bildung der Zeitformen und deren Gebrauch. Anschließend Überprüfung der Ergebnisse anhand der *Grammar*-Box im SB.
- Die S bearbeiten die Aufgabe in PA. Anschließend Vergleich der Ergebnisse im Plenum. Dabei können die Erläuterungen im Grammatikanhang gemeinsam gelesen werden. Die S sollten ausreichend Zeit bekommen, Fragen zu stellen.

TIP G5

TA

Future tenses				
tense	present progressive	'will' future	'going to' future	simple present
form	form of 'be' + -ing	'will' + infinitive	form of 'be' + going to + infinitive	form of the verb (+ 's')
use	for future arrangements	for personal predictions and weather forecast	for plans or when it is already clear what is going to happen	for 'timetable' information

Lösung

Erwartungshorizont: … you're going to tell me! (ll. 5–6) = it is clear what is going to happen; I'm going for an interview … (ll. 8–9) = future arrangement; The interview starts at 9.45. (l. 12) = timetable information; I don't expect it'll take too long. (l. 13) = personal prediction; What are you going to wear? (l. 14) = plan; It'll be good for you, too, if I get the job. (ll. 16–17) = personal prediction; You won't have to pay so much for your shoes! (ll. 17–18) = personal prediction

Material
Workbook S. 20/ 15, 16

Üben **2 Say what Naomi is doing next week** Seite 36

Strukturen
- *Present progressive with future meaning*

Methodisches Vorgehen
- a) L und die S besprechen den Beispielsatz gemeinsam im Plenum. Danach bearbeiten die S die Aufgabe in Einzelarbeit. Hinweis: Die Angabe für Sonntag beinhaltet zwei verschiedene *future tenses.* Die S begründen die Verwendung der beiden Zeitformen (1. *arrangement,* 2. *timetable information*). Anschließend Vergleich der Ergebnisse im Plenum.
- b) Die S bereiten in Einzelarbeit Fragen vor, die sie ihrem Sitznachbarn/ihrer Sitznachbarin stellen könnten. Anschließend Durchführung eines Partnerinterviews. Nach dem Interview berichten die S im Plenum, welche Termine/Verabredungen ihr/e Partner/in in der nächsten Woche hat.

TIP
G5

Lösung

a) *On Tuesday she is presenting her Geography project. On Wednesday she is having an interview at Peterborough Regional college at 11.15. On Thursday she is playing volleyball after school. On Friday she is calling her personal adviser. On Saturday she is meeting her grandfather at the station at 12.40. On Sunday she is doing a Charity Walk. It starts at 10 am outside the sports centre.*
b) *Individuelle S-Antworten*

Tipps für junge Lehrer

Der Wechsel der Sozialform und der sprachlichen Anforderungen (in Einzelarbeit schriftlich Fragen formulieren, in PA dem/der Partner/in Fragen stellen bzw. auf Fragen antworten, im Plenum das zuvor Besprochene in der dritten Person wiedergeben) hat den Vorteil, dass die S die grammatische Struktur immer wieder neu anwenden müssen. Dadurch wird die Struktur nachhaltiger gefestigt.

Material
Workbook S. 20/16

Üben **3 Talk about plans for the future** Seite 36

Strukturen
- *Going to future, will future*

Methodisches Vorgehen
- a) + b) Die S bearbeiten die Aufgaben in Einzelarbeit. Anschließend Vergleich der Ergebnisse in PA. Gute Ideen können zusätzlich im Plenum vorgestellt werden.
- c) Ausgehend von den Ergebnissen aus den Teilaufgaben a) und b) schreiben die S einen Text über ihre eigenen Zukunftspläne und -wünsche.

TIP
G5

HA

Lösung

a) *Erwartungshorizont: "… Then I'm going to start my own business. I'm going to invent new computer games. I'm going to earn lots of money and I'm going to live in a big house. Of course I'm going to have a beautiful wife and some kids. I'm going to have a great life!"*
b) *Erwartungshorizont: "Sorry, but I don't think your plans will work out! To study IT at university you'll need excellent marks, but as far as I know, you won't pass your A-levels in Maths with very good marks. Even if you make it, I don't think you'll be rich, because designing computer games is not a brand new idea. There'll be a lot of competition and you'll have to work very hard. There won't be much time to meet the love of your life, to marry or to have kids. It's quite possible that you'll buy a big house, but maybe you'll only see it at night, because you'll spend too much time at work."*
c) *Individuelle S-Antworten*

Tipps für junge Lehrer

Bei Teilaufgabe b) ist eine Differenzierung nach unten möglich. L kann hier Verben oder Satzbausteine, die für die Bearbeitung der Aufgabe hilfreich sein könnten, an der Tafel/auf Folie vorgeben.

Talkwise

Seite 37

Ziele
- Sich auf ein Vorstellungsgespräch vorbereiten
- Die Bedeutung der Körpersprache in einem Vorstellungsgespräch verstehen
- Vorstellungsgespräche strukturieren
- Ein Vorstellungsgespräch durchführen

Üben

Making a good impression at an interview

Seite 37

Wortschatz

to make a good/bad impression (on sb)

Methodisches Vorgehen

- L erinnert die S an Ninas Bewerbung: *Nina wrote a letter of application. What happened next? (She got a phone call from Mr Webb.) When an employer is interested in you what will he do next? (He/She will invite me for an interview.)*
- Die Einführungssätze im SB werden gemeinsam gelesen. Anschließend leitet L zur Bearbeitung von *ex.* 1 über.

Üben

1 Talk about how to prepare before the day of the interview

Seite 37

Wortschatz

suitable

Methodisches Vorgehen

- Im Plenum werden Aspekte gesammelt, die für ein erfolgreiches Vorstellungsgespräch wichtig sind. Hier können auch Punkte genannt werden, die nicht im SB aufgelistet sind. Anschließend diskutieren die S in Kleingruppen, welche Vorbereitungen nötig sind, um die im SB genannten Anforderungen zu erfüllen. Vergleich der Ergebnisse im Plenum.

Lösung

Erwartungshorizont: 1. *You should plan how you get to the interview. You should get up on time.* 2. *You should wear suitable clothes which are clean.* 3. *You should think of questions you might be asked.* 4. *You should find out about the company, e.g. on the Internet. You should think of questions you might want to ask, e.g. about working hours, money, etc.* 5. *You should go to bed early the night before. You should get some fresh air before the interview starts.*

Material
Workbook S. 21/18

Üben

2 Comment on the applicants

Seite 37

Wortschatz *applicant, body language, employer*

Methodisches Vorgehen

- Im Plenum beschreiben die S die beiden Fotos im SB. Neues Vokabular kann dabei ggf. an der Tafel festgehalten werden.
- Anschließend beschreiben die S, welche Kandidatin sie einstellen würden und begründen ihre Wahl.

TIP
Fotos aus SB auf Folie kopieren

Lösung

Erwartungshorizont: The girl on the left looks bored and not really interested in the job. She is not smiling and does not seem to be friendly or polite. She is dressed too casually wearing bright clothes. Her hairstyle is rather childish than formal. The girl on the right seems to be interested in what the interviewer shows her. She is smiling in a friendly way. She is wearing suitable clothes and a suitable hairstyle. The girl and the interviewer look like team workers already. I think employers would prefer to give the job to the girl on the right.

Material
Workbook S. 21/19
Ggf. Leerfolie

Tipps für junge Lehrer Die Aufmerksamkeit der S lässt sich besser auf die Fotos lenken, wenn man sie vorab auf Folie kopiert.

L **Üben**

3 Listening: A job in a sports shop

Seite 37

HV-Text

Interviewer: Good morning. My name is Ellen Nichols.
Jason: Hello. I'm Jason Hooper.
Interviewer: Please take a seat, Jason.
Jason: Thanks. I mean, thank you very much.
Interviewer: Right. So you're Jason Hooper and you're applying for the position of sales assistant with Sportsworld.
Jason: Yeah. I really like the idea of working here. I've always loved sport and I know a lot about the equipment for different games.
Interviewer: What's your favourite sport?
Jason: Well, I play football myself. But I follow lots of different sports on TV. So I do have quite a lot of knowledge and I'm sure I'd be able to talk to the customers quite well.
Interviewer: Good. I see from your CV you already have some experience of working in a shop.
Jason: Yeah, it was a Saturday job when I was still at school. It was a music shop. I like music. Not as much as sport. But anyway, it was a good experience and it taught me a lot.
Interviewer: What would you say you learned there?
Jason.: Er – well, for example, how to use the computer system in the shop. And how to work in a team with the other assistants.
Interviewer: Yes, those are important skills. Now, on your application form it says you left school – let's see – four months ago.
Jason: Yes.
Interviewer: What have you been doing since then? Have you had a job?
Jason: Yeah, of course. I mean –
Interviewer: What have you been doing?
Jason: Well, I –
Interviewer: So you *haven't* actually had a job.
Jason: No, I – I've been looking for the *right* job, you see. I think it's important for me to get a job where I can do well and work my way up. That's one of the reasons why I'd love to work for Sportsworld. Because it has stores all over this region. Fifteen or – no, sixteen. A new branch has just opened, hasn't it?

Interviewer: Yes, we have sixteen now. Well, I can see you've done your homework on the company. But maybe there are some questions you'd like to ask me.
Jason: Right. Yes. I wonder if you could give me some information about the pay, please.
Interviewer: Of course. You'll find all the information you need in this leaflet here.
Jason: Thank you. And I'd be very interested to know if it's possible for a sales assistant to become a manager one day.
Interviewer: It is. I started as a sales assistant myself! Well, thank you, Jason. We'll let you know by the end of next week if your application has been successful.
Jason: Oh, right. OK
Interviewer: Goodbye.
Jason: Goodbye.

Wortschatz *to be interviewed for a job, interviewer*

Methodisches Vorgehen

Pre-listening:

- a) Die S versetzen sich in die Situation eines Bewerbers/einer Bewerberin bei einem Vorstellungsgespräch und bringen die im SB aufgelisteten Punkte in die richtige Reihenfolge. Anschließend Vergleich mit einem/einer Partner/in. Dabei überlegen die S gemeinsam, welche Punkte hier ggf. fehlen.

While-listening:

- b) Differenzierung nach unten: Nach der Präsentation der Tonaufnahme beantworten die S zunächst Fragen zum Textverständnis, z. B. *What job is Jason applying for? (sales assistant with Sportsworld) Which sport does he do? (football) Does he have any experience? (Yes, he worked in a music shop.) What did he learn there? (how to use the computer system of the shop and how to work with the other sales assistants) Where can Jason find more information? (in a leaflet)*
- Nach einem erneuten Vorspielen des Dialogs bearbeiten die S die Aufgabe in Einzelarbeit. Anschließend Vergleich der Ergebnisse mit einem/einer Partner/in bzw. im Plenum. In leistungsstärkeren Lerngruppen machen sich die S bereits während des ersten Hörens Notizen zu den Aufgaben im SB.
- c) Die S hören den Dialog ein weiteres Mal an und notieren *Useful phrases*, die sie auch in anderen Vorstellungsgesprächen verwenden könnten.

Post-listening:

- Vergleich der Ergebnisse in PA. Anschließend werden die *Useful phrases* gemeinsam im Plenum gesammelt (an der Tafel/auf Folie). Die Liste kann im weiteren Verlauf der Arbeit mit der Unit beliebig ergänzt werden.

TA

Useful phrases: A job interview
I really like the idea of working here.
I've always loved ...
I know a lot about ...
I'm sure I'd be able to ...
... was a good experience and it taught me a lot.
I think it's important for me to get a job where I can do well.
That's one of the reasons why I'd love to work for ...
I wonder if you could give me some information about ...
I'd be very interested to know if it's possible to ...

Lösung

a) *F – B – D – A – G – C – E*
more things to remember: At the beginning the interviewer might ask you to talk about yourself. Be prepared to give a short presentation.

b) 1. *Jason is well prepared. He can explain why he wants the job and why he is suitable for it. He also mentions his work experience in a music shop.*
2. *Jason sometimes speaks too casually, using words like 'yeah' or 'anyway' Some of his answers are too short. He does not answer all the questions directly. He is not honest at the end of the interview. The things he is most interested in are the pay and his career chances. He should ask about other things first, e.g. working hours. He might seem too ambitious when he says that he wants to become a manager one day.*

c) *Siehe TA*

Material
Lehrer-CD 2/8
Ggf. Leerfolie

S L **Üben**

Listening: Two job interviews

Workbook Seite 21

HV-Text

One.

Interviewer: Come in! Good afternoon. You must be Sarah Marshall.
Sarah: Yes.
Interviewer: Please take a seat. That's it. So Sarah – you'd like to be a library assistant.
Sarah: Yes, I – I mean, I – well, my mum saw the advert in the newspaper. And she thought – well, I thought, too, that it – you know – that it would be a good job for me.
Interviewer: Why did you think that?
Sarah: Because – well, I love reading.
Interviewer: You read a lot of books, do you?
Sarah: Yes, I do.
Interviewer: Tell me who your favourite author is.
Sarah: Oh, dear – that's a hard question. I've read most of Philip Pullman's books. But I like Jodi Picoult, too. And Zadie Smith. And I also love classic fiction. Especially Jane Austen and Charles Dickens. So – well, I haven't got just one favourite author. I mean, you can't really compare them. They're all different.
Interviewer: And what do you know about working in a library?
Sarah: Well, I – I've seen people working in the library. Not this library – the one in the city centre.
Interviewer: So what do you imagine you would have to do as a library assistant?
Sarah: Er – check books in and out? Put books back on shelves?
Interviewer: Do you think you would be good at helping people who come into the library? Talking to them and helping them to find what they're looking for?
Sarah: Yes, I – I think so. I hope I would.
Interviewer: OK. Now what about computer skills? I see from your CV that you …

Two.

Interviewer: Good afternoon. Let's see now. You're Paula Douglas. Is that correct?
Paula: Good afternoon. Yes, that's correct.
Interviewer: Good. Please sit down, Paula. Right, I'd like to start off by asking you what skills you have that you think would help you to be a good library assistant.
Paula: Well, I'd say I'm a well-organised person. I'm sure that's important in a library. And I usually find it easy to talk to people, so I think I'd be good at dealing with members of the public, too.
Interviewer: Do you prefer working alone or together with other people?
Paula: I don't mind. I think I probably prefer to work as a member of a team. But if I have to do jobs on my own, that's fine, too.
Interviewer: What especially attracts you to the idea of working in a library?

Paula: Well, I'm not sure that I would want to sit at a desk *all* day long. And also I – well, I just think that a library would be a very pleasant place to work. There's always a nice atmosphere in a library.
Interviewer: Do you read a lot yourself? You didn't put reading down as one of your interests on your CV.
Paula: Didn't I? Oh I – I must have forgotten. But yes, of course, I love reading.
Interviewer: What are you reading at the moment?
Paula: Er – well, actually, I'm just between books at the moment. Maybe I'll borrow a book from the library after this interview!
Interviewer: Hmm, yes. Now, I wonder if there's anything you feel you would like to ask about working here.
Paula: Yes, I'd be very interested to know a bit more about …

Material
Schüler-CD 1/13–14
Lehrer-CD 2/9–10
Workbook S. 21/20

Üben

4 Team activity: Job interviews

Seite 37

Methodisches Vorgehen

- Die S überlegen sich zunächst in Vierergruppen, auf welche Stelle sie sich gerne bewerben würden. Um die Rahmenbedingungen vorab festzulegen, notieren sie stichwortartig eine kurze Stellenbeschreibung, die Anforderungen an den Bewerber/die Bewerberin und ggf. weitere wichtige Details. Differenzierung nach oben: Leistungsstärkere S schreiben eine Stellenanzeige für die anderen S-Gruppen. Differenzierung nach unten: Falls die S Schwierigkeiten haben, sich selbst Stellenanzeigen zu überlegen, können die Anzeigen aus **KV 6: A job interview** Anregungen liefern.
- Die Vierergruppen benennen je zwei Bewerber/innen und zwei Interviewer/innen. Anschließend bereitet sich jede/r S in Einzelarbeit auf ihre/seine Rolle vor. Die gelben Boxen im SB und die bisher gesammelten *Useful phrases* können dabei Hilfestellung geben. Außerdem sollten den S genügend Wörterbücher zur Verfügung stehen.
- Je ein/e Bewerber und ein/e Interviewer/in üben ein Vorstellungsgespräch ein. Anschließend spielen sich beide Schülerpaare gegenseitig ihre Ergebnisse vor. Das jeweils beobachtende Schülerpaar macht Verbesserungsvorschläge und kommentiert besonders gut gelungene Sequenzen.
- Im nächsten Schritt werden die Rollen getauscht. Mit Hilfe der Tipps aus dem ersten Durchlauf üben die S paarweise ein weiteres Vorstellungsgespräch ein. Die Vorgehensweise ist hier dieselbe wie beim ersten Durchlauf.
- Besonders gut gelungene Vorstellungsgespräche werden abschließend im Plenum vorgespielt. Hierbei sollte das Augenmerk der S neben der sprachlichen Gestaltung besonders auf der Körpersprache liegen.
- Die Mitschüler/innen sollten beim Vorspielen der Vorstellungsgespräche auch auf die verwendeten *Useful phrases* achten. Diese können ggf. in der Liste aus *ex.* 3 ergänzt werden.

TIP
Wörterbücher einsetzen

HA

TIP
Useful phrases ergänzen

Erweiterung

- Diejenigen Gruppen, die schon früher mit der Bearbeitung der Aufgabe fertig sind, können als Negativbeispiel ein wenig erfolgreiches Vorstellungsgespräch einüben. Nachdem das Gespräch im Plenum vorgespielt wurde, werden gemeinsam Verbesserungsvorschläge gesammelt.
- Alternativ zur Bearbeitung von *ex.* 4 oder als zusätzliche Ergänzung kann **KV 6: A job interview** eingesetzt werden.

Lösung

Individuelle S-Antworten

Tipps für junge Lehrer

Für die Bearbeitung dieser Aufgabe sollte eine Doppelstunde eingeplant werden, um den S ausreichend Vorbereitungszeit zu geben. Außerdem sollte zum Einüben und Vorspielen der Gespräche ausreichend Platz zur Verfügung stehen. Idealerweise kann ein Teil der Gruppen in andere Klassenräume ausweichen.

Material
Kopiervorlage 6
Ggf. Wörterbücher

Text

Seite 38–40

Ziele
- Eine außergewöhnliche Biografie lesen
- Die Struktur eines Textes herausarbeiten
- Die Erzählperspektive eines Textes untersuchen
- Eine kurze Biografie schreiben
- *Collaborative writing:* In Gruppenarbeit eine längere Biografie schreiben

S L **Text**

Now that's what I call living!

Seite 38–40

Wortschatz

to bum around, 'dag nabbit', ol' (= old), *to be off, builder, to turn, It does what it damn well wants., upside-down, Would you believe it!, tent, to grab, tornado, to throw around, just about, to get one's act together, trailer, part-time, gardener, to be affected by, childhood, to make sth up, to pass an exam, in the middle of, disease, medicine, gift, to cure, drug, round, African, to beg (for), politician, bald, stick, to suffer, It's up to you., wallet, paper* (= newspaper)

Tipps zur Literatur

Der Roman *Who is Jesse Flood?* von Malachy Doyle greift zahlreiche Themen auf, die Jugendliche in der Pubertät beschäftigen und passt somit gut zum Thema der Unit. L sollte die S zur selbstständigen Lektüre des Romans ermuntern.

Material
Schüler-CD 1/15–18
Lehrer-CD 2/11–14

Üben

1 Before you read

Seite 38

Methodisches Vorgehen

- SB geschlossen. L beginnt mit dem Hinweis, dass viele Menschen zu einem/einer Wahrsager/in gehen, und entwirft ein positives Zukunftsszenario für eine/n S, z. B. *One day you'll be a pop star. You'll be rich and live in a huge house.* Anschließend sagen sich die S in PA gegenseitig ihre Zukunft voraus. Diese Übung dient der Wiederholung des *will future* und bereitet die S inhaltlich darauf vor, über unterschiedliche Lebensentwürfe nachzudenken.
- L schreibt den Titel des Romans an die Tafel. Im Blitzlicht-Verfahren äußern die S spontan, was in ihren Augen ein erfülltes Leben ausmacht.
- Anschließend leitet L zur Bearbeitung von *ex.* 1 über. Mehrere S beschreiben kurz ihre momentane Lebenssituation. L stellt die Gemeinsamkeiten heraus und bereitet auf die Lektüre des Textes vor: *Most of you live with your parents in a flat or a house, you go to school and meet friends. This seems to be normal. In the story the kids are called 'weird'. What does that mean?*
- Im Plenum sammeln die S, was sie unter dem Begriff *weird* verstehen. Ggf. können die S-Antworten mit dem Eintrag in einem einsprachigen Wörterbuch verglichen werden. Anschließend stellen die S Vermutungen an, worum es in dem Text gehen könnte.
- L präsentiert den ersten Teil des Textes (Z. 1–71) von CD, in leistungsschwächeren Lerngruppen bei geöffnetem SB. Die S machen sich dabei Notizen zu folgenden Fragen: 1. *Where did Jimmy's family live when he was young? (They lived in a bus, in a tent, on a boat, and in a trailer.)* 2. *Why does the narrator call the kids 'weird'? (Because they had a very unusual childhood.)*
- SB geöffnet. Die S lesen den ersten Teil des Textes und überprüfen ihre Notizen zu den oben genannten Fragen. Unbekanntes Vokabular kann dabei mit Hilfe des *Dictionary* im Buchanhang erschlossen werden. Zur Verständnissicherung bittet L eine/n S, die Formulierung *they can never quite match other people's narrow expectations* (Z. 68–70) zu erklären.
- L zitiert den Erzähler: *And each one of them goes their own crazy way* (Z. 80–81). Die S stellen Vermutungen an, wie die Zukunft von Jimmy und seinen Geschwistern ausgesehen haben könnte. Anschließend wird der Abschnitt bis Z. 81 gemeinsam gelesen. Dabei stellen die S fest, dass auch der Erzähler über die Zukunft der Kinder nur spekuliert hat.

TIP
Blitzlicht-methode einsetzen

Lösung

> *Erwartungshorizont: They mean that someone is different from others./... does or likes strange things./... is difficult to understand./...*

Tipps für junge Lehrer

Die Blitzlicht-Methode ist eine mündliche Alternative zum Cluster oder Mindmap-Verfahren und eignet sich besonders gut, um in kurzer Zeit möglichst viele S-Ideen zu einem Thema abzufragen. Bei der Erklärung des Wortes *weird* sollte darauf geachtet werden, dass die S keine bekannten Personen als Beispiel anführen (z. B. Mitschüler/innen, Lehrer/innen).

Üben

2 Stop and think

Seite 39

Methodisches Vorgehen

- L: *What makes you the person you are? (genes, family, friends, culture, education, ...)* Anschließend Besprechung der Fragen im SB und Überleitung zur Lektüre des übrigen Textes: *How do you think Jimmy's life was affected by his childhood? What job do you think he chose?* Die Fotos auf S. 39 geben den S Hinweise zur Beantwortung der Frage.
- L präsentiert den Rest des Textes von CD, die S lesen leise mit. Anschließend Klären von unbekanntem Vokabular. L stellt Fragen zum Textverständnis: *Which job did Jimmy choose? (He became a doctor.) Where does he work? (at a hospital in the Congo) Why do the people love him? (He comes to their beds, holds their hands and talks to them.) Why does he leave the hospital sometimes? (He flies back to America to ask for money and drugs.) What does he do with the money? (He spends the money on cleaning the water system and building schools.) How does the narrator know about Jimmy? (He read his story in a newspaper.)*

Lösung

> *Erwartungshorizont: An unusual childhood is a childhood which is different from what we think is normal, e.g. when a child does not go to school, has no parents, doesn't live in a flat or a house, etc. When you experience an unusual childhood, you might think differently about life and have alternative values.*

Üben

3 Talk about Jimmy

Seite 40

Methodisches Vorgehen

- Die S beantworten die Fragen in Einzelarbeit. Anschließend Vergleich mit einem/einer Partner/in.

Erweiterung

- Erneutes Lesen von Z. 169–177. Die S fassen kurz zusammen, warum der Erzähler Jimmys Leben für erfüllt hält. (*Jimmy isn't living the same way everybody else does. He's doing something real by helping people.*) L nimmt Bezug auf die Ideen der S, was ein erfülltes Leben ausmacht (siehe Hinweise zu *ex.* 1). Anschließend nehmen die S begründet Stellung zur Meinung des Erzählers und vergleichen Jimmys Leben mit ihren eigenen Vorstellungen von einem erfüllten Leben.

Lösung

> *Erwartungshorizont:* 1. *Jimmy spends his childhood driving around New Mexico and California. He lives in a bus, in a tent, on a boat and in a trailer. His family does not have a lot of money and sometimes they get in dangerous situations. Jimmy does not go to school regularly.* 2. *He might have decided to become a doctor because he wanted to help people who do not have enough money. He is used to being poor and travelling a lot, so he has no problems with his life in Africa. He knows how it feels not to be able to go to school. Therefore he collects money to build schools in Africa.*

Material
Workbook S. 22/22, 23

Üben

4 Look at the style

Seite 40

Methodisches Vorgehen

- L führt zunächst den Begriff *narrator* ein. Anschließend überlegen sich die S Unterschiede zwischen der Perspektive eines *first-person* und eines *third-person narrator* und belegen dies anhand von geeigneten Textstellen.
- Im Plenum werden die Ergebnisse gemeinsam an der Tafel gesammelt. Differenzierung nach unten: In leistungsschwächeren Lerngruppen kann L die Stichpunkte bereits an der Tafel vorgeben, so dass die S nur noch die entsprechenden Textstellen ergänzen müssen.
- Abschließend wird die Frage diskutiert, welchen Effekt die beiden Erzählperspektiven auf den/die Leser/in haben. Die Ideen werden im TA ergänzt.

TA

A first-person narrator ...
- ... addresses the reader. (ll. 2, 16, 21, 82, 138, 162, 169)
- ... gives his own opinion. (ll. 29, 40–41, 45–46, 49, 58, 60–63, 70, 80–81)
- ... comments on story-telling itself. (ll. 75–80, 165–168)
- ... explains his reason for telling the story. (ll. 169–177)
- ... uses slang and colloquial language. (ll. 1, 8, 9, 17, 49, 62, ...)
- ... uses direct speech. (ll. 9, 26, 32, ...)
- ...

→ effect: The language is close to spoken English./The reader feels involved in the story./The reader can identify with the narrator./The story seems more realistic./but: The reader does not get any other perspectives./...

Erweiterung

- Differenzierung nach oben: Die S schreiben den Text aus der Perspektive eines neutralen *third-person narrators.*

Lösung

Siehe TA

Tipps für junge Lehrer

An dieser Stelle werden nicht alle literaturwissenschaftlichen Termini zur Bestimmung der Erzählperspektive berücksichtigt. Dies ist im Sinne einer didaktischen Reduzierung durchaus legitim.

Üben

5 Examine the text structure

Seite 40

HA

Methodisches Vorgehen

- Die S teilen in Einzelarbeit den Text in thematische Abschnitte ein. Vergleich mit einem/einer Partner/in. Anschließend werden die Ergebnisse im Plenum vorgestellt. Dabei sollte L darauf achten, dass die S ihre Vorschläge auch begründen. Gute Ideen werden an der Tafel festgehalten.

TA

Text structure

Childhood and possible careers: lines 1–81
Jimmy's job at the hospital: lines 82–116
Collecting money: lines 117–164
The narrator's reasons for telling the story: lines 165–177

Erweiterung

- Die S schreiben mit Hilfe der zuvor erarbeiteten Struktur eine kurze Inhaltsangabe des Textes.

Lösung

Siehe TA

Üben **6 ⟨Writing texts: Biographies⟩** Seite 40

Methodisches Vorgehen
- Mit Hilfe der Andeutungen im SB (Z. 72–81) schreiben die S eine kurze Biografie über einen Bruder/eine Schwester von Jimmy. Alternativ können sich die S auch neue Fakten überlegen.
- Wenn die Aufgabe im Unterricht bearbeitet wird, sollten den S genügend Wörterbücher zur Verfügung stehen.

HA

Erweiterung
- Zur Vertiefung der Thematik und als Beispiel für eine alternativ verlaufende Biografie bietet sich der Song *Free Electric Band* von Albert Hammond an.

Lösung

Individuelle S-Antworten

Tipps für junge Lehrer Bei der Bearbeitung von Texten im Unterricht sollte L genügend Zeit für das kreative Schreiben einplanen.

Material
Ggf. Wörterbücher

Üben **7 Create an ad for Jimmy's campaign for Africa** Seite 40

Wortschatz *campaign*

Methodisches Vorgehen
- Im Plenum werden kurz die wichtigsten Bestandteile einer Werbeanzeige wiederholt (*picture, slogan, text*).
- Die S überlegen sich in PA, für welche Zielgruppe die Anzeige bestimmt ist, welche Informationen sie enthalten sollte und welcher Slogan die Aufmerksamkeit der Zielgruppe wecken könnte. Auch das Bild sollte hierzu passend gewählt werden. Anschließend gestalten die S ihre Werbeanzeige.
- Die fertigen Anzeigen werden im Klassenraum aufgehängt. Jede/r S erhält zwei Klebepunkte und klebt diese auf die beiden Anzeigen, die ihr/ihm am besten gefallen.
- Die drei Werbeanzeigen mit den meisten Klebepunkten werden noch einmal im Plenum vorgestellt. Mehrere S begründen, warum sie die jeweilige Anzeige gewählt haben. Anschließend äußern sich die Gestalter/innen der Anzeigen zu ihren Überlegungen.

TIP
Elemente einer Werbeanzeige wiederholen

Lösung

Individuelle S-Antworten

Material
Bastelmaterial

Üben **8 Collaborative writing: Biographies** Seite 40

Wortschatz *collaborative*

Methodisches Vorgehen
- In Vierergruppen einigen sich die S auf eine ihnen allen bekannte Person. Anschließend notiert jedes Gruppenmitglied wichtige Eckdaten zu dessen/deren Biografie.
- Mit Hilfe ihrer Notizen aus *ex.* 5 überlegen sich die S, wie die Biografie in vier Abschnitte gegliedert werden könnte. Anschließend wählt jedes Gruppenmitglied einen der Abschnitte aus und schreibt mit Hilfe der zuvor gesammelten Eckdaten einen zusammenhängenden Text.
- Nach der Einzelarbeitsphase werden die Abschnitte in den Gruppen zusammengeführt und inhaltlich und stilistisch aufeinander abgestimmt.
- Abschließend präsentieren die Gruppen ihre fertigen Biografien im Plenum. Die übrigen Gruppen geben Feedback und machen Verbesserungsvorschläge.

HA

Lösung

Individuelle S-Antworten

Tipps für junge Lehrer Die einzelnen Textabschnitte sollten mit dem Computer geschrieben werden, damit sie leichter zusammengeführt werden können.

Material
Workbook S. 22/24

Wordwise

Seite 41

Ziele
- Den Wortschatz der Unit umwälzen und vernetzen
- Die Entsprechungen der deutschen Adverbien „sicherlich", „wohl", „zufällig" unterscheiden
- Englische Suffixe kennen lernen
- Alltagsenglisch verstehen

Üben

1 Discuss the qualities needed for different jobs

Seite 41

Methodisches Vorgehen

- a) Im Plenum benennen die S zunächst die auf den Fotos dargestellten Berufe und bearbeiten anschließend die Aufgabe in Einzelarbeit oder PA. Vergleich der Ergebnisse mit einem/einer Partner/in bzw. im Plenum.
- b) Die S bearbeiten die Aufgabe in PA. Ein/e S schreibt fünf Berufe auf. Der/die Partner/in überlegt sich jeweils fünf Voraussetzungen, die für diese Berufe notwendig sind. Kann er/sie zu einem Beruf genügend Voraussetzungen nennen, erhält er/sie einen Punkt. Ansonsten geht der Punkt an den anderen/die andere S. Wer am Ende die meisten Punkte hat, gewinnt.

Wortfeld zum Thema „Berufe und Berufswahl" anlegen

Erweiterung

- Zur weiteren Beschäftigung mit verschiedenen Berufsbildern kann **KV 7: Wordwise**, Teilaufgaben a) und b), eingesetzt werden.

Lösung

a) *Erwartungshorizont:* ***photographer:*** *You need a quiet hand, a good feeling for situations and colours, …;* ***engineer:*** *You need a good knowledge of maths and physics, you need to understand complex machines, …;* ***nurse:*** *You need to be interested in people, you need to be friendly and helpful, …;* ***farmer:*** *You should be happy to work outside most of the time, you should be able to work hard, …;* ***politician:*** *You need to have good communication skills, you need to be well-organised, …*

b) *Individuelle S-Antworten*

Material
Workbook S. 23/25
Kopiervorlage 7

Üben

2 Compare English and German

Seite 41

Wortschatz *to be certain to do sth, to be likely to do sth*

Methodisches Vorgehen

- a) L und die S besprechen die Bedeutung der *phrases* gemeinsam mit Hilfe der *Grammar*-Box. In leistungsschwächeren Lerngruppen kann L die Übersetzung der *phrases* als Hilfestellung an die Tafel schreiben.
- b) Die S bearbeiten die Aufgabe in Einzelarbeit. Anschließend Vergleich der Ergebnisse im Plenum.

TA

to be certain to do sth = sicherlich etwas tun
to be likely to do sth = wahrscheinlich etwas tun
happen to do sth = zufällig etwas tun

Lösung

a) *Siehe TA*

b) 1. *are likely to* 2. *are certain to* 3. *happen to* 4. *are certain to* 5. *are likely to* 6. *happen to*

Material
Workbook S. 23/26

Üben

3 Learn to recognise suffixes

Seite 41

Wortschatz *suffix*

Methodisches Vorgehen

- a) Die S bearbeiten die Aufgabe in Einzelarbeit. Anschließend Vergleich mit einem/einer Partner/in.

- b) wird in PA mit Hilfe des *Dictionary* im Buchanhang bearbeitet. Ggf. können auch einsprachige Wörterbücher eingesetzt werden.
- c) Differenzierung nach oben: Leistungsstärkere S suchen im *Dictionary* nach weiteren typischen Suffixen. Diese werden an der Tafel gesammelt.

Erweiterung

- Die S schreiben zu den Nomen und Adjektiven aus Teilaufgabe b) bereits bekannte Vokabeln derselben Wortfamilie auf (ergänzend oder alternativ: *Vocabulary Skills*-Box auf S. 156 im SB).
- Als Vertiefung kann auch **KV 7: Wordwise**, Teilaufgaben c) und d), eingesetzt werden.

Lösung

a) *employment = Beschäftigung, Anstellung (to employ, employer); imaginative = einfallsreich, fantasievoll (to imagine); drawing = Bild, Zeichnung (to draw); organisation = Organisation (to organise); enjoyable = amüsant, unterhaltsam (to enjoy); successful = erfolgreich (success); weakness = Schwäche (weak); luxurious = luxuriös, Luxus- (luxury).*
b) ***nouns:** -ment (development, placement), -ing (meeting, feeling), -ation (frustration, education), -ness (fitness, happiness); **adjectives:** -tive (creative, protective), -able (predictable, unforgettable), -ful (helpful, useful), -(i)ous (furious, dangerous)*
c) *Erwartungshorizont: **nouns:** -er (lawyer, teacher), -ion (impression, illusion), -logy (technology, meteorology), -cian (musician, politician), -ance (tolerance, ignorance), -ity (nationality, possibility); **adjectives:** -less (motionless, harmless), -al (formal, industrial), -ary (necessary, legendary)*

Material
Kopiervorlage 7
Ggf. Wörterbücher

Üben 4 ⟨Real English⟩ Seite 41

Wortschatz *expression, thingummy* (coll)

Methodisches Vorgehen

- Die S bearbeiten die Aufgabe in PA. Anschließend schreibt jede/r S drei weitere Sätze auf, in denen er/sie jeweils ein Nomen durch einen der vorgegebenen Ausdrücke ersetzt. Diese müssen von dem/der Partner/in erraten werden.

Lösung

1. *name of the person* 2. *equipment* 3. *goggles, safety glasses*

Üben 5 ⟨Book corner⟩ Seite 41

Charles Dickens (1812–1870) was the most popular English novelist of the Victorian era as well as a vigorous social campaigner. His novel *Great Expectations* is written in a semi-autobiographical style. The first-person narrator, the orphan Pip, tells his story from the early days of childhood, starting on Christmas Eve 1812, to adulthood. *Great Expectations* is regarded as one of Dickens' greatest novels, having been adapted for stage and screen more than 250 times. In 1998 Alfonso Cuarón directed a modern film version starring Ethan Hawke and Gwyneth Paltrow. The novel was first serialised in the weekly literary magazine *All the Year Round* from December 1860 to August 1861. Every week two chapters appeared, written in a way that kept readers interested in reading more, while still satisfying their curiosity.

Methodisches Vorgehen

- L verteilt eine kurze Inhaltsangabe des Romans, die allerdings nicht zuviel verraten, sondern die S zum Lesen der Lektüre anregen sollte. Dabei sollte L auch darauf hinweisen, dass die *Easy Reader* von Klett dem sprachlichen Niveau der S angepasst sind, und es daher keine größeren sprachlichen Schwierigkeiten gibt (Klett Easy Reader C, ISBN 978-3-12-545240-4).

TIP
Eine englische Klassenbücherei einrichten

- Alternative 1: L bittet eine/n bzw. mehrere S, auf freiwilliger Basis zusätzliche Informationen über den Roman zu sammeln und diese anschließend im Plenum zu präsentieren.
- Alternative 2: L stellt mehrere Exemplare des *Easy Reader* im Klassenraum zur Verfügung. Diese können von den S ausgeliehen oder in Freistunden o.ä. gelesen werden.

Tipps für junge Lehrer Wann immer es sich anbietet, sollte L über den Stoff des SB hinaus passende Leseempfehlungen geben, um die S mit authentischer englischsprachiger Literatur in Kontakt zu bringen.

Material
Roman *Great Expectations*

Check-out

Seite 42–43

Ziele • Die Lernziele der Unit in Selbstkontrolle überprüfen

Üben

1 Write about careers advice in Germany

Seite 42

Methodisches Vorgehen
- Die S sammeln in PA Informationen über Beratungsangebote in Deutschland. Hierzu können das Internet genutzt und/oder Eltern, Mitschüler/innen, Lehrer/ innen befragt werden.
- Anschließend verfassen die S in Einzelarbeit einen Text, in dem sie einem/einer englischen S über die Berufsberatungsmöglichkeiten in Deutschland berichten.

Erweiterung
- Fächerübergreifender Ansatz: Die S besuchen gemeinsam mit ihrem/ihrer Englisch- und Gemeinschaftskunde-/Sozialkundelehrer/in das Berufsberatungszentrum vor Ort. Broschüren oder Informationsblätter können anschließend als *Mediation*-Aufgabe im Unterricht eingesetzt werden.

TIP
http://www.arbeitsagentur.de

Lösung *Musterlösung siehe SB S. 218*

Üben

2 What does Pete tell Nina?

Seite 42

Strukturen
- *Participle constructions in place of relative clauses*

Methodisches Vorgehen
- Die S bearbeiten die Aufgabe in Einzelarbeit. Anschließend Selbstkontrolle bzw. Überprüfung durch einen/eine Partner/in.

TIP
G4

Lösung *Siehe SB S. 218*

Material
Workbook S. 24/29

Üben

3 Make the style more formal

Seite 42

Wortschatz *adverbial clause, advert*

Strukturen
- *Participle constructions to express reasons and time*

Methodisches Vorgehen
- Die S bearbeiten die Aufgabe in Einzelarbeit. Anschließend Selbstkontrolle bzw. Überprüfung durch einen/eine Partner/in.

TIP
G4

Lösung *Siehe SB S. 218*

Material
Workbook S. 24/30

KV 2: Find out about yourself

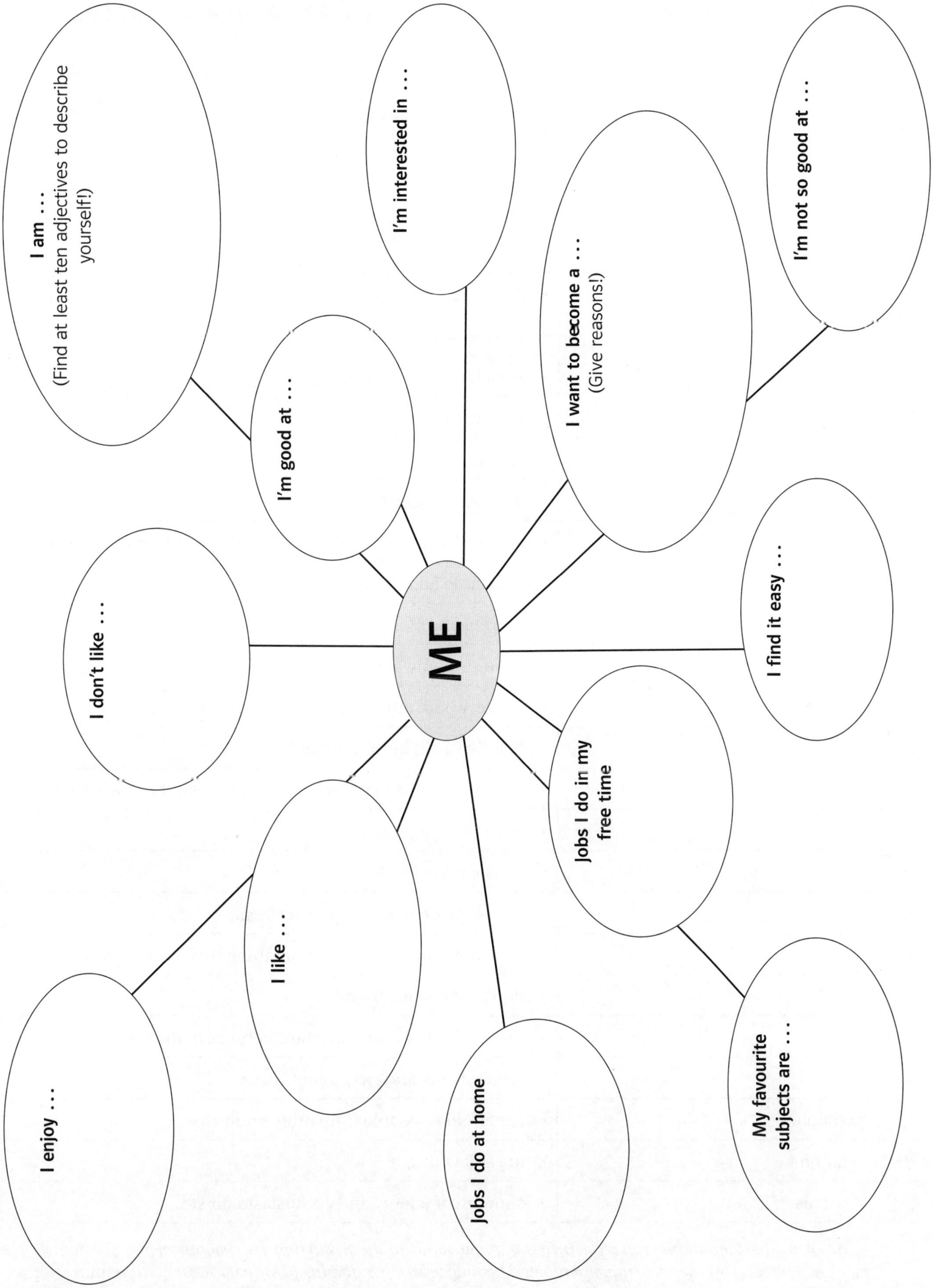

ISBN 978-3-12-547163-4

KV 3: Describing people

Find the right adjectives. Use your dictionary.

	These people …
A	• want to have success or be famous
B	• aren't interesting or exciting
C	• are imaginative and very active
D	• are sad because something they hoped for has not happened
E	• work quickly and well
F	• are a bit crazy
G	• like giving freely
H	• are not ill
I	• have lots of ideas
J	• are unhappy because sb they love shows interest in sb else
K	• are gentle and friendly and care for others
L	• don't like working
M	• are unfriendly and don't help others
N	• are very bad, unfriendly and unpopular
O	• believe in old or traditional ways
P	• are able to control others and decide what they have to do
Q	• don't talk very much
R	• can be depended on
S	• are aware of other people's feelings
T	• are careful not to say or do anything that will annoy others
U	• don't have many friends
V	• are very useful and important because of their experience
W	• aren't strong and easy to influence
X xenophobic	• are afraid of people from other countries
Y youthful	• are still young
Z zealous	• show great energy and enthusiasm for sth

Lösung: *ambitious, boring, creative, disappointed, eager, foolish, generous, healthy, imaginative, jealous, kind, lazy, mean, naughty, old-fashioned, patronizing / popular, quiet, reliable, sensitive, tactful, unpopular, valued, weak*

ISBN 978-3-12-547163-4

KV 4: Going abroad

a) *Think about reasons why people go to other countries. The pictures below can help you.*

b) *Read the following text. Sometimes you might have to guess the meaning of a word or a phrase from the context or from words you already know. Explain the term 'gap year' in your own words.*

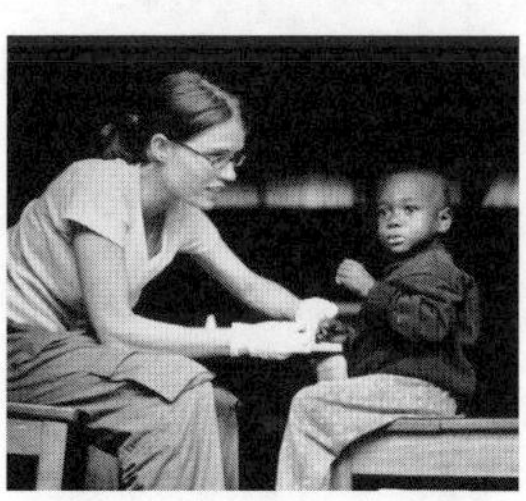

When you finish school and you don't want to go straight on to university or work, you can do a gap year. This means taking a year off. You can travel the world and do paid or voluntary work abroad to become more independent before you start college or a job. During this year you can discover new cultures, help people in need and also gain work experience which may help when you come to choose a career. A gap year abroad will look good on your CV, but it needs to be well planned because it can be expensive. However, there are many companies who can help you to organise your gap year.

c) *What are the advantages and disadvantages of doing a gap year abroad? Name aspects from the text and think about other aspects yourself.*

d) *Use the Internet to find ideas for a gap year. Present your ideas in class.*

Lösung: a) *meet new people, get an idea what to do after school, earn money, travel around the country, get to know different cultures, improve language skills, become self-confident* c) Lösungsvorschlag: ***advantages:*** *discover new cultures, help people in need, gain work experience, improve language skills, become independent, gap year looks good on CV;* ***disadvantages:*** *can be expensive, you might miss your parents or friends, you might have problems with the language or with cultural differences*

ISBN 978-3-12-547163-4

KV 5: A letter of application

a) *The boxes on the right show the structure of a letter of application for a work experience placement. Put in the right numbers for each part.*

1. Yours sincerely,
2. name and address of the person I am writing to
3. more details about myself, referring to important points in my CV and my plans for the future
4. my signature
5. introduction (how I heard about the organisation, who I am and why I am writing)
6. list of documents that I am enclosing
7. heading to say what the letter is about
8. my name (printed)
9. Dear Sir or Madam / Dear (+ name),
10. a polite and friendly ending that sums up the letter and expresses the hope for a reply
11. date on which the letter was written
12. my address

b) *In which part of the letter would you expect to find these phrases? Put in the right numbers.*

☐ I am enclosing a reference which shows …

☐ I am writing to apply for a work experience placement with your theatre to improve my English and gain experience of working in the UK.

☐ I will be taking my A-levels in two years. After that I hope to study …

☐ I would be very motivated to help you to put your show on stage.

☐ I have a good knowledge of English.

☐ I would be pleased to have the opportunity of a work experience placement with your theatre, and I hope to hear from you soon.

☐ You will also see that I am a member of the local drama club.

☐ I read about the City Theatre on your homepage with great interest.

c) *Add Useful phrases from this letter to your list from exercise 1b) on page 33 in your book.*

Lösung: a) *left from top to bottom: 2 – 7 – 9 – 5 – 3 – 10 – 1 – 4 – 8 – 6, right from top to bottom: 12 – 11*
b) *left from top to bottom: 3 – 5 – 3 – 10, right from top to bottom: 3 – 10 – 3 – 5*

ISBN 978-3-12-547163-4

KV 6: A job interview

a) *Read the adverts below. (You might need a dictionary.)*

b) *Choose the job which interests you most. Write an e-mail to apply for the job.*

c) *Work in pairs. Exchange your e-mails and make suggestions as to how to improve them. Then prepare a job interview. The person who wrote the e-mail is the applicant. The other is the interviewer.*

Summer au pair job in Great Britain

Lots of families in Britain are looking for help. This is your chance!

Become an au pair in Great Britain and get to know this beautiful country! Applicants must be between 17 and 27 years old. They must have a valid ID card and live in the EU. Your host family will pay for food, accommodation, and a language course. And you might get extra pocket money (about £70 per month). Your job will be to look after the children, to cook and to perform easy household tasks such as cleaning. You will have to work 30 hours a week and you will have 1.5 days per week off. Free time can exclude the weekend! You will plan the exact working hours with your host family individually.

If you are interested please contact us at …!

LEGOLAND WINDSOR

Attractions assistant needed for summer season!

LEGOLAND WINDSOR *currently offers more than 50 interactive rides and attractions, eleven restaurants and cafés, and seven shops.*

You will be responsible for operating some of the rides and attractions in the the park, making sure there are no accidents by enforcing our health and safety restrictions. So you will be outside in sunshine and rain. But your most important job is to provide the guests with a great day! The salary is £5.80 per hour.

We aim to provide highest standards, service and enjoyment for guests.

Therefore our employees …
- *must be good team players,*
- *must have a passion for serving others,*
- *must have a nice personal appearance,*
- *must love to work with kids,*
- *must be willing to work hard and have fun at the same time.*

If you find yourself in the points listed above, we would like to meet you!

You can apply online. Go to our homepage and follow the links on our jobs and careers site.

ISBN 978-3-12-547163-4

KV 6: A job interview

FARMING IN IRELAND

Ireland is called the green island for there is so much land and thousands of farms which need help, especially during busy periods such as sowing and harvesting.

You will have to stay for 3–6 months. Work is likely to be hard and the day long (you will have to get up very early!), but in addition to £100 per week you get free accommodation and food. Help is needed especially with cows, horses and sheep. You need to love animals and you need to be fit and strong. If you like working outside, stay with an Irish family, and if your English is good, this can be your dream job!

More information on …

Village Camps

Welcome to Village Camps!

We organise day camps in the summer and offer programmes for children from all over the world. Our activities are physically challenging, mentally stimulating and they encourage the development of personal and social skills.

Campers are between 4–18 years old. You want to work with children and live in an international environment? You are friendly and you speak good English? You like doing sports or drawing? Then this may be the job for you! You will have to look for somewhere to sleep yourself, but we will pay £500 per month. A summer job with us can also improve your CV. All you have to do is to apply! Send your letter of application and your CV to …

We also need a reference from your teacher which you can download from our website.

Disneyland Paris

© Disney

A different kind of job … Your colleagues will be Mickey Mouse, Donald Duck, … We are looking for someone to help in one of our famous hotels.

Requirements:
- You are between 18 and 20 years old.
- You speak English and French.
- You like working with children and in a team.
- You are hard-working and tidy.
- You have a nice outward appearance.
- You are willing to work at the weekends.

Tasks:
- making the beds
- preparing breakfast
- helping out at the reception
- cleaning the rooms

Conditions:
- You will have to work six hours per day, on the weekends, too. You will have one day in the week off.
- You will be paid £250 per week. You will have to pay for accommodation, but meals in the hotel are free.
- You will have to pay for your trip to Disneyland yourself.
- You get a discount on park tickets.

Please apply online on …

ISBN 978-3-12-547163-4

KV 7: Wordwise

a) *Collect nouns, adjectives and verbs for the following jobs and fill in the grids. Use your dictionary to find more words.*

Transport		
Job	**Job description**	**Personal qualities needed**
bus driver		
pilot		

Creative jobs		
Job	**Job description**	**Personal qualities needed**
actor / actress		
adman / adwoman		

b) *Think of two other occupational areas and make a grid for each of them.*

c) *What are the professions of the people who deal with the following aspects:*

law • engines • archaeology • journal • cartoon • design • interview • music • management • school • technique • garden • performance • photograph • science • teeth

-ian: ______________________

-ist: ______________________

-er: ______________________

d) *You know now that the suffixes -ian, -ist and -er form nouns showing what a person does. Read about some more word building rules and complete the word lists.*

1. The suffixes -ty or -ity turn adjectives into nouns.
2. The suffixes -able and -ible turn verbs into adjectives.
3. The suffixes -ion, -(a)tion, -ment turn verbs into nouns.

1. able ➔ ability	punctual ➔ ______	possible ➔ ______
2. apply ➔ applicable	rely ➔ ______	adapt ➔ ______
3. require ➔ requirement	apply ➔ ______	qualify ➔ ______

e) *Think of a word building rule for the suffix -ee. What does the new word describe? Translate the examples into German.*
Examples: interview ➔ interviewee, employ ➔ employee, train ➔ trainee

Lösung: c) **-ian**: *musician, technician*; **-ist**: *archaeologist, journalist, cartoonist, scientist, dentist*; **-er**: *designer, engineer, interviewer, performer, gardener, lawyer, manager, teacher, photographer* d) 1. *punctuality, possibility* 2. *reliable, adaptable* 3. *application, qualification* e) *The suffix -ee forms nouns from verbs that show what is being done to a person.* Examples: *interviewee – der/die Interviewte, employee – der/die Angestellte, trainee – der/die Auszubildende*

ISBN 978-3-12-547163-4

KV 8: A summer job in Malta

a) *Read the text about working in Malta. (You don't have to understand every word!) Then tick the right answers.*

Put on your sunglasses and enjoy the island, the sun and the blue sea!

Malta has always packed more into its tiny coastline than any other island. Situated in the very centre of the Mediterranean Sea, it offers a combination of beautiful scenery, throbbing nightlife, rich history and unusually friendly people. Of course water sports play a big role. You can try scuba diving, waterskiing, windsurfing, and much more. As a former British colony Malta is an English-speaking country, and so you can also improve your English language skills while holidaying or working on the island.

But how good are your chances to get a job?

Although it is now possible for any European citizen to live and work on the island, finding a suitable job is not an easy matter because of the island's size. Unfortunately, for those from other countries it is almost impossible. Some types of jobs are easier to get than others. Check *The Times of Malta* (www.timesofmalta.com) or *The Malta Independent* (www.independent.com.mt) for vacancies. Seasonal jobs in bars and restaurants are available. Acting as a tour guide or English teacher is a possibility but most jobs in these areas are taken by Maltese citizens. Once you have found a job, a wonderful time is waiting for you!

1. Malta is famous for
   a) its friendly people.
   b) its rainy weather.
   c) its long and beautiful coastline.

2. What about Malta and the English language?
   a) It is safe to speak English.
   b) English is the first language.
   c) Tourists are welcome to speak English.

3. Who is allowed to work in Malta?
   a) only people from European countries
   b) only the Maltese
   c) everybody

4. Which jobs are mostly likely to be available?
   a) a job as a waiter or a barman
   b) organising and making field trips for tourists
   c) a job at a language school

5. The author thinks that working in Malta is
   a) not to be recommended.
   b) okay.
   c) a great experience.

6. What kind of text is it?
   a) an advertisement to attract tourists
   b) an informative text for people looking for a job
   c) a fictional text taken from a novel about Malta

b) *Imagine you are looking for a summer job abroad. Work in groups of three. One of you takes the role of a teenager who wants to apply for a job in Malta, the other two take the roles of his/her parents who don't agree with these plans. First collect arguments for your roles. You can use information from the text and your own ideas. Then act out your role play.*

c) *Read the job advert for a summer job in Malta. Write a letter of application and a CV to apply for the job. Exchange texts with your partner.,*

SERVICE JOB IN MALTA

For our modern, family-friendly, international ****-hotel we are looking for energetic, reliable, service-oriented, communicative and hard-working students to complete our staff and serve customers at the pool bar or at mealtime during summer months.

Requirements: Age 16 and over. Knowledge of English, organisational abilities and excellent interpersonal skills required.

Flights to and from location as well as shared accommodation and meals will be provided.

Lösung: a) 1. a) 2. b) 3. a) 4. a) 5. c) 6. b)

ISBN 978-3-12-547163-4

KV 9: A crossword puzzle (Partner A)

All the words in this crossword puzzle have to do with work. First write clues for the words ***Across****.*
(Your partner will write clues for the words ***Down****).*
With your partner take turns to read the clues to each other and fill in the crossword puzzle.
If your partner can't guess the answer, give him or her another clue. Or give the first letter of the missing word.
(Don't look at your partner's side!)

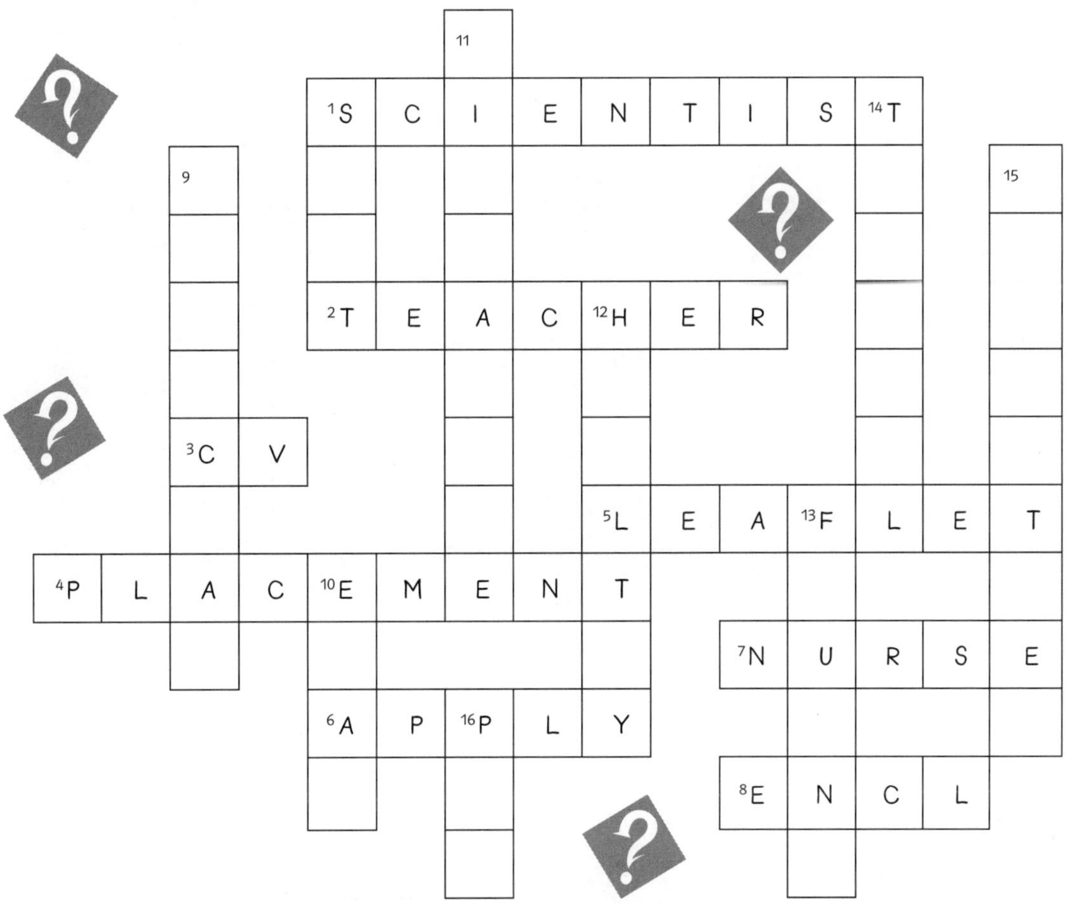

Across

1. Someone who works in the field of science.

2.

3.

4.

5.

6.

7.

8.

ISBN 978-3-12-547163-4

KV 9: A crossword puzzle (Partner B)

*All the words in this crossword puzzle have to do with work. First write clues for the words **Down**.*
*(Your partner will write clues for the words **Across**).*
With your partner take turns to read the clues to each other and fill in the crossword puzzle.
If your partner can't guess the answer, give him or her another clue. Or give the first letter of the missing word.
(Don't look at your partner's side!)

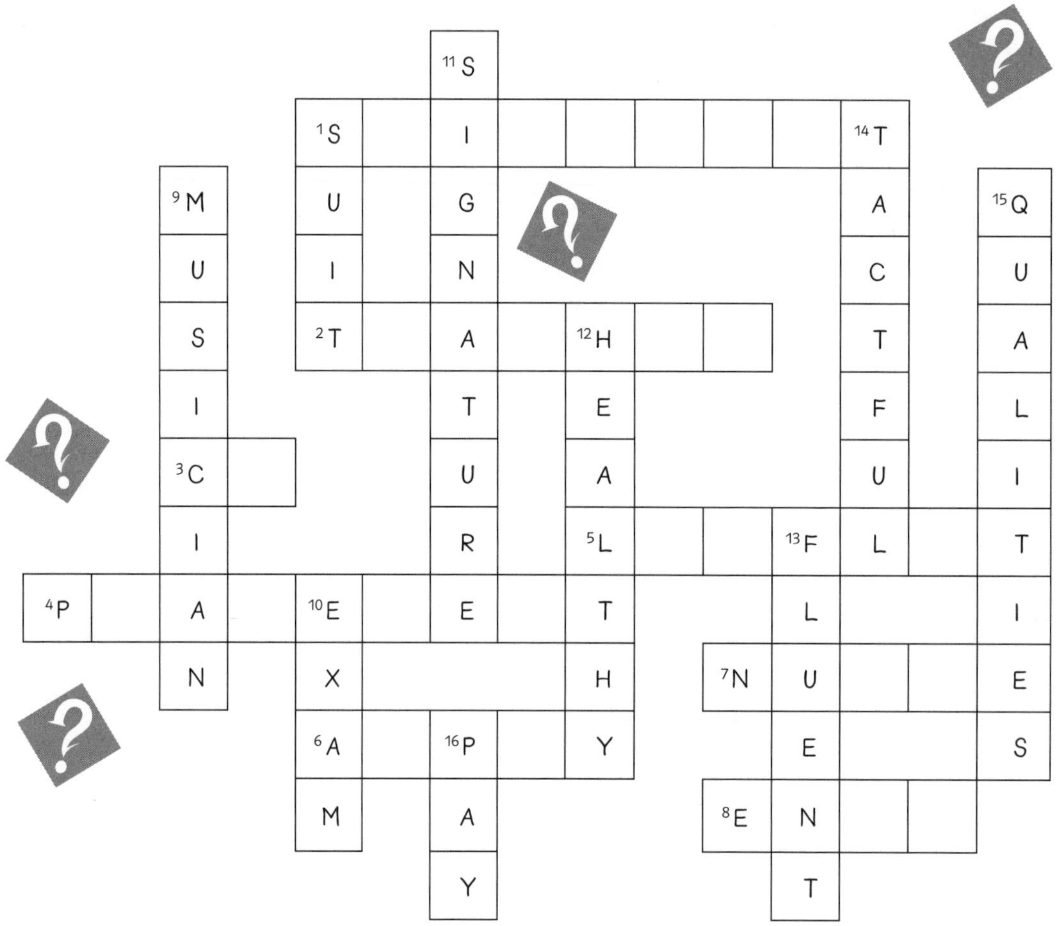

Down

9. Someone who plays an instrument professionally.

10. ______________________________

11. ______________________________

12. ______________________________

13. ______________________________

14. ______________________________

15. ______________________________

16. ______________________________

ISBN 978-3-12-547163-4

KV 10: Australia – a dream destination

Your class is planning a forum on "Volunteering in Australia" and you want to invite three speakers who present their organisations.

It will be necessary to write e-mails, make phone calls and write a brief report on the forum. After the presentations some of you might decide to apply for volunteering with one of the organisations.
(You might find other organisations on http://www.transitionsabroad.com.)
Choose at least one of the tasks / roles.

Speaker	Contact	Scheduled time	Name of student
Speaker 1, presenting the Conservation Volunteers Australia	http://www.conservationvolunteers.com.au/		
Speaker 2, presenting WWOOF Australia (Willing Workers on Organic Farms)	http://www.wwoof.com.au/		
Speaker 3, presenting Greening Australia	http://www.greeningaustralia.org.au/		

Function / Task	Number of tasks / roles (suggestion)	Scheduled time	Name(s) of student(s)
E-mail: inviting speakers for the forum	3 (1 e-mail for each speaker)		
Telephone: asking for information / leaving a message	2 = 1 pair + observer		
E-mail: sending information how to get to location	1 or more		
Attachment: describing the way	1 or more		
Forum: chairing the forum	2		
Forum: presenting an organisation + volunteer opportunities	3 speakers (+ substitute for each speaker)		
Report: writing a short report on the forum	2 or more		
Applying for an internship: writing a CV + cover letter	Any number of volunteers		
Doing a job interview	1 or more + teacher as interviewer		

ISBN 978-3-12-547163-4

KV 11: Australia – a dream destination

Task 1: Writing an e-mail

For the forum on "Volunteering in Australia" you are expected to invite speakers from the Conservation Volunteers Australia, WWOOF Australia and Greening Australia (or any other organisations of your choice).

Write an e-mail and introduce yourself. Give the reason for your e-mail. Point out why your class would be glad to welcome a speaker from the organisation. Give a deadline for his / her reply.

Task 2: On the telephone

Role card A

Checking your e-mails, you see that all three speakers have finally agreed to come to the forum on "Volunteering in Australia". Then you get a phone call.

Role play: Take the call.

- *Make sure you understand the caller's name correctly.*
- *Find out which means of transport the caller is going to use.*
- *Promise to send an e-mail with a detailed description of the way to your school.*
- *Write a memo for your classmate. Ask him / her to list the different routes to your school and send this information to all the speakers invited to the forum.*

Useful phrases:
… speaking. • Good morning. / Good afternoon. • How can I help you? • I'll definitely send you … • I'll see to it myself. • Thank you for calling.

MEMO

From:
To:
Re:
Date:

Role card B

You are Speaker 2. You accepted the invitation for the forum on "Volunteering in Australia" and you are going to present information on the WWOOF volunteer programs. You plan to fly to the next airport and you need to know how to get to the school from there.

Role play: Call the school.

- *Explain who you are.*
- *Ask for the best way to the school.*
- *Say that you prefer public transport.*

Useful phrases:
Willing Workers on Organic Farms … (name) speaking. • I'd like to know if … • That'd be really great / helpful. • Actually I'd like to … • I was wondering if … • So I just wanted to ask (you) if … • Excellent. / Brilliant. • Thanks a lot.

ISBN 978-3-12-547163-4

KV 12: Australia – a dream destination

Task 3: Giving directions

One of your classmates left you the following memo:

MEMO

From: ____________________
To: ______________________
Re: Forum – sending directions to speakers
Date: _______________

Hi _________________ (your first name),
Send every speaker a description of how to get to our school from the nearest train station + motorway exit + airport, please. List with addresses is on my desk.
Thanks a lot,

____

Describe the different routes to your school.
Write an e-mail, including date and time of the forum and the address of your school.

Task 4: Chairing the forum

You are chairing the forum on "Volunteering in Australia" at your school.
These are your tasks:

- *Welcome the audience and the speakers.*
- *Introduce the speakers (their name and the organisation they present).*
- *Explain the procedure (speaking time for each speaker: about 3–5 minutes, 10 minutes for questions from audience after the presentations).*
- *Give a closing statement at the end.*
- *Thank the speakers and the audience.*

Task 5: Presenting

As a speaker at the forum you will be expected to explain briefly what kind of organisation you are going to talk about and what kind of volunteer projects the organisation offers.

- *Prepare a short presentation (about 3–5 minutes).*
  Look at the website of the organisation to get suitable information.
- *Say what the aims of the organisation are.*
- *Explain the kind of volunteering the organisation offers in Australia, what the costs are, which age groups can apply, if foreign students can participate.*
- *Listen carefully to any questions and answer them.*

ISBN 978-3-12-547163-4

KV 13: Australia – a dream destination

Task 6: Writing a report

You are attending the forum on "Volunteering in Australia" and you are expected to write a short report on the forum for your classmates. Take notes during the presentations.

Write the report and cover the following aspects:

- *Where and when does the forum take place?*
- *Which organisations are presented?*
- *What do they offer?*
- *Why might this forum be interesting for German students?*
- *You may add your personal point of view / recommendation on "Volunteering in Australia".*

Task 7: Applying for volunteer work

After the forum you are interested in becoming a volunteer. Choose an organisation that accepts volunteers from foreign countries.

- *Check your CV. Update it if necessary.*
- *Write a letter of application.*
- *Say clearly why and when you would like to volunteer.*
- *Point out which specific qualifications / skills / experiences you have to offer.*

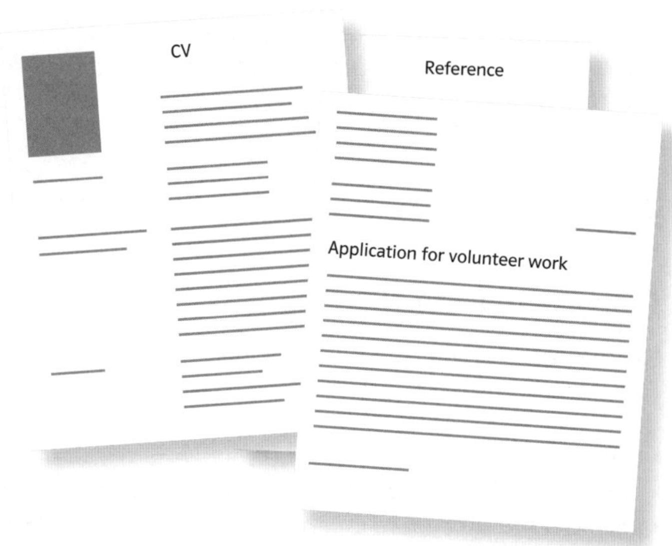

Task 8: Doing a job interview

You have applied for volunteer work in Australia. The organisation informed you that they received your application. They also let you know that you might have to do an interview. To be well prepared ask your English teacher to do a mock interview with you.

- *Find information about the organisation and their volunteer projects in Australia.*
- *Be prepared to explain why you want to volunteer in Australia. Highlight the special skills / experiences you can offer.*
- *Listen actively during the interview.*
- *Prepare one or two questions you would like to ask the interviewer (e.g. about accommodation, health regulations, etc.).*
- *Take the mock interview seriously and do your best.*
- *Ask your classmates to give you feedback on your performance.*

ISBN 978-3-12-547163-4

KV 14: Australia – a dream destination

Feedback sheet 1: On the telephone

Student:			Date:
The speaker …	excellent	satisfactory	not satisfactory
… gives the information correctly.			
… speaks loudly and clearly.			
… varies the tone of voice.			
… listens actively.			
… keeps up natural flow of conversation.			
… uses standard telephone phrases.			
Overall impression / additional comment:			

Feedback sheet 2: Chairing a forum

Student:			Date:
The chairperson …	yes	no	partly
… introduces – himself / the speakers, – the topic, – the rules.			
… observes the rules of the forum.			
… keeps up contact with speakers and audience.			
… uses suitable body language.			
… finishes the forum by – summarising the results, – thanking speakers and audience.			
… speaks clearly and varies the tone of voice.			
Overall impression / additional comment:			

ISBN 978-3-12-547163-4

KV 15: Australia – a dream destination

Feedback sheet 3: Mock interview

Student:			Date:	
	A = excellent	B = good	C = satisfactory	D = not suitable for job
The applicant …	A	B	C	D
… answers questions adequately.				
… maintains eye contact with interviewer.				
… points out relevant skills / experiences.				
… is aware of his / her strengths and weaknesses.				
… shows enthusiasm and willingness to learn.				
… shows suitable body language.				
… keeps up / supports flow of interview.				

Overall impression:
Why would you / wouldn't you employ the applicant?

ISBN 978-3-12-547163-4

⟨Revision for tests⟩ Unit 1–2

Seite 44–47

Ziele
- Vorbereitung auf Standardprüfungen
- Einen Text über das australische Schulsystem lesen und verstehen
- Ein Streitgespräch verstehen
- Vor- und Nachteile diskutieren
- *Mediation:* Informationen von einer australischen Webseite ins Deutsche übertragen
- Eine E-Mail schreiben

Text — **Going to school in Australia** — Seite 44

Üben — **1 Understanding the text: Australian schools** — Seite 44

Methodisches Vorgehen
- a) + b) Die S lesen den Text und bearbeiten die Aufgaben in Einzelarbeit. Anschließend Vergleich mit einem/einer Partner/in.
- c) Die S übernehmen die Tabelle und tragen die Informationen zum australischen Schulsystem ein. L bittet einen/eine S, seine/ihre Ergebnisse auf eine Folie zu schreiben. Diese wird auf den OHP gelegt. Ein/e S trägt nun eine entsprechende Information zum deutschen Schulsystem ein. Anschließend gibt er/sie den Folienstift weiter („Kreidestaffel").

Erweiterung
- Die S ziehen eine Vergleichskarte (*language card*) mit Redemitteln wie *On the one hand ..., (but) on the other hand ... / Both ... and ... / ... and ..., too. / etc.* und beschreiben Unterschiede bzw. Ähnlichkeiten zwischen dem australischen und dem deutschen Schulsystem.

TIP
Language cards einsetzen

Lösung

a) + b) 1. *right* 2. *wrong: Most Australian students stay on until the end of the final Year 12. (ll. 21–22)* 3. *not in the text* 4. *right* 5. *wrong: There are only a few towns and a very scattered population. (ll. 36–37)* 6. *wrong: It is for all younger children in isolated areas. (ll. 40–41)*

c) *Erwartungshorizont: Australia: starts – Feb.; long summer holidays; four terms of 9–10 weeks; school starts at 8 am and finishes at 2.30 or 3 pm; extra activities after school; education organised by individual states; free government schools (almost 70%), fee-paying independent schools (30–40%); school uniforms; school from 6–15 (Year 10) or Year 12; national curriculum; eight main subject areas: Maths, Society and the Environment, Science, the Arts, Economics, Technology, Health and Physical Education, English; special English lessons for immigrants and Aboriginals; distant learning systems*

Material
Workbook S. 26/1
Ggf. Leerfolie

Tipps für junge Lehrer
Die Aufgabe kann auch unter Prüfungsbedingungen bearbeitet werden. Es ist wichtig, die S möglichst früh an die Prüfungssituation zu gewöhnen.

L **Üben** — **2 Listening: The film competition** — Seite 45

HV-Text

Tyler: Mr Jordan was very pleased with our little commercial. – The best student film he's ever seen, he said.

Holly: Well, he *would* say that, wouldn't he? I mean, he wants to keep us in his film club. – 'Cos lots of kids are changing over to the surf club.

Tyler: Mr Jordan says we should try for the ShootIT prize in the National Talent Competition. Let's do it, Holly! I'm sure we'll be the best, easily.

Holly: You are just *so* naïve, Tyler! I mean – just think! There are thousands of kids like us in school film clubs, and they'll *all* be going for that prize! Our little films are not so out of this world, and Mr Jordan should know that.

Tyler: Don't be so negative! If everybody thought like you, nobody'd ever enter any competitions. I'd like to try, anyway. I've got this ambition –

Holly: Yeah, I know – to become a famous film director. And winning this competition is going to be your next big step, right?

Tyler: And why not? Shooting films is my favourite hobby, and I'd work really hard on our film.

Holly: I can guess what *that* means. – Early mornings in the outback for breathtaking views of the sunrise, hours and hours of work on the computer. No thanks! It all takes up so much time!

Tyler: Could it be that you're just plain lazy?

Holly: No, – realistic, that's what I'd call it. You see, – I don't think we have much chance of winning, so I don't want to put in a lot of work. For me, shooting films is just *fun*, – nothing more. I don't want to make a career of it. Anyway, what's the first prize in this talent competition? A big contract with Fox Studios?

Tyler: No, it's – you're making fun of me again! The winners get a digital camera and other filming stuff.

Holly: Well, that's not bad, is it? If you win the first prize, can I use your super modern equipment, too?

Tyler: Oh, come on, Holly! I can't win this competition alone. You know that. It's a teamwork thing – that's why I'm asking you. I told you. Mr Jordan says we're the best.

Holly: Yeah, well, I'll think about it, Tyler.

Tyler: We don't have that much time, so if you *aren't* interested, I'll go and ask …

Methodisches Vorgehen

Pre-listening:
- L: *What are you good at? Have you ever taken part in a talent competition?* Die S sprechen über ihre eigenen Erfahrungen im Plenum.

While-listening:
- a) Präsentation der Tonaufnahme von CD. Während des Hörens machen sich die S Notizen zu den wesentlichen Inhalten des Dialogs. L verweist dabei auf die Tipps zum *note-taking* in Unit 1 (*Skills*, S. 16). Anschließend Vergleich der Ergebnisse mit einem/einer Partner/in.
- b) Während des zweiten Hörens machen sich die S Notizen zur Aufgabenstellung. Dies kann auch arbeitsteilig erfolgen, indem sich ein/e S die positiven und ein/e S die negativen Punkte notiert.
- c) Abschließend sammeln die S *words/phrases*, die Holly und Tyler beschreiben. Hierzu kann die Tonaufnahme ggf. noch einmal vorgespielt werden.

Post-listening:
- Vergleich der Ergebnisse im Plenum. Anschließend äußern sich die S zu einem möglichen Fortgang des Gesprächs: *If you were Tyler or Holly, what would you do now?*

TIP
Skills, S. 16

Lösung

a) *Mr Jordan wants Tyler and Holly to enter a talent competition for student films, T wants to take part, H is negative about it, T tries to convince H, H wants to think about it*
b) ***positive:** winning = first step to become a film director, shooting films is fave hobby (fun), prize = digital camera + film equipment; **negative:** many other kids also want to win, hard work (early mornings, hours of work on computer), takes up so much time, not much chance of winning*
c) *Tyler: naïve, ambitious; Holly: negative, lazy, realistic*

Material
Lehrer-CD 2/15

Üben

Listening: Robert Burke and William Wills

Workbook Seite 26

HV-Text

Narrator:
By 1800 there were already maps of the Australian coast, but people still knew very little about the centre of the continent. Then, in 1859, the government of South Australia offered a prize of £2,000 for the first crossing from south to north.

Robert Burke and William Wills decided to try for the prize. They chose 14 other men and in August 1860 left Melbourne on the south coast, ready for the long journey. With them they took 25 camels, 23 horses and wagons, and enough food for two years.

From the beginning there were problems. Burke was not a good leader and had no experience of trips like this. He also wanted to hurry because there was another group, led by a man called John Stuart, that hoped to win the prize, too. This led to arguments between Burke and some of his men. He thought they were too slow and they did not like him as leader. In the end the group split up, some men returning to Melbourne, while Burke and Wills went on with only seven others.

By now the Australian summer had begun and the heat in the outback was terrible. It was so hot that when they reached Cooper Creek, in the centre of the continent, Burke and Wills decided to take only two of the men with them for the rest of the way. The other men had to stay in Cooper Creek. They were told to wait for three months or until they no longer had enough food.

Burke and Wills and the two other men continued north. They left Cooper Creek in December 1860, and in February 1861 finally saw the Gulf of Carpentaria on the north coast of Australia. They could not actually reach the sea, however, because the land in front of them was so wet.

Having crossed the continent, the men now had to return to Cooper Creek where the others were waiting. The journey back was even harder. Every day there was heavy rain, and the men became ill. They were also hungry because by now they had almost no more food. One of the men, Charles Gray, stole some food, making Burke so angry that Burke hit him. A few days later Gray died.

On April 21st Burke, Wills and the third man, John King, arrived back at Cooper Creek, but the others were no longer there. They had waited longer than planned, for four months, but in the end, thinking Burke and Wills must be dead, had decided to return to Melbourne. In fact, they had left Cooper Creek only a few hours before Burke, Wills and King arrived.

Wills wanted to stay in Cooper Creek and wait for help, but Burke did not agree with this idea. He said they should go on, but to Adelaide, not Melbourne. Adelaide was nearer and he knew the way.

They never reached Adelaide. They got lost and just walked around in circles, suffering terribly in the high temperatures of the outback. Finally they had no more food. In June 1861 Wills was unable to continue and told the others to leave him to die. A few days later Burke also died.

The only member of the group to survive was John King. Very weak, just in time his luck changed. He was found by Aboriginals who looked after him until help came from Melbourne.

In the end, the government's prize went to John Stuart. He and his group had left Adelaide in January 1861. They arrived at the north coast seven months after Burke and Wills, but managed to return safely.

Material
Schüler-CD 1/19
Lehrer-CD 2/17
Workbook S. 27/4

Üben

3 Speaking: Which trip is better?

Seite 45

Methodisches Vorgehen

- Die S überlegen sich in Einzelarbeit Argumente für und gegen die beiden Vorschläge. Dabei kann die Karte vorne im SB oder eine Karte im Atlas Hilfestellung geben.
- Durchführung des Rollenspiels. Hierfür eignet sich auch die *Fishbowl*-Methode, bei der zwei Schülerpaare vor der Klasse diskutieren. Die Zuhörer/

innen notieren sich in einer Tabelle die genannten Argumente und ergänzen diese durch eigene Ideen. Anschließend Vergleich der Ergebnisse im Plenum (siehe TA).

TA

Trip	Advantages	Disadvantages
Outback	fantastic landscape, Uluru / Ayers Rock, animal (kangaroos, ...) and plant life, Aboriginal settlements / art / food (green ants, witchetty grubs), ...	hot and dry, dangerous animals (snakes, ...), boring, too much time driving, risk of skin cancer, ...
City on coast	warm climate, beautiful beaches, swimming, boogie boarding, shops, museums, galleries, night life (restaurants, clubs, concerts), ...	risk of skin cancer (sunbathing), dangerous currents / waves, dangerous animals (sharks, bluebottles, box jellyfish), ...

Erweiterung

- Vor der Durchführung des Rollenspiels können die S ihre Kenntnisse mittels einer Internetrecherche vertiefen.

Lösung

Siehe TA

Tipps für junge Lehrer

L sollte die S dazu ermuntern, Ideen aus Texten im SB zu nutzen. Die S könnten z. B. *Aboriginal food* als Argument für die Reise durch das Outback vorbringen (siehe *Language*, S. 17). Ein Gegenargument könnte hier natürlich lauten, dass ein solches Essen auch in einem Restaurant an der Küste zu bekommen ist.

Material
Workbook S. 27/2

Üben

4 Mediation: Sun safety

Seite 45

Methodisches Vorgehen

- a) Beim ersten Lesen des Textes stellen die S mit Hilfe der Lesetechnik *skimming* fest, um was es in dem Text geht.
- b) Die S wenden die Lesetechnik *scanning* an, um die Fragen im SB beantworten zu können. Die Informationen werden dabei nicht übersetzt, sondern nur in groben Zügen wiedergegeben.

Lösung

Erwartungshorizont:

a) *The text is about sun safety at Australian schools and about what should be done to protect students from too much sun.*

b) 1. *Alle Schulen müssen Kurse anbieten, wie man sich vor Sonne schützen kann.* 2. *Australische Schüler sollen immer Sonnenbrillen, Hüte mit einem breiten Rand und beim Schwimmen T-Shirts tragen. Außerdem sollen sie Sonnenschutzfaktor 30+ auf alle unbedeckten Hautstellen auftragen.*
3. *Nein, Lehrer und Eltern sollen mit gutem Beispiel vorangehen.*

Tipps für junge Lehrer

Die S sollten nicht den Fehler machen, die Texte übersetzen zu wollen. Stattdessen gewinnt die sinngemäße Übertragung zunehmend an Bedeutung. Um den Unterschied zwischen Vermittlung und Übersetzung deutlich zu machen, sollten die S gelegentlich den Auftrag bekommen, einen Text, dessen Inhalt sie ins Deutsche übertragen haben, schriftlich zu übersetzen.

Material
Workbook S. 27/5

Üben **5 Writing: An e-mail to Australia** Seite 45

Methodisches Vorgehen
- Die S nutzen die Notizen aus *ex.* 1c) und schreiben ihre E-Mail als Hausaufgabe. Diese wird zu Beginn der nachfolgenden Stunde von einem/einer Partner/in inhaltlich und sprachlich korrigiert. Anschließend verfasst der/die Partner/in eine Antwort-E-Mail.

HA

Lösung

Individuelle S-Antworten

Tipps für junge Lehrer Die S können für ihre E-Mails auch eine *shorthand* nutzen und passende *smileys* in ihre E-Mails einbauen. Außerdem können *acronyms* verwendet werden: z. B. IOW = *in other words*, OTOH = *on the other hand*, BTW = *by the way*, usw.

Material
Workbook S. 27/3

Ziele
- Vorbereitung auf Standardprüfungen
- Einen Text über eine berufliche Laufbahn lesen
- Ein Interview verstehen
- Über Jobqualifikationen sprechen
- *Mediation*: Berufschancen als Hofelfachfrau vermitteln
- *Creative writing*: Eine Geschichte anhand von Bildern (re)konstruieren

Text **Rhona – the model medic** Seite 46

Üben **1 Understanding the text: Which answer is correct?** Seite 46

Methodisches Vorgehen
- Die S spekulieren anhand der Überschrift und der beiden Bilder, um was es in dem Text gehen könnte: *Tell your partner what you think the text might be about.* Alternativ diskutieren die S mit einem/einer Partner/in die Frage: *What would you prefer – being a model or a paramedic? Why?*
- Die S lesen den Text in Einzelarbeit und überprüfen ihre zuvor angestellten Vermutungen zum Inhalt des Textes. Anschließend beantworten die S die Fragen im SB.
- Vergleich der Ergebnisse mit einem/einer Partner/in oder im Plenum.

Erweiterung
- L: *Write a short text about your dream job.*

Lösung

1. *c)* 2. *b)* 3. *a)* 4. *c)*

Tipps für junge Lehrer Stilles, Sinn entnehmendes Lesen ist die im Alltag am häufigsten vorkommende Form des Lesens und sollte deshalb im Unterricht eine übergeordnete Rolle spielen. Lesetexte bieten aber gute Gesprächsanlässe für mündliche Interaktion in der *Pre-listening*-Phase. Einigen S fällt es dabei leichter, in PA oder in Kleingruppen über den Text zu spekulieren.

Material
Workbook S. 28/6

L **Üben** **2 Listening: Working for the Royal Flying Doctor Service** Seite 47

Girl: It's nice of you to talk to us, Mr Webb.
Stephen: It's nice to be here. You've got some questions. – Well, let's hear them!
Girl: Er – you have a job which many of us think of as a dream job, or at least very exciting. Is that the way you see your work?
Stephen: Well, I enjoy it very much, and I like to think it's important.
Boy: Excuse me. – Could I say something personal? You don't sound like an Australian.
Stephen: I'm not! I come from Birmingham.

Boy: Oh, I see. I was just wondering ... How come you're working for an Australian organisation like the Royal Flying Doctor Service? Were you one of those little boys who dreamed of being a pilot even before you started school?

Stephen: No, as far as I can remember, I always wanted to be a farmer. I used to spend all my holidays on my aunt's farm. The idea of flying came to me much later, when I was doing my Science A-levels. After school I trained as a pilot at a flying school near London. When I had got my pilot's licence, I took jobs with various airlines, flying bigger and bigger planes as I moved on. At one time I used to fly round the world many times a month. That's when I got to know Australia and the Australians, and I loved both. I decided to move from the UK to a small town in Queensland –

Girl: Why Queensland?

Stephen: Personal reasons. Anyway, I'd heard about the Flying Doctor Service, of course, and I made inquiries about joining. They only take experienced pilots, but I was good enough for them.

Girl: Wasn't that a big step down? I mean – you were working on intercontinental flights, earning lots of money. Didn't your life become rather uninteresting?

Stephen Oh no! The planes are much smaller, that's true, but the conditions are sometimes quite dangerous, for the medical team and for me. In an emergency we may have to land on a normal road, in the dark and with no extra lights. And even *our* planes need two kilometres to land!

Boy: Have you ever had to help the doctor with an operation?

Stephen: Not yet. But I often have to hold hands or distract scared children.

Boy: So you're really part of the team. – It's a fantastic service. People just call the doctor, and he lands outside their house in a plane!

Stephen: We depend on small planes in Australia, not just for our Flying Doctor Service. They're used in farming, for example, and all kinds of emergency services need them – fire fighting, coast protection, and so on. And now these services have got a new problem. – They can't get enough pilots. All over the world everybody is flying more. All the airlines need more pilots, and the big companies can offer the best pay and conditions.

Girl: What about you? Will you keep on flying the doctors?

Stephen: At the moment I think so, yes. – But I've changed my mind so many times already ...

Methodisches Vorgehen

Pre-listening:

- L: *What do you think is the Royal Flying Doctor Service? Would you like to work for such an organisation – as a doctor or a pilot?*

While-listening:

- a) L präsentiert die Tonaufnahmen von CD. Die S machen sich Notizen zu den einzelnen Punkten. Anschließend Vergleich der Ergebnisse im Plenum.
- b) Die S erstellen ein einfaches *listening grid* und machen sich während des zweiten Hörens Notizen zum *Royal Flying Doctor Service.*

Post-listening:

- Die S vergleichen ihre Notizen in PA und schreiben anschließend einen kurzen Text.

TA

The Royal Flying Doctor Service	
Who they are	Australian organisation, only takes experienced pilots, very good service

What they do	small planes, conditions sometimes dangerous, emergency landings on normal roads in the dark, pilots help doctors with operations, hold hands or distract scared children
Problems	not enough pilots, better pay and conditions with big airline companies

Erweiterung

- Die S führen in PA eine Internetrecherche über den *Royal Flying Doctor Service* durch (http://www.flyingdoctor.net/) und stellen ihre Ergebnisse anschließend in einem *one-minute talk* im Plenum vor.

Lösung

a) 1. *He comes from Birmingham.* 2. *He is a pilot.* 3. *He lives in a small town in Queensland.* 4. *He holds hands or distracts scared children.*
b) *Siehe TA*

Tipps für junge Lehrer

Internetrecherchen sind in der Regel motivierend für die S. Die offizielle Webseite des *Royal Flying Doctor Service* bietet den S auch die Möglichkeit, anhand von Kurzfilmen ihr Hör-Sehverstehen zu trainieren, z.B. http://www.flyingdoctor.net/NURSES-STORY.html

Material
Lehrer-CD 2/16

S L **Üben**

Listening: A radio interview with a young entrepreneur

Workbook Seite 29

Interviewer: … business news, and our special guest today is Louise Barnett. Welcome, Louise.

Louise: Thank you very much.

Interviewer: At the age of only 15 Louise is the youngest entrepreneur we've ever had on the programme. Let's start by telling our listeners what kind of business you have, Louise. I'm sure they'll like it!

Louise: I make chocolate.

Interviewer: And it's absolutely delicious chocolate. I know because I've tried it! Seriously, I'm not surprised that the famous supermarket Waitrose buys it from her. So how did all this start, Louise?

Louise: Well, actually - I mean, it might never have happened if I hadn't had problems at school.

Interviewer: Problems? With bullies, you mean?

Louise: No, no, nothing like that. The thing is, I'm dyslexic - you know, when you find it difficult to deal with reading and writing.

Interviewer: Oh yes, it has nothing to do with intelligence, but for some reason dyslexic people can't recognise letters normally, can they?

Louise: No, that's right. Anyway, because things were going so badly at school, and because I was unhappy there – well, I dropped out. And since then, for the last four years, I mean, I've been studying at home with a tutor to help me.

Interviewer: And did you also start making chocolate during that time?

Louise: Well, yes and no. I mean, I've always loved making chocolate, so I sometimes used to make it before, just for my family and friends. But being at home meant I could find the time to, you know, develop new ideas and turn the whole thing into a business.

Interviewer: You've certainly developed a very interesting new idea about how to package chocolates. But I'll let you explain that yourself, Louise.

Louise: Well, I wanted to make my chocolate different in some way. I mean, there's lots of competition out there, so you have to make your chocolate stand out so people will notice it. Anyway, when I was trying to decide how to package my chocolate, I suddenly thought hey, I'll put it in a box that's made of chocolate, so you can eat the box, too!

Interviewer: That's such a great idea!
Louise: Well, it's also good for me because it's expensive to buy good quality traditional boxes. So my special boxes help to keep my costs low.
Interviewer: I can see why you're so successful, Louise. You think of everything! Just one last question before we say goodbye to you. What's the name of your business?
Louise: CHOKOLIT. It sounds like 'chocolate' but it isn't spelt in the usual way. Like I explained before, I have problems with writing. I write words like they sound, so I decided to spell the name of my business C-H-O-K-O-L-I-T.
Interviewer: Well, I hope our listeners go out and buy your chocolate and enjoy it as much as I've enjoyed talking to you. Thank you for coming, Louise, and for …

Material
Schüler-CD 1/20
Lehrer-CD 2/18
Workbook S. 29/8

Üben

3 Speaking: The right person for the job

Seite 47

Methodisches Vorgehen

- Im Plenum erstellen die S eine Liste mit Jobs, die sie in Unit 2 kennen gelernt haben. Anschließend wählt jede/r S einen Job aus, der sie/ihn besonders interessiert, und macht sich Notizen zu möglichen Fragen während eines Bewerbungsgesprächs.
- Wenn im Klassenraum genügend Platz zur Verfügung steht, können die S die Bewerbungsgespräche in Form eines Kugellagers durchführen. Ein/e S stellt die Fragen aus Aufgabe 1. Der/die Partner/in versucht, zusammenhängend darauf zu antworten. Anschließend werden die Rollen getauscht. Nachdem der Innen- bzw. Außenkreis weitergerückt ist, kann der Vorgang mit den neu zusammengesetzten Schülerpaaren wiederholt werden.
- L verweist auf *Talkwise*, S. 37, *ex.* 3. Die hier aufgeführten Tipps können den S bei der Umsetzung des Bewerbungsgesprächs zusätzliche Hilfestellung geben.

TIP
Siehe *Talkwise*, S. 37, *ex.* 3

TA

Interview language

Interviewer:
Please take a seat.
Did you have any trouble/problems finding us?
Would you like something to drink? — Coffee, tea, a glass of water?
Perhaps you could tell me why you've applied for this job.
Do you have any other questions?
...

Applicant:
Good morning./Good afternoon.
Thank you very much for asking me to come for an interview.
I have a question about .../Well, I'd like to ask about ...
How long will it be before I hear from you?
Goodbye — and thank you.

Erweiterung

- Die S schreiben einen Beitrag für eine Webseite mit *interview tips:* a) *how to prepare*, b) *during the interview*, c) *(body) language.* Dabei sollten die S Informationen aus Unit 2 und aus der gerade bearbeiteten Aufgabe zusammentragen, ordnen und gewichten.

Lösung

Individuelle S-Antworten

Tipps für junge Lehrer

Die Kugellagermethode erinnert hier an das *speed dating.* Die mehrmalige Wiederholung der Bewerbungsgespräche sorgt für die nötige Übung und Sicherheit im Umgang mit solchen Situationen. Der häufige Partnerwechsel bringt Überraschungsmomente und sorgt für die nötige Abwechslung.

Material
Workbook S. 29/9

Üben

4 Mediation: Job information

Seite 47

Methodisches Vorgehen

- Die S überlegen in PA oder in Kleingruppen, wie sie den Inhalt der Webseite am besten vermitteln könnten. Anschließend stellt ein/e S dem/der Partner/in bzw. der Gruppe die wichtigsten Punkte vor. Falls Schwierigkeiten auftreten, kann ein/e anderer/andere S Hilfestellung geben.
- Im Anschluss an die Bearbeitung der Aufgabe können die S unbekannte Wörter in einem deutsch-englischen Wörterbuch nachschlagen. Dies ist eine gute Möglichkeit, den persönlichen Wortschatz zu erweitern.

Erweiterung

- Die S schreiben einen Dialog und spielen diesen anschließend als Rollenspiel im Plenum vor.

Lösung

Erwartungshorizont: If you want to become a hotel manager you should like to plan and organise things, work with figures, deal with people, get things done and you should be able to stand stress. The training takes three years. The job prospects are good – whether you want to work in a hotel, a restaurant or in a café. Qualified hotel managers who have studied business management have very good employment opportunities.

Material
Workbook S. 29/10

Üben

5 Creative writing: Developing a story

Seite 47

Methodisches Vorgehen

- L und die S wiederholen noch einmal gemeinsam die *story elements* auf der *Writing texts*-Seite in Unit 1 (SB, S. 20).
- Um den S genügend Zeit für das *creative writing* zu geben, sollten die Texte als Hausaufgabe geschrieben und erst in der nachfolgenden Stunde im *peer editing* ausgewertet werden. Dabei sollten die S auch sprachliche Aspekte berücksichtigen.
- In leistungsschwächeren Lerngruppen können die Texte alternativ in PA verfasst werden. Dabei gibt L individuelle Hilfestellung.

TIP
Siehe *Writing texts*, S. 20

HA

Erweiterung

- L legt den Erwartungshorizont als Folie auf (siehe Lösung). Dieser wird von den S kritisch bewertet: Welche *story elements* wurden berücksichtigt und in welcher Form? Anschließend schreiben die S ein eigenes Ende der Geschichte.

Lösung

Erwartungshorizont: It was ten o'clock when my boss, Mr Carter, and I arrived at one of the old houses in the suburbs to the north of the city. The whole area had seen better times, and there were some funny looking people standing on the street corner. But we were in a hurry. There was a lot of work to do. The new owner, Mr Aston, wanted to have a wall knocked down upstairs and there were some repairs to do in the bathroom. It had been a long day when Mr Carter jumped up: "What was that? Did you hear?" I looked at my watch – half past four. He ran downstairs but soon came back. The family hadn't heard anything, although later, when talking to the police, Mr Carter said that Mr Aston had looked very worried. It was only when I went out into the garden half an hour later that I saw a body lying on the grass. I listened for a moment, but everything was quiet – the man was dead! I grabbed my mobile and called the police. (...)

Material
Workbook S. 29/7

⟨Project⟩ English and Politics: the UK

Seite 48–49

Ziele
- Das politische System in GB kennen lernen
- Eine politische Karikatur interpretieren
- Statistiken über die EU anhand von verschiedenen Darstellungen erklären
- Eine politische Umfrage in der Schule statistisch erfassen und diese erklären

Text **English and Politics: the UK** Seite 48

Wortschatz *survey*

Methodisches Vorgehen
- Die S erstellen an der Tafel/auf Folie eine *mind map* zum Thema *The political system in the UK* („Kreidestaffel"). Auf diese Weise werden Vorkenntnisse aktiviert, und L kann den Wortschatz der S zum Thema besser einschätzen. Die *mind map* kann im Laufe des Projekts beliebig ergänzt werden.
- L und die S lesen den Einführungstext gemeinsam. Anschließend leitet L zu STEP 1 über.

STEP 1

Üben **Understand the system of government in the UK** Seite 48

Wortschatz *constituency*

Methodisches Vorgehen
- a) Die S bearbeiten die Aufgabe in Einzelarbeit. Anschließend Vergleich mit einem/einer Partner/in und Besprechung der Ergebnisse im Plenum (*Think-Pair-Share*-Methode).
- b) In leistungsstärkeren Lerngruppen kann die Aufgabe zunächst in PA vorbereitet und anschließend im Plenum besprochen werden. In leistungsschwächeren Lerngruppen kann L alternativ eine kurze Einführung geben (siehe Lösung). Die S machen sich dabei Notizen.

Erweiterung
- Die S können kurze *info spots*, d.h. Minireferate (1 Minute mit Spickzettel/*cue card*, max. fünf Stichwörter) zu bestimmten Aspekten des *House of Commons* vorbereiten. Hierbei kann die offizielle Webseite des Parlaments mit Text-, Audio- und Videomaterialien Hilfestellung geben (http://www. parliament.uk).

Lösung

a) 1. *It is the most important part because it makes the laws.* 2. *It is the Prime Minister.* 3. *There must be elections every five years.* 4. *There is one MP for each constituency (elected directly by the voters).*

b) *on the left: MPs of the governing party, government ministers/Cabinet members on the front benches = "frontbenchers", other government MPs on the back benches = "backbenchers"; on the right: MPs of the opposition parties; in the middle: three men wearing wigs (the Clerk of the House and his deputies, record decisions and advise the Speaker); the Speaker is sitting behind them (chairs debates and makes sure that the MPs behave).*
In the German Bundestag the parties sit in a half circle from left to right, depending on their political opinion.

STEP 2

Üben | **Explain a political cartoon** Seite 48

Wortschatz *right, attitude, to split from*

Methodisches Vorgehen
- a) + b) L und die S lesen zunächst die Hintergrundinformationen gemeinsam. Anschließend sammeln die S in PA Ideen zu dem Cartoon und bereiten einen Kurzvortrag vor (Beschreibung und Analyse). Zur Ergebnissicherung werden 2–3 Vorträge im Plenum präsentiert und anschließend besprochen.
- c) In leistungsstärkeren Lerngruppen kann die Frage in PA besprochen werden. In leistungsschwächeren Lerngruppen ist eine gemeinsame Besprechung im Plenum sinnvoll.

Erweiterung
- Zur Vertiefung bearbeiten die S mit **KV 1: Cartoon analysis** einen weiteren Cartoon zum Streben nach politischer Unabhängigkeit innerhalb des UK.

Lösung

Erwartungshorizont:
b) *The people are protesting because they want separate parliaments for their countries. There is a lot of competition among them because each country wants its separate parliament first. The words below the picture illustrate the attitude of everybody wanting to take the first step in making a decision.*
c) *England is not recognized as a separate nation within the UK. Some English people think this is not fair because they want to be treated equally (CEP = Campaign for an English Parliament). Scottish, Welsh and Northern Irish MPs can decide what happens in areas like education or health in England, but English MPs do not have the same rights in Scotland, Wales and Northern Ireland.*

Tipps für junge Lehrer Es ist sehr schwierig, über komplizierte Themen zu sprechen, ohne dabei auf unbekannten Wortschatz zurückzugreifen. Der Kontext sollte daher so einfach wie möglich gehalten werden, um den S das Verständnis zu erleichtern.

Material
Kopiervorlage 1

STEP 3

Üben | **Use survey results to find out British attitudes to the European Union** Seite 49

Wortschatz *majority, trade*

Methodisches Vorgehen
- L führt kurz in den Wortschatz von statistischen Darstellungen ein: *bar graph, pie chart, table, key, annotations/legend, x-axis, y-axis*. Anschließend werden die *Useful phrases* gemeinsam besprochen. L: *Don't forget to use these phrases when you explain and comment on statistics. Of course you can use other phrases, too. Make a language sheet for working with statistics* (siehe TA).
- a) - c) Die S sammeln zunächst Ideen in Einzelarbeit. Anschließend Vergleich der Ergebnisse mit einem/einer Partner/in.

TIP
Erstellen eines *language sheet* zur Arbeit mit Statistiken

Erweiterung
- L: *Find other statistics about British attitudes towards the European Union. Explain and comment on them.* Einen guten Überblick sowie weitere Statistiken bietet z. B. eine Veröffentlichung der Europäischen Kommission unter http://ec.europa.eu/public_opinion/flash/fl_231_sum_en.pdf.

Lösung

Erwartungshorizont:

a) *The **bar graph** shows that about 65 % of British people describe their national identity as British and not European with almost another 30 % who feel that they are more British than European. Less than 10 % describe themselves as equally British and European. The **pie chart** shows that 60 % of people don't think that the UK should join the euro. Another 25 % want to join the euro while 15 % do not know if they want it or not. The **second bar graph** shows that only 28 % of people in the UK think that it is good to be in the EU. Compared to other EU member states, this is very low. The statistics in the **table** show that a majority of British people (58 %) feel that Britain's national identity is being lost and another 61 % feel that Britain is losing the right to make its own decisions. Another 54 % describe the EU decision-making process as undemocratic. However, there are also 60 % who feel that the EU helps to keep peace in Europe and 59 % say the EU is good for British jobs and trade. Only 13 % strongly disagree with the statement that Britain should stay in the EU.*

b) *It is not surprising that only 28 % of people in the UK think that it is good to be in the EU. If something like 95 % of the population does not feel European, it is obvious why 60 % do not want the UK to join the euro. However, the positive arguments for the EU seem to be stronger than the negative ones because the majority of UK citizens want Britain to stay in the EU.*

c) *being separated from the rest of the continent, presentation of EU in the media, trade/economic links with (former) Commonwealth and US, …*

Tipps für junge Lehrer

Bei der Beschreibung der Statistiken können sich die S die verwendeten *Useful phrases* notieren. Dies kann helfen, sich die *phrases* besser einzuprägen und verhindert, dass einzelne *phrases* zu häufig verwendet werden.

STEP 4

Üben

Do a political survey at your school

Seite 49

Wortschatz *display*

Methodisches Vorgehen

- a) Die S entscheiden sich in PA für eine Frage, die sie ihren Mitschüler/innen stellen wollen.
- b) Die S führen ihre Umfrage durch. Für die anschließende Auswertung und das Erstellen der Diagramme bietet sich die Verwendung von Excel an. **KV 2: Working with the Excel Chart Wizard** bietet hierzu eine kurze Einführung.
- c) Mehrere Schülerpaare präsentieren ihre Ergebnisse. Dabei ist es wichtig, die Diagramme nicht nur zu beschreiben, sondern auch zu kommentieren. Hier können die bereits zuvor verwendeten *Useful phrases* Hilfestellung geben.

TIP
Excel zur Darstellung der Ergebnisse einsetzen

Lösung

a) – c) *Individuelle S-Antworten*

Tipps für junge Lehrer

Ein solches Projekt bietet die Möglichkeit einer fachübergreifenden Kooperation mit dem Fach Gemeinschafts- bzw. Sozialkunde (*cross-curricular teaching*).

Material
Kopiervorlage 2

KV 1: Cartoon analysis

a) *Describe and analyze the cartoon. Write down your ideas below.*

Picture

Who / What can you see?
What is happening?

Words

Did the cartoonist use speech bubbles, labels or messages below the picture? What do they say?

Symbols

What symbols are used?
What do they mean?

Message

What is the message of the cartoon?

b) *With your notes from a) write a short analysis of the cartoon. Use your exercise book.*

Lösungsvorschlag: ***picture:*** *Queen wearing her crown; loses her kilt; looks angry / grumpy; throne can be seen in the background;* ***words****: speech bubble: "I am not amused!"; word 'Scotland' on kilt; 'UK' as label on her coat like a brand name;* ***symbols****: Union Jack / flag, crown, throne = UK; losing kilt = UK losing Scotland;* ***message****: the Queen / some people / politicians are unhappy about Scotland's wish for independence / a separate parliament*

ISBN 978-3-12-547163-4

KV 2: Working with the Excel Chart Wizard[1]

a) *For a survey, 103 British students were asked if they are interested in politics. Look at the following charts. What do they tell you about the results of the survey? Which chart do you think is best to present the results?*

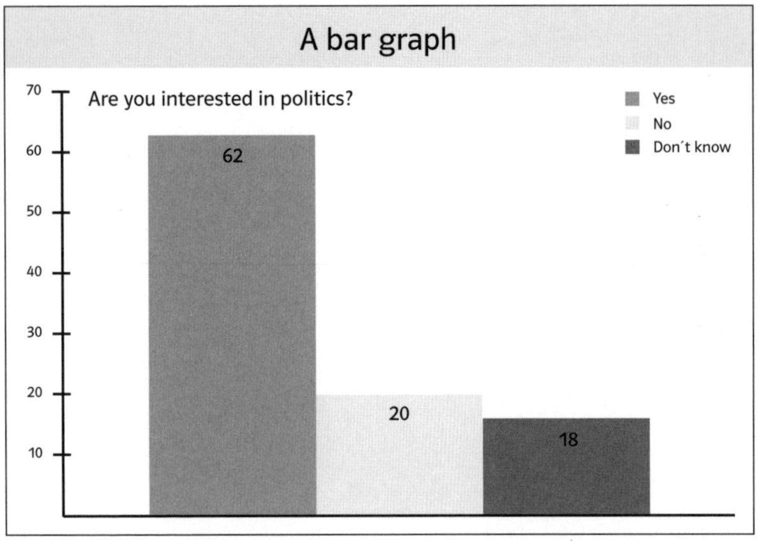

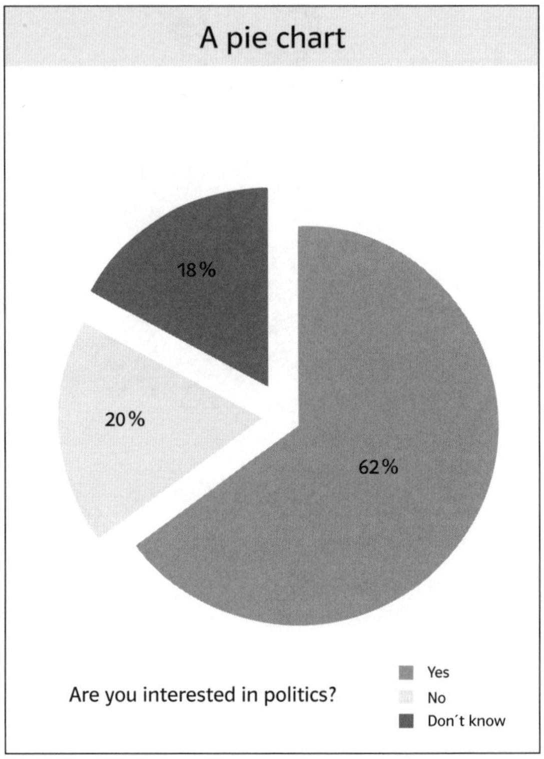

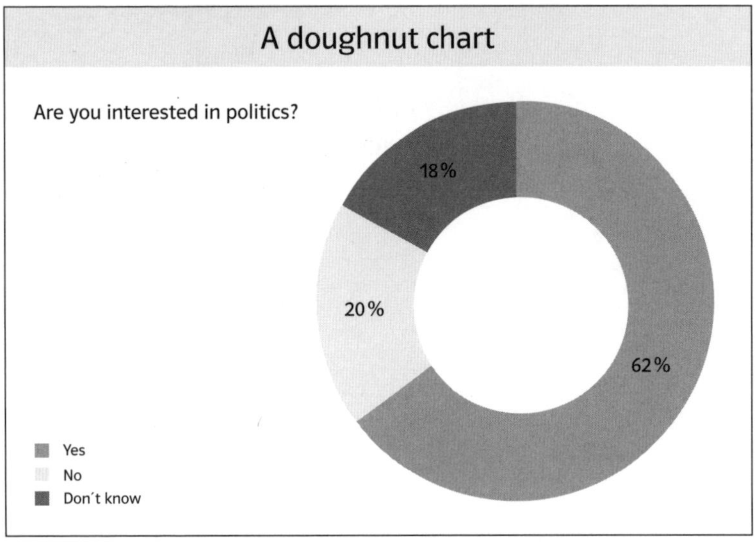

b) *You can use Excel to make your own chart. First enter the results in an Excel spreadsheet.*

	A	B
1.	Yes	62
2.	No	20
3.	Don't know	18

c) *Then mark the cells you want to show on your chart. Click on the Chart Wizard button and choose a type of chart. Follow the instructions.*

d) *Do a class survey on the same question as above and present your results in a chart. Compare it with the survey of British students. What is different / the same? Explain why.*

[1]**Chart Wizard** [tʃɑːt ˈwɪzəd] = Diagramm-Assistent

ISBN 978-3-12-547163-4

Planung Unit 3

Übersicht

Bearbeitungszeitraum: 15 Unterrichtsstunden

Abschnitt	SB-Seiten	Ziele	Wortschatz/Grammatik & *skills*	WB-Übungen	CD-*Tracks* Online-Links Kopiervorlagen DVD	Gramm. Anhang (SB)
Text A *DIY music*	50–51	Einen Sachtext mit Hilfe eines *flow chart* auswerten Den Umgang mit dem Internet üben Ein Gespräch über einen Videoblog verstehen Einen eigenen Blog erstellen	Wortfeld „Medien"	S. 33/*ex.* 1–4	Schüler-CD 2/1–6 Lehrer-CD 3/1–6 KV 1 DVD *Film in Action!*	
Text B *The Truman Show*	52–53	Szenen aus einem Film über eine *reality show* lesen und verstehen Über die Rolle der Medien im Alltagsleben sprechen Ein kritisches Gespräch über *reality shows* verstehen Eine Zeitschriftenseite gestalten	Wortfeld „Medien"	S. 34/*ex.* 1–4	Schüler-CD 2/7–9 Lehrer-CD 3/7–9 Online-Link 547160-3001 KV 2 DVD *Film in Action!*	
Skills *Reading for research*	54	Einen Bericht über *social networking sites* mit Hilfe von *skimming* und *scanning* verstehen Bei der Internetrecherche die Quellen kritisch überprüfen	*Reading skills:* Texte im Internet recherchieren	S. 35/*ex.* 5, 6		
Language *Sorry, you're wrong!*	55–56	Gegensätzliche Meinungen zu den Medien lesen und verstehen Zur Bedeutung der modernen Medien Stellung beziehen Aussagen betonen	*Dynamic and stative verbs* *Adding emphasis to statements* *Emphatic 'do'* *How to:* Höflich argumentieren	S. 36/*ex.* 7–9 S. 37/*ex.* 10–12	Schüler-CD 2/10–11 Lehrer-CD 3/10–11 KV 3	G6, 7
⟨***Revision***⟩ *Present and past forms*	57	Gegenwärtige und vergangene Handlungen richtig ausdrücken	R: *simple present, simple past, present perfect, past perfect*	S. 38/*ex.* 13, 14	KV 4	G8
Writing texts *Writing a film script*	58	Die wesentlichen Merkmale eines Drehbuchs kennen lernen Ein eigenes Drehbuch planen	*Writing texts:* Ein eigenes Drehbuch für einen humoristischen Werbespot schreiben und verfilmen	S. 39/*ex.* 16, 17	Online-Link 547160-3002 KV 5–7	

Abschnitt	SB-Seiten	Ziele	Wortschatz/Grammatik & *skills*	WB-Übungen	CD-*Tracks* Online-Links Kopiervorlagen DVD	Gramm. Anhang (SB)
Wordwise	59	Den Wortschatz der Unit umwälzen und vernetzen Medienvokabular sammeln Ursache und Folge ausdrücken Kurzformen in der Umgangssprache kennen lernen	*False friends* Adjektive mit *past participles* bilden	S. 40/*ex.* 18–20	KV 8	
Check-out		Die Lernziele der Unit in Selbstkontrolle überprüfen	Wortschatz- und Grammatikschwerpunkte der Unit: Wortschatz „Medien“, *dynamic and stative verbs, adding emphasis to statements, emphatic 'do', present tense forms*	S. 41/*ex.* 22–24	KV 9	G6, 7
⟨Text⟩ *Uglies*		Einen Romanauszug aus einem Science-Fiction-Roman mit Medienbezug lesen und verstehen			Lehrer-CD 3/12–15 KV 10	

Unit 3 Media-mad

Text A

Seite 50–51

Ziele
- Einen Sachtext mit Hilfe eines *flow chart* auswerten
- Den Umgang mit dem Internet üben
- Ein Gespräch über einen Videoblog verstehen
- Einen eigenen Blog erstellen

Media-mad

Wortschatz *media-mad, power*

Methodisches Vorgehen
- Als Einstieg in die Unit kann der in Text A vorliegende Auszug aus dem Buch *How to make music in your bedroom* von Nicola Slade oder Text B, ein Auszug aus dem Filmskript zu *The Truman Show*, dienen. Welcher Zugang zur Unit gewählt wird, sollte von L und den S gemeinsam entschieden werden. Hierzu weist L zu Beginn der Arbeit mit der Unit auf die beiden Zugangsmöglichkeiten hin und gibt den S einige Minuten Zeit, um sich mit den beiden Doppelseiten zu beschäftigen. Anschließend wird im Plenum über den Eingangstext abgestimmt.

Stationenlernen
- Im Verlauf oder am Ende der Arbeit mit Unit 3 kann das Stationenlernen durchgeführt werden (**Kopiervorlagen 11–16**). Der Arbeitsbericht hierzu findet sich als **KV 17** bei Unit 1.

DVD
- Zur Unterstützung und motivierenden Ergänzung der Arbeit mit Unit 3 können Filmsequenzen aus der DVD *Film in Action!* eingesetzt werden.

Material
Kopiervorlagen 11–16
Kopiervorlage 17 (Unit 1)
DVD *Film in Action!*

S L Text

DIY music *(Choice A)*

Seite 50–51

Wortschatz *bath, to promote sth, directly, to assume sth, melody, lyrics* (pl.), *relatively, recording, to edit (out), washing machine, television, likely, to pick up, carpet, blanket, Seriously!, to cover, to prove, creative, connection, microphone (mike), vocals, digital, workstation, to save, multi-track, recorder, tutorial, to feel comfortable, comfortable, track, raw, file, killer* (coll), *to release, sound effect, to roar, adventurous, social networking site, Go ahead., to make it big*

Methodisches Vorgehen
- SB geschlossen. L erläutert zunächst die Bedeutung der Abkürzung *DIY* an Hand eines Beispiels, z. B. aus der eigenen Erfahrung mit selbst getätigten Reparaturen. Anschließend schreibt L die Überschrift *DIY music* an die Tafel.
- Die S äußern spontan, welche Assoziationen sie mit dem Begriff *DIY music* verbinden. Diese werden in Stichworten an der Tafel festgehalten.
- L leitet zu *ex.* 1 über.

Erweiterung
- **KV 1: The media-mad ABC** kann zur spielerischen Reaktivierung von thematischem Wortschatz eingesetzt werden. Dies ist auch als Wettbewerb zwischen zwei Schülerpaaren möglich.

Tipps für junge Lehrer An dieser Stelle bietet es sich an, die Bearbeitung von S. 59, *ex.* 1, vorzuziehen. Auf Plakaten im Klassenraum wird der Themenwortschatz in großen *word webs* gesammelt, die während der Unterrichtsarbeit kontinuierlich erweitert werden.

Material
Schüler-CD 2/1–5
Lehrer CD 3/1–5
Kopiervorlage 1
Ggf. Plakate

Üben

1 Before you read

Seite 50

Methodisches Vorgehen

- L beantwortet die erste Frage *What kind of music do you like?* zunächst aus eigener Sicht und gibt sie anschließend an die S weiter.
- Nach kurzer Bedenkzeit gibt möglichst jede/r S eine Antwort auf die Frage und begründet diese kurz („Blitzlicht", d. h. nur ein Satz pro S!).
- Die zweite Frage wird gemeinsam im Plenum besprochen, ggf. erweitert um die Frage *Do you make music/play an instrument?*

Lösung

1. + 2. *Individuelle S-Antworten*

Üben

2 Read the text

Seite 50

Methodisches Vorgehen

- Die S lesen zunächst den Text in Einzelarbeit und verschaffen sich einen groben Überblick über den Inhalt.
- Anschließend äußern die S spontan, ob sie aus dem Text Neues über das Musikgeschäft und seine aktuellen Trends erfahren haben. Dabei sollten die S auch darauf eingehen, welche Aspekte sie überrascht/nicht überrascht haben und welche Aussagen sie so erwartet/nicht erwartet haben. L sollte die S dazu ermuntern, bei ihren Äußerungen konkret aufeinander Bezug zu nehmen.
- Vor Beginn der Arbeit mit dem Text erläutert L kurz, wie das in Teilaufgabe c) geforderte *flow chart* aussehen könnte (siehe Lösung).
- a) – d) Die vier Teilaufgaben können nach der *Think-Pair-Share*-Methode bearbeitet werden: 1. Die S bearbeiten die Teilaufgaben a) und b) in Einzelarbeit und notieren ihre Ergebnisse in Stichworten. 2. Die S besprechen ihre Ergebnisse mit einem/einer Partner/in und versuchen, zu einer gemeinsamen Lösung zu gelangen. Auf dieser Grundlage erstellen die Schülerpaare ein *flow chart.* 3. Austausch und Diskussion der Arbeitsergebnisse in Vierergruppen. In leistungsstärkeren Lerngruppen kann an dieser Stelle auch Teilaufgabe d) in die Gruppendiskussion mit einbezogen werden. 4. Besprechung der Ergebnisse im Plenum.

Lösung

a) *Erwartungshorizont: everybody can become a pop or rock star with the help of modern technology; you only need: a studio room, computer/Internet connection, some money for technical equipment, an idea for a song; you can promote your music online by using social networking sites*

b) *Erwartungshorizont:* 1. *Introduction (ll. 1–19)* 2. *The perfect studio room (ll. 20–38)* 3. *The best technical equipment (ll. 39–62)* 4. *How to make a DIY recording (ll. 63–87)* 5. *How to promote your music online (ll. 88–end)*

c) *Erwartungshorizont:*

Find and prepare a good place

↓

Get the technical equipment

↓

Produce your music on your home computer

↓

Make a video, write your own biography, organise photos

↓

Set up an account on a social networking site and put everything online

↓

Become a star!

d) *Individuelle S-Antworten*

Tipps für junge Lehrer

Die anspruchsvolle Teilaufgabe d) bietet leistungsstärkeren S die Möglichkeit, mündliche Kurzvorträge einzuüben und vor der Klasse zu präsentieren. L sollte den S hierzu einen zeitlichen Rahmen (z. B. *a one-minute talk*) und eine Struktur vorgeben: *introduction / first sentence – 2–3 arguments – conclusion.*

Material
Workbook S. 33/ 1–3

Üben

3 ⟨Think how to be creative⟩ Seite 50

Methodisches Vorgehen

- Zur Bearbeitung dieser fakultativen Aufgabe kann ebenfalls die *Think-Pair-Share*-Methode eingesetzt werden. 1. Auf Grundlage der eigenen Internet-Erfahrungen sammelt jede/r S in Einzelarbeit Ideen zur Beantwortung der Fragestellung. 2. Vergleich der Ergebnisse mit einem/einer Partner/in. Verständigung auf eine gemeinsame Antwort. Ggf. Abgleich mit einem weiteren Schülerpaar. 3. Vorstellung und Besprechung der Ergebnisse im Plenum. L sammelt die S-Ideen an der Tafel.

TA

Ideas how to be creative
- make a video and put it on a video platform (e.g. YouTube)
- present your own photos in a web album (e.g. Flickr)
- start your own blog (video / travel / …)
- keep an online diary
- start your own website
- …

Lösung

Individuelle S-Antworten

Üben

4 Listening: Charlie's video blog Seite 50

HV-Text

Kelly: Hey, guys, you know that video blog everyone's talking about?
Danny: Huh?
Adam: She means that English guy on YouTube. Right, Kelly?
Kelly: Right, Adam.
Danny: Sorry, I'm still not with you on this –
Kelly: What planet are you living on, Danny?!
Adam: There's a kid from England, OK? His name is Charlie McDonald, and he filmed a video and posted it on YouTube.
Kelly: His name is Charlie McDonnell, actually.
Adam: Whatever.
Kelly: Anyway, he does this "How to be English" routine. It's so funny. You see him in a – well, I guess it's a suit – like some old man would wear. And then – slowly – one step at a time – he shows you how to make a perfect cup of tea. A mug of tea, actually.
Danny: And that's funny?
Kelly: It is when you see it. He looks and sounds so weird.
Danny: All English people sound weird.
Kelly: Yeah, but this is – well, it's different. And he has this crazy expression on his face when he looks into the camera and gives the instructions for making tea. You just have to laugh when you see him. Right, Adam?
Adam: Well – I guess so. Anyway, what were you going to say about the blog, Kelly?
Kelly: Oh, right, yeah. I almost forgot! I just wanted to ask if you saw "The View" yesterday?
Adam: No, I don't watch daytime TV.

Kelly: And you obviously didn't see it, Danny.
Danny: How do you know that?
Kelly: Because we wouldn't have had to explain about Charlie! His video was featured on yesterday's show. They said he'd filmed it himself in his bedroom. It was after he'd set up an account on YouTube. He thought he should do something with it, so he – well he started making little videos and putting them up on the web. Over one and a half million people have seen his "How to be English" blog!
Danny: One and a half million? Wow! He sure found a good way to get famous! Hey, maybe we should make a video and put it on the web, too. It can't be that hard.
Adam: No, but it can be a real problem if you decide you want to take it off again. I mean, once you put something on the web, that's it. It's there forever. Even if you think you've got rid of it, you haven't. It'll still be out there somewhere.
Danny: Well, I guess Charlie isn't worrying too much about that right now. He's probably thinking how he can act fast to turn his success into a career.
Kelly: No, he says right now he wants to concentrate on his school work instead.
Danny: He wants to concentrate on his school work?! You know what, Kelly? You were right. That guy is weird!

Methodisches Vorgehen

Pre-listening:
- a) SB geschlossen. L bereitet die S kurz auf das Thema des Hörtextes vor und erläutert den Begriff *blog (= a contraction of the term weblog): It's a website, usually by one person, with regular comments, descriptions of events, photos or videos.* Die in dem Hörtext erwähnte Internetseite YouTube ist zurzeit neben MyVideo wohl die populärste Videoplattform überhaupt.
- Die S erklären kurz den Begriff *video blog* (oder in der gängigen Kurzform: *vlog*) und die Funktionsweise eines solchen Videoportals.
- SB geöffnet. Die S lesen die Aufgabenstellung und fertigen ein einfaches *listening grid* für ihre Notizen an.

While-listening:
- L präsentiert die Tonaufnahme von CD. Die S machen sich Notizen in ihrem *listening grid.* Anschließend wird die Tonaufnahme zur Kontrolle ein zweites Mal vorgespielt.

Post-listening:
- Vergleich der Ergebnisse in PA und anschließend im Plenum.
- b) Die S nennen Probleme, die im Internet für unvorsichtige Nutzer auftreten können.

TIP
Das Video *How to be English* ist unter http://www.youtube.com verfügbar

Lösung

a) *Erwartungshorizont:* ***Charlie:*** *family name = McDonnell, English, had the idea for the blog after making a video in his bedroom, doesn't want to make a career out of it/wants to concentrate on school;* ***Charlie's video blog:*** *on YouTube, number of short videos filmed at home, title: How to be English, e.g. shows how to make perfect tea, funny, over 1.5 million viewers so far*
b) *you can't take it off again, your boss might get personal information about you or see your personal photos, …*

Tipps für junge Lehrer

L sollte die Möglichkeit nutzen, im Anschluss an Teilaufgabe b) weitere Risiken einer unvorsichtigen Internetnutzung zu thematisieren. Hierzu kann gemeinsam mit den S eine Liste mit *Internet safety tips* zusammengestellt werden, z. B. *Think before you post because it is going to be there forever.* Geeignetes Informationsmaterial lässt sich problemlos in zuverlässigen Internetquellen finden (z. B. http://www.saferinternet.org oder http://www.klicksafe.de).

Material
Schüler-CD 2/6
Lehrer-CD 3/6

Üben — **5 Your turn: Your own blog** — Seite 50

Methodisches Vorgehen
- Die S schreiben in PA einen witzigen Dialog und führen ihn im Plenum so vor, als ob sie dabei gefilmt würden (Fokussierung auf eine imaginäre Kamera).
- Realistischer wird die Situation, wenn ein/e Mitschüler/in die Präsentationen nacheinander filmt. Die Videos können dann gemeinsam besprochen werden.

Material
Workbook S. 33/4
Ggf. Digital- oder Videokamera

Lösung
Individuelle S-Antworten

Text B

Seite 52–53

Ziele
- Szenen aus einem Film über eine *reality show* lesen und verstehen
- Über die Rolle der Medien im Alltagsleben sprechen
- Ein Streitgespräch über *reality shows* verstehen
- Eine Zeitschriftenseite gestalten

S L Text — **The Truman Show** — Seite 52–53

Hinweis
Das Drehbuch zu *The Truman Show* ist als Lektüre für den Unterricht bei Klett unter ISBN 978-3-12-577460-5 erschienen. Ein Heft mit Unterrichtshinweisen und Kopiervorlagen zum Film ist unter ISBN 978-3-12-577461-2 erhältlich.

Wortschatz
illusion, television, extract, flashback, to cover, lip, to stop sb doing sth, to pretend (sth), but, horizon, to protest, disguised, to fill, deaf, to roar, frightened, ground, to slam shut, to escape (from), drop, total, record, human, to replace sb/sth (by sb/sth), forum, frustrated, emotion, cue card, viewer, to press, button, to be on, Go ahead., male, directly, to work out sth, at times, female, performer, no way, to feel comfortable, comfortable, cell, to prove sb wrong, to prove

Methodisches Vorgehen
- L fertigt eine Farbkopie des Szenenfotos auf S. 52 an bzw. scannt das Foto für die Präsentation über einen Beamer ein. Die S betrachten das Foto und formulieren ihre Erwartungen an den Text im *Think-Pair-Share*-Verfahren.
- Anschließend leitet L zu *ex.* 1 über.

Erweiterung
- Als Ergänzung zur Textarbeit kann die Kopiervorlage *Jim Carrey: A career in comedy* eingesetzt werden, die unter Online-Link 547160-3001 zu finden ist. Hier erhalten die S einen Überblick über die Karriere Jim Carreys im Rahmen einer *Mediation*-Aufgabe.

Material
Schüler-CD 2/7–8
Lehrer-CD 3/7–8
Online-Link 547160-3001
Ggf. Leerfolie

Üben — **1 Before you read** — Seite 52

Methodisches Vorgehen
- L sammelt die von den S genannten Filmgenres an der Tafel/auf Folie, z. B. in Form eines *brainstorming* oder einer *mind map.*
- Diejenigen S, die dasselbe Filmgenre genannt haben, finden sich in Gruppen zusammen, tauschen die Gründe für ihre Präferenz aus und erstellen auf dieser Grundlage eine Liste mit den Vorzügen „ihres“ Filmgenres. Anschließend präsentieren die S ihre Ergebnisse im Plenum (Schülervortrag/Plakat/Folie).
- L und die S lesen den Einführungstext im SB gemeinsam.

TA

action films	crime & gangster films	thrillers
musicals		horror films
documentaries	kinds of films	fantasy films
westerns		comedy films
science fiction films	(anti-)war films	adventure films

Erweiterung
- Interessierte S können als Projektarbeit eine *movie review* zu *The Truman Show* aus der Sicht eines Filmkritikers/einer Filmkritikerin schreiben. Dies kann als reine Textproduktion oder als Kurzvortrag unter Verwendung geeigneter Filmausschnitte erfolgen.

Material
Ggf. Leerfolie, Plakate

Lösung *Individuelle S-Antworten*

Üben

2 Stop and think

Seite 52

Methodisches Vorgehen
- a) L schreibt zunächst die drei Leitfragen an die Tafel. Die S lesen den Text und beantworten die Fragen in Einzelarbeit *(keywords only!)*. Anschließend gemeinsames Sammeln der Ergebnisse an der Tafel.
- b) Die S tauschen sich mit einem/einer Partner/in oder in Kleingruppen aus und stellen anschließend ihre Ideen im Plenum vor.

TA

Truman's feelings:
- confused: looking around/Who? (ll. 7–8); stares after it (l. 43)
- annoyed: protesting/Where? (l. 16)
- shocked: shocked/Hey! (l. 24)
- furious: tries to fight the man/Leave her alone! (ll. 29–31)

Why does Sylvia want to warn Truman?
- She has fallen in love with him.
- She wants him to know the truth.
- She plans to leave the show.
- ...

Erweiterung
- Zu Teilaufgabe b): *Pyramid discussion:* Die S diskutieren zunächst die Frage *What happens to Sylvia?* in PA. Im nächsten Schritt diskutieren zwei Schülerpaare, dann zwei Vierergruppen, usw. Nach jeder Diskussionsrunde wird abgestimmt, welcher Lösungsvorschlag gemeinsam vertreten werden soll. Ziel ist es, sich im letzten Schritt im Klassenplenum auf einen gemeinsamen Lösungsvorschlag zu einigen. Diejenigen S, die den Film kennen, sollten sich in der Diskussion zurückhalten.

Lösung a) + b) *Siehe TA*

Üben

3 Talk about the two extracts

Seite 53

Methodisches Vorgehen
- Die S erschließen die zweite Szene eigenständig mit Hilfe des *Dictionary* im Buchanhang. Probleme beim Textverständnis werden anschließend im Plenum besprochen.
- a) Die S notieren in Einzelarbeit, welche Unterschiede sie in der Präsentation des Protagonisten in den beiden Szenen feststellen, und versuchen, diese Unterschiede zu begründen.
- Vergleich der Ergebnisse in PA und anschließend im Plenum. L führt ggf. die Begriffe *direct* und *indirect characterization* ein.

- b) Die beiden Fragen werden im Plenum diskutiert. Während der Diskussion notieren sich die S relevante Aussagen in Stichworten. Anschließend schriftliche Bearbeitung als Hausaufgabe. HA
- c) Bei dieser anspruchsvolleren Aufgabe kann das Unterrichtsgespräch ggf. in einer kurzen GA-Phase vorbereitet werden. Alternative in leistungsstärkeren Lerngruppen: Nach einem kurzen *brainstorming* schriftliche Bearbeitung als Hausaufgabe.

Erweiterung

- Die S bearbeiten folgende Aufgabe schriftlich in Einzelarbeit: *If you had the chance to write to Christof, what questions would you like to ask him?*

Lösung

a) ***extract 1:*** *We get information about Truman through his own words and actions and the reactions of other characters (Sylvia, the man) towards him. → indirect characterization;* ***extract 2:*** *Christof makes direct comments about Truman and his life. → direct characterization*

b) *Erwartungshorizont: The movie shows …*
- *how the media can control our lives.*
- *that we cannot accept or believe everything we see.*
- *that it is always possible to free oneself from the power of the media.*

c) *Christof might be looking into the camera because he knows that the female caller is watching him on TV and he wants to look at her directly. The caller might be Sylvia who has left or had to leave the show. Her role is important because she draws attention to Truman's situation as a 'prisoner' in the show.*

Tipps für junge Lehrer

Die beiden Szenen können auch genutzt werden, um das phonetisch und intonatorisch angemessene Vorlesen zu üben. Hierzu bilden die S Gruppen (je nach Szene 3–4 S) und bereiten ihren Vortrag im Verfahren des *buzz reading* (= halblautes Lesen) im Klassenraum vor. Wenn möglich können sich die Gruppen auch auf andere Klassenräume verteilen, um so ungestört üben zu können. Anschließend Vortrag und ggf. Bewertung durch die Mitschüler/innen im Plenum.

Material
Workbook S. 34/ 1–3

Üben

4 ⟨Find out the whole plot⟩ Seite 53

Methodisches Vorgehen

- Diese fakultative Aufgabe bietet zwei unterschiedliche Bearbeitungsmöglichkeiten: 1. Die S besorgen sich eine DVD, schauen sich den Film zu Hause an und schreiben anschließend eine *plot summary.* 2. Die S führen eine Internetrecherche über den Inhalt des Films durch. Diese Möglichkeit sollte aber sinnvollerweise erst nach der Bearbeitung der *Skills*-Seite *(Reading for research)* auf S. 54 gewählt werden.

Erweiterung

- *Picture gallery:* 1. L sucht im Internet geeignete Szenenfotos aus dem Film. Diese werden ausgedruckt und laminiert (3–4 Ausdrucke pro Foto!) 2. Die S bilden Gruppen (2–3 S). Jede Gruppe erhält ein Szenenfoto, das den anderen Gruppen nicht gezeigt werden darf. Die S notieren auf einer Karteikarte eine vorgegebene Anzahl an *words/phrases* (10–15), die ihnen bei der Betrachtung des Fotos spontan in den Sinn kommen. Wichtig: Es geht um Assoziationen – nicht um eine exakte Bildbeschreibung! 3. L sammelt die Karteikarten ein und verteilt sie neu an die Gruppen. Jede Gruppe schreibt einen Text über das Foto, das mit den *words/phrases* beschrieben worden sein könnte. 4. L hängt die Fotos an der Tafel/an einer Pinnwand auf. Die Gruppen ordnen ihre Texte den ihrer Meinung nach passenden Fotos zu. Da jedes Foto mehrfach bearbeitet wurde, sind bei der Zuordnung interessante Konstellationen zu erwarten. 5. Anschließend Reflexion der Ergebnisse im Plenum.

Lösung

Individuelle S-Antworten

Tipps für junge Lehrer Interessierte S können eine weiterführende Internetrecherche über den Film, den/die Hauptdarsteller, usw. durchführen und ggf. in einer Power-Point-Präsentation für ihre Mitschüler/innen aufbereiten. Als schriftliche Aufgabe bietet sich hier auch folgender Arbeitsauftrag an: *Write a short biography of Jim Carrey.*

Material
Ggf. Karteikarten, Plakate

S L **Üben**

5 Listening: Reality shows

Seite 53

HV-Text

Lisa: Hey, Mom – Dad. Listen! You too, Eddie. It says here in my magazine they're looking for adventurous families to take part in a new TV reality show. How about it, guys?!

Eddie: Wow, it's a thought. I mean, it's a chance to become famous, right? Lots of people have made a career out of appearing on a reality show.

Dad: Sorry kids, but I really don't think it's a good idea.

Lisa: Oh, Dad! You don't even know anything about it yet.

Dad: But I do know that I don't like reality shows! They're so fake. Even the name's a lie. There's nothing *real* about those shows at all. Everything's controlled by the program makers, even what they allow or don't allow you to see on screen.

Mom: Well, some shows are pretty awful, I agree. But I've seen some that are good entertainment. It's like everything else on television – you have to pick and choose.

Eddie: Mom's right. You can't really generalize. I mean, if all reality shows were so bad, why would so many people watch them?

Dad: Good question! I guess the answer is that this kind of TV has turned people into idiots! They just sit there and watch. And when they're told to vote, they grab their phones and help to make the phone companies rich.

Lisa: Aw, come on, Dad. It doesn't cost much to make a phone call. Anyway, interactive TV is fun. Helping to choose the winner of a show makes you a part of what's going on. Of course it'd be even better to be actually *in* the show.

Mom: So what's this new show going to be about?

Lisa: The only information here is the name of the program. It's going to be called 'Class War', but what that could be is – well, your guess is as good as mine.

Mom: Hm. Creating different social groups among the families, maybe? Or –

Dad: Or maybe it's 'class' as in 'school class'! I guess you kids wouldn't be so keen to take part if it just meant more school!

Eddie: If it was school with a difference, why not?! You always say yourself, Dad, it's good to have a challenge. Do you remember that reality show where families had to live like the first settlers in the west? It was really interesting to see how they dealt with different situations. And I guess they found out a lot about themselves, too.

Lisa: That's why the program makers say they're looking for adventurous families.

Dad: That's what they say. But what they really want is a group of families that they're sure won't get on together.

Mom: You're so cynical, Max!

Dad: I'm just being realistic! Problems and arguments are always good news for reality shows because then people want to watch. And if there are lots of viewers, companies will buy advertising time for their commercials.

Mom: Well, I have to admit you do have a point there. Money's the name of the game.

Eddie: Oh no, don't *you* start getting negative, too, Mom! I thought you were on our side!

Lisa: I can see we're fighting a losing battle here, Eddie. What do you think? Would the program makers be interested in a family without parents …

Methodisches Vorgehen

Pre-listening:

- a) L schreibt den Begriff *reality show* an die Tafel. Die S sammeln in PA typische Merkmale einer solchen TV-Sendung und formulieren eine kurze Definition. Anschließend Vergleich der Ergebnisse im Plenum. Dabei wird eine gemeinsame Definition an der Tafel festgehalten.
- Die S nennen Beispiele für *reality shows*, die sie aus dem Fernsehen kennen. Ggf. Ergänzung des TA.

While-listening:

- b) L präsentiert die Tonaufnahme von CD. Beim ersten Hören bemühen sich die S um ein Globalverständnis des Textes und machen sich noch keine Notizen. Vor dem zweiten Vorspielen lesen die S den Arbeitsauftrag im SB und fertigen ein einfaches *listening grid* für ihre Notizen an. Zur Überprüfung der Notizen kann die Aufnahme ein drittes Mal vorgespielt werden. Anschließend Vergleich der Ergebnisse im Plenum.

Post-listening:

- c) Die Bearbeitung der Aufgabe erfolgt in GA (3–4 S). Als Alternative bietet sich hier die sog. „Sprechmühle" *(Milling around)* an: L fordert die S auf, sich frei im Klassenaum zu bewegen. Auf ein vorher vereinbartes Signal hin (z. B. L klatscht dreimal in die Hände) nehmen die S Blickkontakt mit dem/der Mitschüler/in auf, der/die gerade in unmittelbarer Nähe steht, und tauschen sich mit ihm/ihr über die Aufgabenstellung im SB aus. Die S notieren die wichtigsten Argumente auf einem Zettel/einer Karteikarte. Die „Sprechmühle" wird so lange fortgeführt, bis sich die S mit einer vorher festgelegten Zahl an Mitschülern/Mitschülerinnen ausgetauscht haben. Anschließend werden die Ergebnisse im Plenum vorgestellt.

TA

REALITY SHOWS are television programs that deal with real people in real-life situations. They show people who divorce, choose marriage partners, start a new life in another country or deal with their personal problems on TV.

Examples: Big Brother, Die Super Nanny, Bauer sucht Frau, Ich bin ein Star – Holt mich hier raus!, Mein neues Leben XXL, Frauentausch

Erweiterung

- Zu Teilaufgabe c): Jede Gruppe erhält ein *placemat* in der Größe A3 oder A2. Die Bearbeitung der Aufgabe erfolgt anschließend in drei Schritten: 1. Jede/r S notiert in ihrem/seinem Segment die Beweggründe, die aus ihrer/seiner Sicht für oder gegen die Teilnahme an einer *reality show* sprechen. 2. Jede/r S liest leise die Argumente der anderen Gruppenmitglieder. Rückfragen sollten nur bei Verständnisproblemen gestellt werden. 3. Die Gruppe diskutiert die individuellen Beweggründe und entscheidet gemeinsam, welche der Pro- und Kontra-Argumente in die Mitte des *placemat* geschrieben werden. 4. Anschließend Besprechung der Ergebnisse im Plenum.
- Zur Vertiefung der Thematik kann **KV 2: Reality TV** eingesetzt werden.

Lösung

a) + c) *Individuelle S-Antworten*
b) *Erwartungshorizont:*

+	–
– chance to become famous and make a career out of this fame *– some are good entertainment* *– interactive TV is fun/you can be a part of what is going on* *– it is good to have a challenge*	*– name is a lie (nothing is real)* *– everything is controlled by the program makers* *– they only want to attract viewers to earn money with advertising* *– people are turned into idiots*

Tipps für junge Lehrer

Zu Teilaufgabe c): Vor Beginn der GA stellen sich die S entlang einer imaginären Linie im Klassenraum auf, die zwischen den beiden Punkten *Yes, I would take part* und *No, I wouldn't take part* verläuft. Unentschlossene S stellen sich zwischen die beiden Punkte. L oder ein/e S protokolliert das spontane Umfrageergebnis. Nach Beendigung der GA und einer Diskussion im Plenum wird die Abstimmung erneut durchgeführt und (mögliche) Unterschiede zur ersten Abstimmung thematisiert.

Material
Schüler-CD 2/9
Lehrer-CD 3/9
Kopiervorlage 2
Ggf. Karteikarten

Üben

6 Your turn: A magazine page

Seite 53

HA

Methodisches Vorgehen

- Das Projekt wird in PA durchgeführt. In einer Planungsphase im Unterricht verständigen sich die S zunächst über Inhalt und Aufbau der Seite (Welche Show? Fotos? Textsorten? Mögliche Quellen? Wer macht was?). Anschließend Materialsammlung und erste konkrete Ausgestaltung als Hausaufgabe.
- Nach dem Abgleich der Ergebnisse gestalten die S ihre Zeitschriftenseite im Unterricht oder als Hausaufgabe.
- Abschließend Präsentation der fertigen Produkte als Wandzeitung oder an einer Pinnwand. Die Mitschüler/innen üben möglichst konstruktive Kritik.

Lösung

Individuelle S-Antworten

Material
Workbook S. 34/4

Skills

Seite 54

Ziele
- Einen Bericht über *social networking sites* mit Hilfe von *skimming* und *scanning* verstehen
- Bei der Internetrecherche die Quellen kritisch überprüfen
- *Reading skills:* Texte im Internet recherchieren

Text

Reading for research

Seite 54

Wortschatz *source*

Methodisches Vorgehen

- Die folgenden Aufgaben dienen zum einen der Wiederholung und Festigung der grundlegenden *Reading skills (skimming* und *scanning),* zum anderen soll der kritische Umgang mit Internetquellen geschult werden. In einem kurzen Unterrichtsgespräch reaktiviert L das Vorwissen der S über die Arbeit mit unbekannten Texten. Die S benennen die bereits bekannten Lesetechniken und ihre eigene Herangehensweise. L hält die Ergebnisse an der Tafel fest.

TA

How to read a text
1. Skimming = reading for gist → I read the whole text so that I can say in one or two sentences what it is about.
2. Scanning = reading for details → I read the text slowly and write down keywords which I need to answer the questions.

Üben

1 Skim to get the gist

Seite 54

Methodisches Vorgehen

- Ausgehend von der Überschrift spekulieren die S über den Inhalt des Textes.
- Anschließend lesen die S den Text in Einzelarbeit und notieren in ein bis zwei Sätzen, worum es darin geht. Vergleich der Ergebnisse mit den zuvor angestellten Vermutungen.

Lösung

Individuelle S-Antworten

Üben

2 Scan to get the facts you want

Seite 54

Wortschatz *social networking site*

Methodisches Vorgehen

- Die S lesen den Text noch einmal und notieren die Pro- und Kontra-Argumente in Stichworten (siehe TA).
- Anschließend Besprechung der Ergebnisse im Plenum. Hierbei kann es durchaus zu unterschiedlichen Stellungnahmen zu den genannten Argumenten kommen. Die Ergebnisse werden in einer Tabelle an der Tafel festgehalten.

TA

Pros	Cons
– sites offer many possibilities – help companies to find out about potential customers – you can find people with the same interests – …	– sites change the nature of friendship – competition among users to have more 'friends' than other members – users show personal lives to millions of people – …

Lösung

Siehe TA

Tipps für junge Lehrer

L sollte vorab ein Zeitlimit festlegen, um zu verhindern, dass der Text noch einmal Wort für Wort gelesen wird. Da die S den Text bereits aus *ex.* 1 kennen, dürfte in der Regel eine Bearbeitungszeit von 10 Minuten ausreichend sein.

Üben

3 Check the source

Seite 54

Methodisches Vorgehen

- a) Die Aufgabe wird mündlich im Plenum besprochen.
- b) Die S überprüfen die Verlässlichkeit des zuvor bearbeiteten Textes an Hand der Checkliste im SB.

Erweiterung

- Zu Teilaufgabe b): Da es sich hier um einen für das SB aufbereiteten Text handelt, ist eine Überprüfung der Quelle mit Hilfe des Internets sinnvoll. Nach der Eingabe des Begriffs *BBC News Magazine* in eine Suchmaschine kommen die S auf die offizielle Seite der BBC und können von hier aus den Originaltext aus dem Jahr 2006 recherchieren. Nun kann die Quelle – aber auch die im SB vorgenommene Veränderung des Originaltextes – kritisch überprüft werden.

Lösung

a) *Erwartungshorizont: It is important because it helps you to find out if the information is reliable or not.*
b) *Individuelle S-Antworten*

Üben

4 ⟨Use more than one source⟩

Seite 54

HA

Methodisches Vorgehen

- Diese fakultative Aufgabe kann als Gruppenprojekt im Computerraum der Schule oder auf freiwilliger Basis als Hausaufgabe bearbeitet werden.

Erweiterung

- In PA formulieren die S weitere Themen aus dem Bereich „Neue Medien“ und notieren diese auf Karteikarten. Die Themenvorschläge werden an der Tafel/an einer Pinnwand gesammelt. Danach Bildung von Kleingruppen und Zulosung der Themen. Die Internetrecherchen werden mit Hilfe der Checkliste im SB durchgeführt. Anschließend Präsentation der Ergebnisse im Plenum.

Lösung

Individuelle S-Antworten

Tipps für junge Lehrer

Die *Skills*-Seite bietet eine gute Gelegenheit, sowohl die positiven Aspekte von *social networking sites* als auch die Gefahren eines unreflektierten Umgangs mit persönlichen Daten im Internet zu thematisieren. Auch hierzu gibt es zahlreiche Internetangebote, die zuverlässig in die Unterrichtsarbeit einbezogen werden können (siehe Hinweise S. 136).

Language

Seite 55–56

Ziele
- Gegensätzliche Meinungen zu den Medien kennen lernen
- Zur Bedeutung der modernen Medien Stellung beziehen
- Aussagen betonen
- *How to:* Höflich argumentieren

Text

Sorry, you're wrong!

Seite 55

Wortschatz

brain(s), effect, these days, of no importance, importance, brain power, to be unable to do sth, unable, gossip, hardly, issue, in reply to, to multi-task, to filter sth

Methodisches Vorgehen

- Die S äußern sich spontan zu den Überschriften *Media and young brains* und *New brain power* und spekulieren über den Inhalt der beiden Texte.
- Anschließend lesen die S die Texte in Einzelarbeit und erläutern das jeweilige Anliegen im Plenum. L hält die Ergebnisse in Stichworten an der Tafel fest. Da diese als Grundlage für die schriftliche Bearbeitung von *ex.* 1a) dienen können, übernehmen die S die Ergebnisse in ihre Hefte.

TA

Alan Brown:
- worried about effect of modern media on young people
- teenagers addicted to technology
- fed with unimportant information
- negative effect on brain power, unable to concentrate
- don't think critically

Laura Bennett:
- thinks Brown is wrong
- likes and uses technology all the time but can concentrate and is not only interested in gossip
- scientific research shows: new kind of brain power, new skills for new situations (multi-tasking / filtering information)
- result: young people use their brains differently

Üben

1 Think and talk about the letters

Seite 55

Wortschatz

to summarize sth

Methodisches Vorgehen

- a) Die S stellen Vermutungen an, wie Alan auf Lauras Kritik reagieren könnte, und begründen ihre Meinung.
- b) Auf Grundlage der zuvor gesammelten Stichworte fassen die S Lauras E-Mail im Plenum noch einmal kurz zusammen und nehmen begründet Stellung zu ihren Aussagen.
- Alternative: In mündlich starken Lerngruppen kann die Aufgabe als „S-S-Kette" durchgeführt werden. L gibt den S ausreichend Zeit, über ihre eigene Haltung

zu Lauras Aussagen nachzudenken. Anschließend geben die S nacheinander ein begründetes Statement ab.
- Die Bearbeitung der Aufgabe kann auch schriftlich als Hausaufgabe erfolgen. HA

Lösung *Individuelle S-Antworten*

Üben

2 Dynamic and stative verbs — Seite 55

Wortschatz *dynamic, stative*

Strukturen
- *Dynamic and stative verbs*

Methodisches Vorgehen
- a) Die S bearbeiten die Aufgabe in Einzelarbeit.
- b) L und die S lesen die *Grammar*-Box gemeinsam. Anschließend werten die S ihre Ergebnisse aus Teilaufgabe a) aus.
- c) Die S ergänzen die Liste der *stative verbs*. L weist auf G 6 im Grammatikanhang hin.

TIP G 6

Lösung

a) *Verb*	*Simple*	*Progressive*
write		*X*
think	*X*	
be	*X*	
like	*X*	
use	*X*	*X*
mean	*X*	
do	*X*	*X*
develop	*X*	*X*

b) ***dynamic:*** *write, think, use, do, develop;* ***stative:*** *be, like, mean*
c) *Individuelle S-Antworten*

Material
Workbook S. 36/7

Üben

3 Complete the dialogue with the correct forms of the present tense — Seite 55

Strukturen
- *Dynamic and stative verbs*

Methodisches Vorgehen
- Die Bearbeitung der Aufgabe sollte direkt im Anschluss an die Einführung der neuen Struktur erfolgen. Je nach Leistungsstand der Lerngruppe bearbeiten die S die Aufgabe mündlich in PA oder schriftlich in Einzelarbeit.

TIP G 6

HA

Lösung 1. *need* 2. *am ('m) talking* 3. *is* 4. *am ('m) playing* 5. *spend* 6. *are ('re) becoming* 7. *wish* 8. *knows* 9. *has* 10. *are doing* 11. *train* 12. *am ('m) trying* 13. *are ('re) distracting* 14. *is going* 15. *happens* 16. *interrupts*

Material
Workbook S. 36/8

Üben

4 Look at stative verbs in the progressive form — Seite 56

Wortschatz *teletext, to get married, to see sb*

Strukturen
- *Stative verbs in the progressive form*

Methodisches Vorgehen
- Die S erarbeiten die Bedeutungsunterschiede an Hand von G 6 im Grammatikanhang und lösen die Aufgabe eigenständig. L sollte darauf hinweisen, dass die Verben mit ihren unterschiedlichen Bedeutungen gelernt werden müssen.
- Alternative: L schreibt ein Satzpaar an die Tafel. Die S nennen die unterschiedliche Bedeutung des Verbs. Anschließend Bearbeitung der Aufgabe in Einzelarbeit oder PA. Vergleich der Ergebnisse im Plenum.

TIP G 6

HA

TA

Your new pullover looks great. → simple = aussehen
What are you looking at? → progressive = ansehen

Lösung

Erwartungshorizont: were thinking about = were talking about; is seeing = is going out with; is being = is behaving like; has been meaning to = has been planning; is having = is spending; are loving = are enjoying

Material
Workbook S. 36/9

Üben **5 Using unusual word order to give stress** Seite 56

Wortschatz *inversion, adverbial, written, no way, spoken*

Strukturen
- *Inversion*

Methodisches Vorgehen
- a) L erläutert den Begriff *inversion* bei geöffnetem SB. Für leistungsschwächere S kann L den Beispielsatz an die Tafel schreiben und daran den Gebrauch der Inversion sowie die entsprechende Satzstellung verdeutlichen.
- Die S suchen für die vorgegebenen *adverbials* eigene Beispielsätze. L kann diese zur Verdeutlichung an die Tafel schreiben (je ein Beispielsatz).
- b) Die S bearbeiten die Aufgabe schriftlich in Einzelarbeit. Anschließend Vergleich der Ergebnisse im Plenum.
- c) Der Text kann schriftlich als Hausaufgabe oder im Unterricht mit einem/einer Partner/in für einen mündlichen Vortrag umgearbeitet werden.

TIP G 7

HA

TA

Not for one moment can I imagine life without a mobile phone.
verb subject

Lösung

a) *life without a mobile phone*
b) 1. *No way* 2. *Not only* 3. *Hardly* 4. *Never* 5. *Only then*
c) *Erwartungshorizont: "It shouldn't be allowed to use mobile phones in public places. They don't only make a noise, but they force others to listen to private conversations. Yesterday a girl on my train talked non-stop. When she had finished one call, she started again. I've never heard so much silly gossip! I was glad when she got off the train. Then finally I could read my book in peace."*

Material
Workbook S. 37/10

Üben **6 Talk about more ways to add stress** Seite 56

Wortschatz *shampoo*

Strukturen
- *Emphatic 'do', emphasis with 'it is', emphasis with 'what', emphasis with 'self'-pronouns, emphasis through adverbs of degree*

Methodisches Vorgehen
- Die S bearbeiten die Aufgabe schriftlich in Einzelarbeit oder PA. Alternativ kann die Aufgabe unter Verweis auf G 7 im Grammatikanhang auch als Hausaufgabe bearbeitet werden.

TIP G 7

HA

Lösung

Erwartungshorizont: Text B has a stronger effect than Text A. Words and phrases that add stress: You do want …, you know yourself …, What you need …, it's SHINE …, It really does make …, The name itself …

Material
Workbook S. 37/11

Üben **7 How to: Argue politely** Seite 56

Wortschatz *to argue*

Methodisches Vorgehen
- L erläutert die Aufgabe und weist die S auf die *Useful phrases* hin.
- Die S bilden Paare, verteilen die beiden Sprecherrollen und wählen gemeinsam eine der vorgegebenen Aussagen aus. Als Grundlage für das anschließende Streitgespräch notieren die S in Stichworten, warum sie der Aussage zustimmen bzw. widersprechen würden.
- Durchführung des Streitgesprächs. Anschließend werden zu einer weiteren Aussage die Sprecherrollen getauscht.

Erweiterung
- Die S überlegen sich eigene kontroverse Aussagen für ein Streitgespräch.
- **KV 3: How to: Argue politely** bietet die Möglichkeit, Techniken der Gesprächsführung in größeren Gruppen einzuüben.

Material
Kopiervorlage 3

Lösung
Individuelle S-Antworten

S L **Üben**

How to: Argue politely

Workbook Seite 37

One.

Woman: Oh my God, you aren't reading a comic, are you? Comics are for little kids.
Man: No, they aren't.
Woman: Of course they are! People our age who read comics are, well, they must be –
Man: They must be what?
Woman: Well, you know –
Man: No, I don't know. What I do know is that comics are for people of *all* ages.
Woman: Oh, come on! They're just picture stories. I mean, you can't compare them with real books, like, well, like novels or whatever.
Man: You obviously know absolutely nothing about comics. They're a form of literature in their own right.
Woman: Literature?! You can't be serious!
Man: There are real classics like Tarzan and –
Woman: How can comics be literature?! Literature is about reading words, not looking at pages of pictures.
Man: You're just a snob!
Woman: And you're a comic-reading idiot!
Man: Oh, get lost!
Woman: Shut up!
Man: Shut up yourself …

Two.

Woman: What's that you're reading there? Oh, a comic!
Man: Yes. Don't you ever read comics?
Woman: No, I – Of course everybody has their own point of view, but I've always thought that comics were more for kids than for people our age.
Woman: Sorry, but I have to disagree. Comics are for people of all ages.
Woman: Hm. Well. Let me explain my reasons. I mean, comics are picture stories, aren't they? And you can't really compare a picture story with – well, with a novel, for example.
Man: But you shouldn't try to compare them. Comics are a form of literature in their own right.
Woman: Literature? I do respect your opinion, but I wouldn't have thought of comics as literature.
Man: Why not? There are some real classics like Tarzan and Asterix and Tintin.
Woman: Maybe, but still, for me literature is much more about words than pictures.
Man: Oh dear, I think we have to accept we see this differently.

Woman: Yes, I'm afraid we do.
Man: But it's no problem even if we don't agree. You don't need to read to comics. But if I want to, I can.
Woman: That's true. Well, OK, I'll leave you in peace now. Enjoy your comic!

Material
Schüler-CD 2/10–11
Lehrer-CD 3/10–11
Workbook S. 37/12

Üben

8 Your turn: Your own opinion

Seite 56

Wortschatz *view*

Methodisches Vorgehen
- Die Aufgabe eignet sich gut als schriftliche Hausaufgabe. An die Besprechung mehrerer Schülertexte kann sich in der Folgestunde eine offene Gesprächsrunde im Plenum anschließen.

HA

Erweiterung
- *Talk show: "Modern media have a negative effect on young people."*
  – L wählt zunächst zwei S als Moderatoren/Moderatorinnen aus und teilt die Klasse in eine Pro- und eine Kontra-Gruppe ein.
  – In Kleingruppen sammeln die S Argumente und entsprechende Redewendungen für oder gegen die oben genannte Aussage.
  – Die beiden Moderatoren/Moderatorinnen sammeln Redemittel für die Gesprächsführung und sprechen ihre Rollen miteinander ab.
  – Jede Kleingruppe lost aus, wer an der Talkrunde teilnimmt, und gibt dem Talkgast eine fiktive Identität.
  – L weist die S noch einmal darauf hin, dass die Diskussion höflich geführt werden sollte.

Lösung

Individuelle S-Antworten

⟨Revision⟩

Seite 57

Ziele • Gegenwärtige und vergangene Handlungen richtig ausdrücken

Text

⟨Present and past forms⟩

Seite 57

Methodisches Vorgehen
- Zur Wiederholung erläutert L noch einmal den Gebrauch der vier Zeiten *(present tense, present perfect, past tense, past perfect)* in der *simple* und der *progressive form* und weist die S für eine eigenständige Wiederholung auf die detaillierten Erläuterungen im Grammatikanhang hin.
- Für leistungsschwächere S kann L je einen Beispielsatz an die Tafel schreiben und so die Regeln schrittweise wiederholen. L sollte dabei die Bedeutung von Signalwörtern noch einmal deutlich hervorheben (siehe TA).

TIP G 8

TA

He always reads comics.
He is reading a comic right now.
He has already read this comic.
He has been reading this comic for hours.
He didn't read a comic last night.
He had been reading this comic when his parents came home.

Erweiterung
- Als Hausaufgabe bilden die S eigene Beispielsätze.

Üben

1 Simple and progressive forms — Seite 57

Wortschatz *for ages, to reduce, the latest, model*

Strukturen
- *Present and past forms*

Methodisches Vorgehen
- L kopiert die beiden Dialogteile und verteilt sie vor der Stunde an zwei S, die die beiden Rollen kurz einüben. Die S tragen den Dialog im Plenum vor, ggf. auch mehrfach. Die Mitschüler/innen bekommen den Auftrag, genau zuzuhören und die Zeiten zu notieren, die sie in dem Dialog erkannt haben. L schreibt die Zeiten auf Zuruf an die Tafel.
- Anschließend lesen die S den Dialogtext im SB und schreiben die Zeiten und die Signalwörter in ihr Heft.
- Vergleich der Ergebnisse im Plenum. Dabei werden weitere Signalwörter ergänzt.

TIP G8

HA

TA

simple present: Are you ...?, they reduce — usually
present progressive: I'm talking — now
simple past: I bought, I noticed — yesterday
past progressive: I was walking — while
present perfect: they've developed — just
present perfect progressive: I've been trying — all morning
past perfect: they'd reduced
past perfect progressive: I'd been thinking — for ages

Erweiterung
- Als Hausaufgabe schreiben die S nach dem vorliegenden Muster eigene Minidialoge, in denen alle (oder bei leistungsschwächeren S möglichst viele) der genannten Zeiten vorkommen. L legt die Anzahl individuell fest.

Lösung *Siehe TA*

Material
Workbook S. 38/13

Üben

2 Complete the dialogue with the correct past forms or present perfect forms — Seite 57

Wortschatz *to go over, to go down*

Strukturen
- *Past and present perfect forms*

Methodisches Vorgehen
- Die S bearbeiten die Aufgabe schriftlich in Einzelarbeit. Alternativ kann die Aufgabe nach einer Wiederholung der Grammatikregeln im Unterricht auch als Hausaufgabe bearbeitet werden.

TIP G8

HA

Lösung

1. *You've been sitting there all morning.* 2. *Well, I've been doing research on new TVs.* 3. *I told you that the other day.* 4. *We've had ours for ages.* 5. *I only bought it four years ago.* 6. *Technology has improved since then. Ed got a new TV recently. When I went over he was watching it.* 7. *The level has been going down for years.*

Material
Workbook S. 38/14

Üben

3 Complete what people say with the past perfect progressive + since/for — Seite 57

Strukturen
- *Past perfect progressive with 'since' and 'for'*

Methodisches Vorgehen
- Im Plenum wird die unterschiedliche Funktion von *since (= point in time)* und *for (= period of time)* kurz wiederholt. Anschließend bearbeiten die S die Aufgabe schriftlich in Einzelarbeit.
- Vergleich der Ergebnisse mit einem/einer Partner/in bzw. im Plenum.

TIP G8

Lösung

1. … *We had been filming non-stop since July.* 2. … *I had been writing it for two years.* 3. … *We had been researching the facts for months.* 4. … *I had been recording it since Christmas.* 5. … *I had been waiting there for hours.*

Material
Workbook S. 38/15

Üben **4 Tell the story of the taxi driver and the judges** Seite 57

Wortschatz *judge*

Strukturen
- *Past and past perfect forms*

Methodisches Vorgehen
- L führt kurz in die Aufgabenstellung ein. Anschließend schreiben die S zu den vorgegebenen Bildern eine Geschichte und überlegen sich ein passendes Ende. Die Bearbeitung der Aufgabe eignet sich auch als Hausaufgabe.
- Mehrere S lesen ihre Texte im Plenum vor. Die Mitschüler/innen bewerten die Texte an Hand vorab festgelegter Kriterien und üben möglichst konstruktive Kritik. Hilfreich ist hier ein *evaluation sheet,* das gemeinsam erarbeitet und als Wandzeitung im Klassenraum aufgehängt wird. Alternativ kann auch das *peer editing form* aus Unit 1 (**KV 6: Peer editing**) eingesetzt werden.

TIP
G 8

Erweiterung
- Eine weitere Möglichkeit zum Nacherzählen einer Geschichte bietet **KV 4: A media story**. Die kritische Überarbeitung erfolgt in möglichst heterogenen Gruppen, die eine Art „Redaktionskonferenz“ bilden.

Lösung

Individuelle S-Antworten

Tipps für junge Lehrer

Im Anschluss an die Bearbeitung der nachfolgenden *Writing texts*-Seite kann erneut auf die Bildergeschichte zurückgegriffen werden. Die S schreiben nun in GA ein Skript für die Verfilmung der dargestellten Episode.

Material
Kopiervorlage 4

Writing texts

Seite 58

Ziele
- Die wesentlichen Merkmale eines Drehbuchs kennen lernen
- Ein eigenes Drehbuch planen
- *Writing texts:* Ein eigenes Drehbuch für einen humoristischen Werbespot schreiben und verfilmen

Text **Writing a film script** Seite 58

Methodisches Vorgehen
- Ausgehend von einer fiktiven Situation leitet L zu *ex.* 1 über: *Imagine you're working for an advertising agency and you have to write scripts for various TV commercials.*

Erweiterung
- Zur weiteren Übung der *Writing skills* können die Downloadmaterialien unter Online-Link 547160-3002 eingesetzt werden.

Material
Workbook S. 39/16, 17
Online-Link 547160-3002

Üben **1 Before you start** Seite 58

Methodisches Vorgehen
- SB geschlossen. Die S benennen bzw. umschreiben typische Elemente eines Filmdrehbuchs. L gibt ggf. Wortschatzhilfen, wenn die Fachtermini nicht bekannt sind. L oder ein/e S notiert die genannten Elemente in Stichworten an der Tafel.

- Wenn möglich präsentiert L das Foto zu „Melters“ auf Folie. Die S stellen Vermutungen an, worum es in dem Werbespot gehen könnte.
- L leitet zur Bearbeitung von *ex.* 2 über.

TA

Typical elements of a film script:
- scene heading (or: slugline): interior/exterior, setting, time of day, camera shot
- character names
- dialogue
- (stage) directions
- shot (close-up, wide, tracking, zoom, ...)

Lösung

Siehe TA

Tipps für junge Lehrer

Diese Aufgabe kann zur Vorbereitung der Unterrichtsarbeit auch als Hausaufgabe bearbeitet werden. Die S erhalten den Auftrag, unter Rückgriff auf die zuvor eingeübten *Reading skills* eine kurze Internetrecherche durchzuführen und eine Liste typischer Elemente eines Filmdrehbuchs zusammenzustellen.

Material
Ggf. Leerfolie

Üben

2 Read the script on the right — Seite 58

Wortschatz

normal type, italics, direction, bracket, shot, soft lighting, romantic, wide shot, to zoom in, close-up, to suck, to be mad about sb/sth, medium shot, to turn away from sb/sth, to shrug, to be mad with sb, instead of, to make a choice, voice-over

Methodisches Vorgehen

- Die Bearbeitung dieser Aufgabe kann dem Modell des kooperativen „Experten-Jigsaws“ folgen, bei dem jeder/jede Teilnehmer/in zum Experten bei der Lösung einer Teilaufgabe wird: 1. Nach der Bildung von Dreiergruppen (= kooperative Basisgruppen) übernimmt jede/r S die Bearbeitung einer der Teilaufgaben a)–c). 2. Im nächsten Schritt werden Expertengruppen gebildet, d.h. jedes Gruppenmitglied arbeitet mit denjenigen S aus den anderen Gruppen zusammen, die die gleiche Teilaufgabe zu bearbeiten haben, und entwickelt so Expertenwissen. 3. Die S kehren in die kooperativen Basisgruppen zurück und informieren sich gegenseitig. 4. Besprechung der Ergebnisse im Plenum. Hierauf kann eine abschließende Diskussion und Evaluation des Arbeitsprozesses folgen.

Erweiterung

- **KV 5: Camera operations** bietet eine Übersicht und ein kurzes Quiz zu den wichtigsten Fachbegriffen rund um die Kameraarbeit.

Lösung

(Filmkommentar Offstimme)

a) *(TV) commercial: title (MELTERS = brand name), product (= bag of sweets), voice-over with catch phrase at the end*
b) 1. *dialogue (normal type), directions (italics)* 2. *simple present*
3. *location, time, type of camera shot, stage directions* 4. *present or past participles*
c) *wide camera shot: shows the whole scene/setting, helps the audience to get to know the situation; medium shot: shows some part of the setting in more detail; camera zooms in for a close-up: shows details, concentrates on one object or part of a person (e.g. the face)*

Material
Kopiervorlage 5

Üben

3 Plan and write your own script — Seite 58

Wortschatz

catch phrase

Methodisches Vorgehen

- a) L führt kurz in die Aufgabenstellung ein. Nach kurzer Bedenkzeit schreibt jede/r S den Namen des Produkts auf eine Karteikarte, für das sie/er einen

Werbespot schreiben möchte. Die Karteikarten werden an der Tafel/an einer Pinnwand gesammelt. Anschließend erfolgt die Gruppenbildung (3–4 S je Gruppe).

- L bespricht mit den S, wie die Endprodukte präsentiert werden sollen: 1. Bei einer szenischen Umsetzung wird *ex.* 4 sofort in die Überlegungen mit einbezogen. 2. Wenn die Manuskripte nur in Textform vorliegen sollen, kann eine Phase des *peer editing* („Schreibkonferenz") eingeplant werden.
- b) Die S planen und schreiben einen Werbespot für das zuvor ausgewählte Produkt.

Erweiterung

- **KV 6: Writing a TV commercial** kann zur Unterstützung der GA eingesetzt werden.

Lösung

Individuelle S-Antworten

Tipps für junge Lehrer

Zur Vorbereitung der Aufgabe erhalten die S einen oder mehrere Drehbücher zur Auswahl (Copyright-Bestimmungen beachten!). Diese dienen als Muster für die Entwicklung einer eigenen Werbeidee und können als Hausaufgabe oder in GA im Unterricht bearbeitet werden. Ein guter Ausgangspunkt für die Suche nach geeigneten Texten ist die Seite http://www.simplyscripts.com. Beispiele und Anregungen für gelungene Werbespots finden sich bei YouTube. Sie können als Datei heruntergeladen und über einen Beamer im Klassenraum gezeigt werden.

Material
Kopiervorlage 6
Ggf. Karteikarten

Üben

4 ⟨Turn your scripts into films⟩

Seite 58

Methodisches Vorgehen

- Dieser Arbeitsauftrag eignet sich als freiwillige Zusatzaufgabe für kreative bzw. technisch interessierte S. Die S erhalten **KV 7: Let's film a TV commmercial!** als Hilfe bei der Planung und Strukturierung der Projektarbeit.
- Die S präsentieren ihre Werbespots im Plenum. Die Mitschüler/innen vergeben anschließend eine symbolische Auszeichnung für das beste Produkt.

Lösung

Individuelle S-Antworten

Material
Kopiervorlage 7

Wordwise

Seite 59

Ziele

- Den Wortschatz der Unit umwälzen und vernetzen
- Medienvokabular sammeln und systematisieren
- Ursache und Folge in komplexen Satzgefügen ausdrücken
- *False friends* erkennen und ihre Bedeutung im Englischen und im Deutschen unterscheiden
- Adjektive mit *past participles* bilden
- Kurzformen in der Umgangssprache kennen lernen

Üben

1 Collect personal media vocabulary

Seite 59

Methodisches Vorgehen

- Jede/r S erstellt die beiden *word webs* in Einzelarbeit. Anschließend Vergleich der Ergebnisse mit einem/einer Partner/in bzw. im Plenum. Dabei können die *word webs* beliebig ergänzt werden.

Lösung

Individuelle S-Antworten

TIP
Aufgabe zu Beginn der Unit einführen, siehe Hinweise S. 133

Tipps für junge Lehrer

Bei leistungsschwächeren S kann die Wortschatzsammlung auch in PA erfolgen. Die *word webs* werden dann direkt im Anschluss bzw. als Hausaufgabe erstellt.

Zusatzaufgabe *Dictionary* — Seite 164

Methodisches Vorgehen

- Zur weiteren Vertiefung des Wortschatzes zum Thema „Medien" kann auch die Zusatzaufgabe im *Dictionary* eingesetzt werden.

Lösung

1. *brain* 2. *gossip* 3. *to multi-task* 4. *to reduce* 5. *to summarize* 6. *judge* 7. *a close-up* 8. *to argue*

Üben

2 Express cause and effect — Seite 59

Wortschatz

cause, to busk, as, therefore, because of, since

Methodisches Vorgehen

- L schreibt die Begriffe *cause* und *effect* an die Tafel und fordert die S auf, die Bedeutung der beiden Begriffe an Hand einer kleinen Demonstration zu veranschaulichen. Hierzu bieten sich im Klassenraum zahlreiche Möglichkeiten.
- Die S bearbeiten die Aufgabe in Einzelarbeit oder als Hausaufgabe. Anschließend Vergleich der Ergebnisse im Plenum.
- Die S übernehmen die gelb hinterlegten *words / phrases* in ihr *personal vocabulary.*

TIP
In leistungsschwächeren Lerngruppen Beispiele zur Unterscheidung vorgeben

Erweiterung

- In sprachgewandten Lerngruppen lässt sich zur weiteren Festigung eine Kettenübung anschließen. L gibt eine Aussage vor, z. B. *I like watching the latest films.* Ein / e S schließt nun einen Satz an, der entweder Ursache oder Wirkung ausdrückt, z. B. *Since our teacher likes watching the latest films, he / she goes to the cinema every weekend.* Ein / e S fährt fort: *Last Saturday he / she wanted to see the latest George Clooney film, so he / she decided to go to the Cinemaxx.* Diese Übung wird fortgesetzt, bis alle S einmal an der Reihe waren. Wichtig: Themenwechsel sind erlaubt, wenn sie sich sinnvoll in die Kette einfügen!

Lösung

1. *cause* 2. *cause* 3. *effect* 4. *effect* 5. *cause* 6. *effect* 7. *cause*

Material
Workbook S. 40 / 18

Üben

3 Watch out for 'false friends' — Seite 59

Methodisches Vorgehen

- Zum Einstieg kann L die hinlänglich bekannte Geschichte des deutschen Touristen erzählen, der in einem Londoner Restaurant ein Steak bestellt: *A German tourist is sitting in a restaurant in London and orders a steak. After having waited for quite a while he asks the waiter, "Waiter, when will I become a steak?" The waiter answers, "I hope never, Sir."* Die S erläutern die Problematik derartiger Sprachfallen für deutsche Sprecher / innen.
- a) Die Aufgabe wird zunächst im Plenum erläutert. Anschließend bearbeiten die S die Aufgabe schriftlich in Einzelarbeit.
- Vergleich der Ergebnisse im Plenum. Zur weiteren Festigung der *false friends* kann sich eine PA-Phase anschließen, in der sich die S gegenseitig abfragen.
- b) ist fakultativ und kann als schriftliche Hausaufgabe eingesetzt werden. HA

Erweiterung

- **KV 8: False friends bingo** bietet die Möglichkeit zur spielerischen Festigung der *false friends.* L verteilt die Spielpläne, Spielfiguren und Würfel und erläutert die Spielregeln. Den S sollten während des Spiels ausreichend Wörterbücher zur Verfügung stehen. Die Spielregeln: Jedes Team (3–4 S) erhält das gleiche Bingo-Blatt sowie einen weißen und einen schwarzen Würfel. Ein / e S würfelt. Ausgehend von der linken unteren Ecke zieht er / sie nun die Augenzahl des weißen

Würfels nach rechts, dann die Zahl des schwarzen Würfels nach oben. Die S ergänzen gemeinsam den fehlenden Wortschatz. Dann würfelt der/die nächste S, usw. Erzielt eines der Teams ein Bingo (fünf ausgefüllte Kästchen in einer Reihe – senkrecht, waagerecht oder diagonal), überprüft L die Lösungen. Sind diese richtig, erhält das Team einen Punkt und setzt dann das Spiel fort. Sieger ist, wer in der vorgegebenen Zeit die meisten Bingos erzielt.

Lösung

German	*English*	*German*	*English*
Kunst	*art*	*Art*	*kind*
werden	*to become*	*bekommen*	*to get*
Bedeutung	*meaning*	*Meinung*	*opinion*
Fels	*rock*	*Rock*	*skirt*
Notiz	*note*	*Note*	*mark, grade*
Fußboden/Etage	*floor*	*Flur*	*corridor*
tapfer	*brave*	*brav*	*good, well-behaved*
ausgeben; verbringen	*to spend*	*spenden*	*to give, to donate*
Geschenk	*gift*	*Gift*	*poison*
tatsächlich	*actually*	*aktuell*	*current, up-to-date*

Material
Workbook S. 40/19
Kopiervorlage 8
Ggf. Wörterbücher

Tipps für junge Lehrer Zu *false friends* bzw. Übersetzungsfallen finden sich im Internet zahlreiche lohnenswerte Seiten, die z. T. auch online lösbare Übungsaufgaben anbieten.

Üben

4 Make adjectives with past participles

Seite 59

Wortschatz *local, to tie up*

Methodisches Vorgehen

- Zur Wiederholung schreibt L einige regelmäßige und unregelmäßige Verben an die Tafel und lässt die S das jeweilige *past participle* bilden.
- Die S bearbeiten die Aufgabe schriftlich in Einzelarbeit oder als Hausaufgabe. HA

Lösung

1. *shocked* 2. *wanted* 3. *stolen* 4. *closed* 5. *expected* 6. *improved*
7. *fought* 8. *broken*

Material
Workbook S. 40/20

Üben

5 ⟨Real English⟩

Seite 59

Methodisches Vorgehen

- Die S bearbeiten die Aufgabe in Einzelarbeit oder PA und überprüfen ihre Lösungen eigenständig mit Hilfe des *Dictionary* im Buchanhang.

Erweiterung

- L gibt den S weitere Beispiele für *shortened words* in der englischen Umgangssprache vor (an der Tafel oder auf einem Arbeitsblatt), z. B. *Aussie (Australian) – fab(ulous) – ID(entification) – intro(duction) – indie (independent music) – lab(oratory) – limo(usine) – sec(ond) – veggie (vegetarian) – vocab(ulary).*

Lösung

celeb (celebrity) – telly (television) – info (information) – comfy (comfortable) – ref (referee) – (news)paper

Tipps für junge Lehrer Interessierte S erhalten den Auftrag, weitere *shortened words* im Internet zu finden und ein Arbeitsblatt für die Mitschüler/innen zu erstellen.

Üben	**6 ⟨Book corner⟩**	Seite 59
Wortschatz	*excitement, tragedy*	
Methodisches Vorgehen	• L kann kurz auf den Lesetipp verweisen oder eine/n bzw. mehrere S bitten, zusätzliche Informationen über den Roman zu sammeln und diese anschließend im Plenum zu präsentieren.	**Material** Ggf. Roman *Newsflash!*

Check-out

Seite 60

Ziele • Die Lernziele der Unit in Selbstkontrolle überprüfen

Üben	**1 Your turn: Media in your life**	Seite 60
Methodisches Vorgehen	• L und die S lesen die Aufgabenstellung gemeinsam. Anschließend bearbeiten die S die Aufgabe in Einzelarbeit oder als Hausaufgabe. • Zur Ergebnissicherung lesen mehrere S ihre Texte im Plenum vor.	HA
Erweiterung	• Zur Wiederholung des Wortschatzes zum Thema „Medien" kann **KV 9: Media-mad: Working on your vocabulary** eingesetzt werden.	
Lösung	*Musterlösung siehe SB S. 219*	**Material** Kopiervorlage 9

Üben	**2 Complete this interview with the correct forms of the present tense**	Seite 60
Wortschatz	*viewer, to appear, from now*	
Strukturen	• *Dynamic and stative verbs*	
Methodisches Vorgehen	• L weist eingangs noch einmal auf G 6 hin. • Die S bearbeiten die Aufgabe schriftlich in Einzelarbeit, anschließend Selbstkontrolle bzw. Überprüfung durch einen/eine Partner/in.	**TIP** G 6
Lösung	*Siehe SB S. 220*	**Material** *Workbook* S. 41/22

Üben	**3 Find the right order to complete the sentences with added stress**	Seite 60
Strukturen	• *Emphasis*	
Methodisches Vorgehen	• L weist eingangs noch einmal auf G 7 hin. • Die S bearbeiten die Aufgabe schriftlich in Einzelarbeit, anschließend Selbstkontrolle bzw. Überprüfung durch einen/eine Partner/in.	**TIP** G 7
Lösung	*Siehe SB S. 220*	**Material** *Workbook* S. 41/23

Üben

4 Rewrite this Internet argument to make it more polite Seite 60

Methodisches Vorgehen

- Die S bearbeiten die Aufgabe schriftlich in Einzelarbeit. Anschließend Vergleich der Ergebnisse mit der Musterlösung oder einem/einer Partner/in. Dabei sollte auch besprochen werden, welche Wortwahl besser bzw. weniger gut geeignet ist.

Lösung

Musterlösung siehe SB S. 220

Material
Workbook S. 41/24

⟨Text⟩

Seite 61–63

Ziele • Einen Romanauszug aus einem Science-Fiction-Roman lesen und verstehen

L Text/ Üben

⟨Uglies⟩

Seite 61–63

Wortschatz Annotationen S. 61–63

Methodisches Vorgehen

- L schreibt den Titel des Romans an die Tafel. Die S betrachten die Bilder auf S. 63 im SB (ggf. als Farbkopie auf Folie) und stellen Vermutungen an, um was es in dem Text gehen könnte.
- Die S lesen den Text in Einzelarbeit und überprüfen die zuvor angestellten Vermutungen. Unbekanntes Vokabular kann mit Hilfe der Annotationen oder des *Dictionary* im Buchanhang erschlossen werden.
- Zur Überprüfung des Textverständnisses bietet es sich an, **KV 10: Uglies**, Teilaufgabe a), einzusetzen.

Erweiterung

- Wenn der Roman als Ganzschrift zur Verfügung steht, kann ein/e S schon im Vorfeld gebeten werden, das Buch zu lesen und in einer kurzen Präsentation im Plenum vorzustellen.
- Als Grundlage für eine Diskussion über Schönheitsideale in unserer Gesellschaft kann **KV 10: Uglies,** Teilaufgaben b)–d), dienen.

Tipps für junge Lehrer

Eine Diskussion über Schönheitsideale ist in dieser Altersgruppe unter Umständen ein heikles Thema. Diskussionsbeiträge sollten daher auf freiwilliger Basis erfolgen.

Material
Lehrer-CD 3/12–15
Kopiervorlage 10
Ggf. Leerfolie

KV 1: The media-mad ABC

Work with a partner. Use each letter of the alphabet as the first letter of a word or a short phrase that deals with modern media. Find as many words / phrases as possible.

A ____________________

B ____________________

C ____________________

D ____________________

E ____________________

F ____________________

G ____________________

H ____________________

I ____________________

J ____________________

K ____________________

L ____________________

M ____________________

N ____________________

O ____________________

P ____________________

Q ____________________

R ____________________

S ____________________

T ____________________

U ____________________

V ____________________

W ____________________

X ____________________

Y ____________________

Z ____________________

ISBN 978-3-12-547163-4

KV 2: Reality TV

a) *What reality shows do you know on German TV? Who watches these programmes?*

b) *Read the short summaries of reality TV shows people could watch in Britain in 2004.*

I'm a Celebrity ... Get Me Out Of Here:

A group of ten minor celebrities live in the Australian jungle and their adventures and daily tests are shown live on TV. Viewers can vote to remove a celebrity and can text their comments during the live show. The person who stays in the jungle longest wins a lot of money. This programme is shown seven days a week for up to three hours.

Relocation Relocation:

This show follows people deciding on a new place to live in the UK. They are filmed during the process of changing towns and houses.

Celebrity Fit Club:

A group of overweight celebrities go on a diet together and are filmed every week doing fitness challenges and talking about what they eat.

Fame Academy:

A group of wannabe singers are put in a large house in North London for ten weeks and they prepare songs and sing every week. Viewers at home can vote for the best singers until there is a final programme with two finalists. The winner gets a recording contract and wins a year as a pop star.

Changing Rooms:

Two couples exchange houses and redecorate a complete room. The programme shows the reaction of each couple when they see their home changed.

Shattered:

A group of young people live in a house for a week and must stay awake. Each day there are tests to see how fit they still are. They must leave the house if they fall asleep. Viewers vote and text their comments every day.

Learner Drivers:

This show follows people as they learn to drive. People are filmed while they fight with their driving instructors, test the patience of other drivers and pass or fail their driving exam.

c) *Which of these programmes would you like / not like to watch? Say why / why not.*

d) *Do you think there should be more control over this type of shows on TV? Discuss.*

ISBN 978-3-12-547163-4

KV 3: How to: Argue politely

Work in groups of three to five. Cut out the cards and put them in the correct order face down on the table. To open the discussion, the youngest member of your group takes card 1 and follows the instructions. After two minutes the student on the right takes card 2, and so on. Don't forget to use different ways to add stress – but always argue politely!

1	2
Start the discussion by asking: "Would you like to be a star?" If nobody wants to answer, ask one of the group members directly.	Agree with the last person. Continue with his or her argument.
3	**4**
Disagree with the last person and explain why.	Ask someone to summarize what has been said so far.
5	**6**
Ask someone to explain one of the arguments by giving an example.	Present an argument that shows the disadvantage of the view that has just been presented.
7	**8**
Let the others vote on the basic question: "Would you like to be a star?"	Ask someone who hasn't spoken yet or hasn't spoken as much as the others to give his / her opinion.
9	**10**
Present an example that shows that the person who has just spoken isn't right.	Talk about the question: "What can celebrities do about the negative aspects of being a star?"

ISBN 978-3-12-547163-4

KV 4: A media story

a) *Look at the pictures. Tell the story of the photographer and the star.*
Use past and past perfect forms. Think of a good title and ending for the story.

??

b) *What can be done about situations like these?*
Do you think the privacy of celebrities should be protected by laws? Say why / why not.

ISBN 978-3-12-547163-4

KV 5: Camera operations

a) *Look at the different types of camera operations.*
Which effects do these operations have? Make notes.

Camera positions:	Camera angles:	Camera moves:
 **Long shot**	 **High-angle shot**	 **Tracking shot**
 **Close-up**	 **Eye-level shot**	 **Panning / tilting:**
 **Extreme close-up**	 **Low-angle shot**	 **Zooming in / out**

b) *Match the types of camera operations with the different scenes.*

1	Low-angle shot	**A**	A car is driving on a lonely road. The skyline of a city can be seen in the distance.
2	Long shot	**B**	A reporter looks directly at the camera and informs the viewers about a road accident.
3	Extreme close-up	**C**	The camera shows a young couple from above, sitting on a bench in the park.
4	High-angle shot	**D**	All you see on the screen is a bloody hand, holding a knife.
5	Close-up	**E**	The boss laughs cruelly at one of his employees – it seems as if he is standing above the person.
6	Eye-level shot	**F**	A young woman hears some shocking news. You can only see her head and her shoulders.

Lösung: 1. E 2. A 3. D 4. C 5. F 6. B

ISBN 978-3-12-547163-4

KV 6: Writing a TV commercial

a) *Work together in groups of four or five. Look at the first scene of a TV commercial. Discuss the following questions: Who are the people? Where are they? What is the product the commercial wants to sell? Make notes in the grid.*

	Scene 1:	Scene 2:	Scene 3:
Setting:			
Characters:			
Props:			

b) *Plan two more scenes for the commercial. Fill in the rest of your grid.*

c) *Write a short summary of your commercial.*

____

____

____

____

____

d) *Now write the script. Remember to include character names, directions for camera work, music, and sound effects.*

e) *Film your script and present it in class.*

ISBN 978-3-12-547163-4

KV 7: Let's film a TV commercial!

Group members:				
	Who?	Jobs? / Equipment? / Things to organise?	When?	Comments?
Writer – responsible for the text				
Director – controls the making of the film				
Camera operator – handles the camera				
Gaffer – handles the light				
Sound engineer – responsible for the sound effects				
Grip – responsible for the set / props				
Stylist – responsible for costumes / make-up				
Actors / actresses				
Editor – puts the pieces of the film together in the end				

ISBN 978-3-12-547163-4

KV 8: False friends bingo

Get together in teams of three or four. Take turns to throw the white and the black dice. Move the number of the white dice to the right and the number of the black dice upwards. Fill in the missing words (the German words on the left and the English words on the right). Use a dictionary to find any words you need. When you have finished a bingo – a line of five boxes (down, across or diagonally) – your teacher checks your answers. If they are correct, you get a point. The winner is the team with the most bingos.

rent	also / also	gift	BINGO	Rock	notice
become / bekommen	still	BINGO	Bedeutung	taste	Stadium
BINGO	lack	Speisekarte	spare / sparen	gymnasium	spend
sensible / sensibel	brave	Handy	map	BINGO	ordinary / ordinär
overtake	BINGO	chef / Chef	tablet	Flur	receipt
Kunst	blame	bald / bald	actual	Brand	BINGO

ISBN 978-3-12-547163-4

KV 9: Media-mad: Working on your vocabulary

Across

1. Are you … because you watch TV a lot and love e-mailing your friends?
4. In a film script you not only find the dialogues, but also the … for the actors what to do.
5. Violence in films is a serious …
6. After having seen the city from a bird's view, let's … and only show the house of the family.
7. It is always important for a film to attract a lot of … who are interested in it.
9. A lot of teachers worry about the … of the Internet over their students.
10. Every action has some kind of … on somebody or something.
11. Facebook is a social … site.
12. When you often do more than one thing at a time, you are good at …
13. Commercials often end with a …
14. In a TV programme or a film the spoken words of a person that you can't see are called a …

Down

2. Let's show only her hand with the ring in a … in the next scene.
3. A clever person has …
8. Films would be boring without music or …
15. When … came up in the 1950s, the picture was black and white.
16. When you show a scene with the camera from a certain perspective, this is called a … .

Lösung: 1. *media-mad* 2. *close-up* 3. *brains* 4. *directions* 5. *issue* 6. *zoom in* 7. *viewers* 8. *sound effects* 9. *power* 10. *effect* 11. *networking* 12. *multi-tasking* 13. *catch phrase* 14. *voice-over* 15. *television* 16. *shot*

ISBN 978-3-12-547163-4

KV 10: Uglies

a) *Work with a partner. Read the text on pages 61–63 in your book again.*
Cut out the cards, mix them and put them face down on the table. One of you takes a card.
If your partner answers the question correctly, he/she can keep the card.
If the answer is wrong, put the card back on the table. Take turns.
The winner is the one with the most cards.

When does the story take place? Who are the protagonists in the story? (It takes place 300 years in the future. The protagonists are Tally Youngblood, who is about to turn 16, and Shay, her friend.)	**What is the Smoke?** (It is the place where all the unoperated people live. Tally finds her friend Shay there.)	**Describe the setting in this part of the novel. What is different from New Pretty Town?** (There are shelves with dusty books and mismatched desks and chairs. There is no big airscreen or private workscreens like in New Pretty Town.)	**What happens to teenagers who turn 16 in this story?** (They get operated on and turned from an Ugly – a normal person – into a Pretty with a perfect face and body.)
Describe the Uglies through Tally's eyes. (They all have different faces and bodies, and some of them are fat or have ugly proportions. But they are not ashamed of their looks.)	**What role does Dr. Cable play in the novel?** (He works for the secret police. Tally has to find Shay for him because otherwise she won't get her operation.)	**What does Tally remember about the time before young people were operated on?** (She remembers that a lot of people, especially girls, were often ashamed of being fat and they stopped eating. Some of them even died.)	**How does Tally react when she sees the picture of the skinny model?** (She can't understand why anybody wants to live in such a world. She thinks of helping Dr. Cable to find the Smoke.)

b) *Describe the two ads. Which one do you like better? Explain why.*

c) *What do you think about modelling? Would you like to be a model yourself? Explain why/why not.*

d) *Choose one of the following topics. Make notes and discuss it with your partner (3–5 minutes).*

1. Only good-looking people are successful in life.
2. Size zero models cannot be a good role model for young people.

Klett

ISBN 978-3-12-547163-4

KV 11: Stationenlernen Unit 3

Station 1: English text messages

a) *Have you ever written or received English text messages? Do you want to learn how to do it? Here are some rules:*

A single letter or number can replace words:

be → b
see → c
are → r
for → 4
you → u
why → y
to/too → 2

Options Send Clear

Letters and punctuation can be left out:

-ing → -in
sorry → sry
something → s/t
yearbook → yrbk
with → w/
between → btwn or b/w

Options Send Clear

A single letter or number can replace a syllable:

great → gr8
skate → sk8
therefore → thr4
tomorrow → 2mro
mate → m8
before → b4
later → l8r/l8a

Options Send Clear

b) *Try to decode the following messages. It can help you to speak the letters and numbers out loud.*

HRU		**NE1**	
2L8		**XLNT**	
CUL		**LOL**	
HAND		**T+**	
B4N		**PLS**	
D8		**JK**	

c) *Turn the following phrases / sentences into short messages.*

Please call me.	
rolling on the floor laughing	
Wait for me.	
Are you okay?	
free to talk	

d) *Write down five phrases / sentences in your exercise book. Exchange them with a partner. Then turn your partner's phrases / sentences into short messages.*

Lösung: b) *how are you, too late, see you later, have a nice day, date, anyone, by the way, excellent, laughing out loud, think positive, as soon as possible, please, just kidding* c) PCM, ROTFL, W84M, RUOK, F2T

ISBN 978-3-12-547163-4

KV 12: Stationenlernen Unit 3

Station 2: The false friend triangle

Cut out the triangles. Put them together so that you get one big triangle. Match the English words with the correct German translation. Write them down in your exercise book.

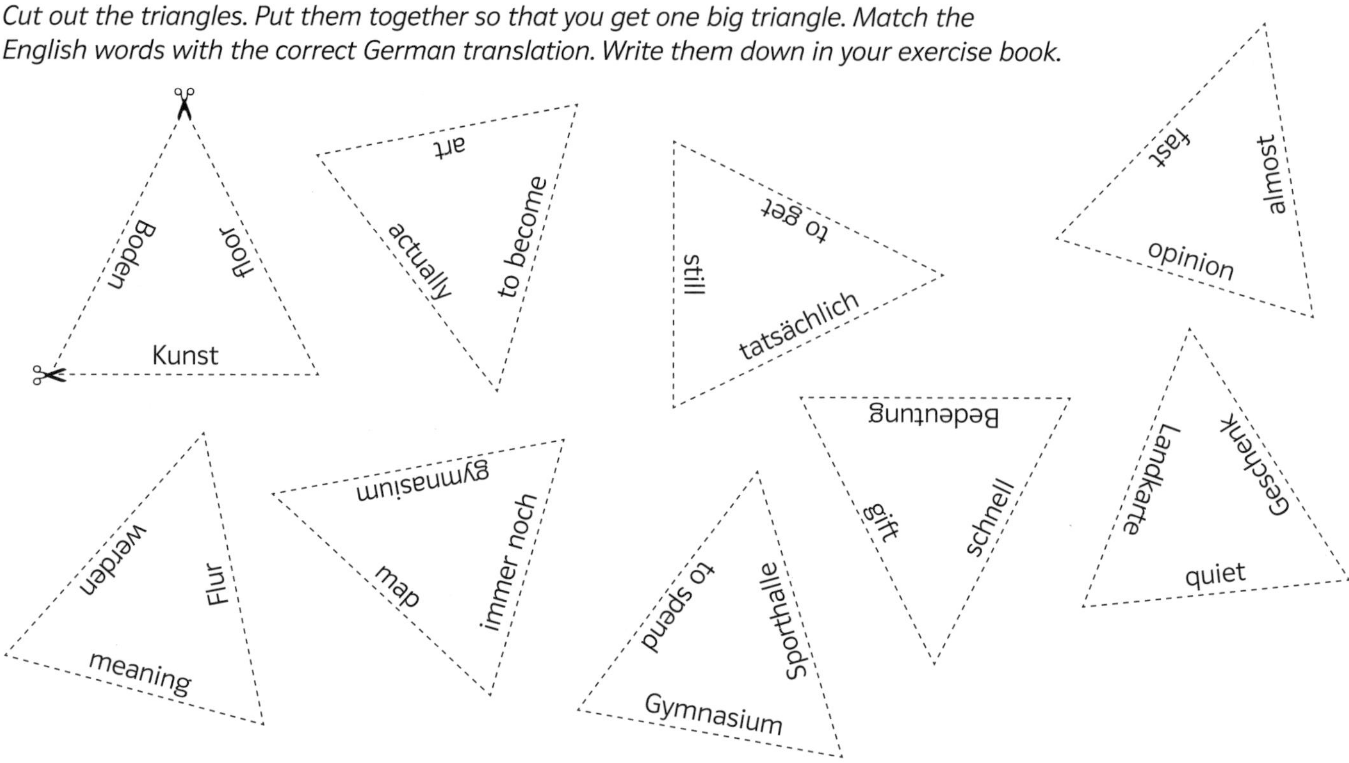

Station 3: Word bingo

Get together in groups of five. One of you is the game master. He / She writes down the media words from the box on page 164 on a piece of paper together with the German meaning. Each player gets a copy of the field below and fills in nine media words from the box. The game master reads the words from his / her list in German one after the other. The players mark the corresponding English words on their playing fields. The winner is the one who first has three words in a line – down, across or diagonally.

ISBN 978-3-12-547163-4

KV 13: Stationenlernen Unit 3

Station 4: Trouble shooting

Read the text on page 157 in your book and try to remember as much as possible. Close your book. Then read a different version of the text below. Underline the mistakes and correct them on the right. Use your book to check your results.

The Media

Every day more and more information is brought to the public by 'the media' – by newspapers and magazines, television and radio, the Internet, and by advertising. Many people hardly realize how great the power of the media is over their lives. Have you ever thought how much effect the media can have on your own ideas and opinions?

Daily newspapers, which started appearing in Britain in the 16th century, were the first 'media form'. These days they are read by millions of people. There are 'quality' (or 'serious') newspapers, like *The Sun*, and 'popular' ones, like *The Times*, which offer the latest gossip, and have more pictures and longer articles.

Before the days of TV, radio was the main form of entertainment in most people's homes. First started by MTV in 1922, radio today still offers regular news and information, and also music, sport, plays, etc.

Today the average person in Britain or the USA spends about one hour a day in front of the TV. When TV first began to find its way into more and more people's homes in the 1920s, the picture was in colour, and everyone watched the same programmes because there were only three channels! These days, of course, listeners can choose between more and more different channels, with all kind of programmes, from Hollywood films and soap operas to chat shows. Thanks to video and DVD, people can also watch their favourite films at home whenever they want, without having to go to the cinema.

The influence of advertising on our lives is huge. Advertisements are everywhere – in newspapers and magazines, on the radio, in TV commercials and on the Internet and, of course, everywhere you go – in towns, on buses, on the underground …

Finally, there is the Internet, which can be used in so many different ways, firstly as a source of information, and for communication by letters, etc. And it didn't take long for social networking sites, like MySpace and Handbook, to become a favourite financial source for millions of people of all ages. The amazing development of mobiles, too, which have become so much more than just phones, has made them so attractive that it's difficult to imagine what life would be like without them.

Newspapers – the first 'media form' and now read by millions of people

ISBN 978-3-12-547163-4

KV 14: Stationenlernen Unit 3

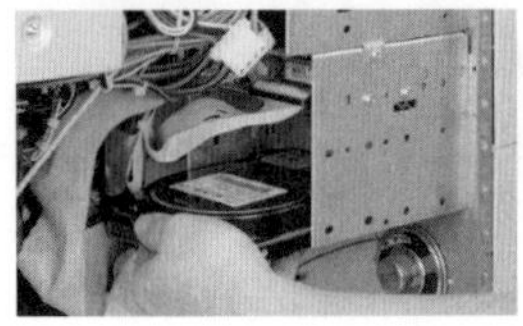

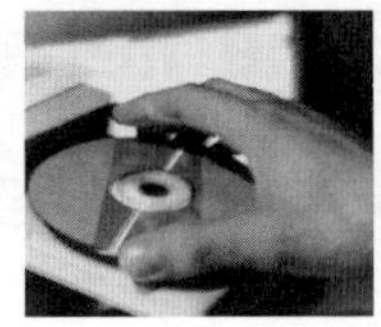

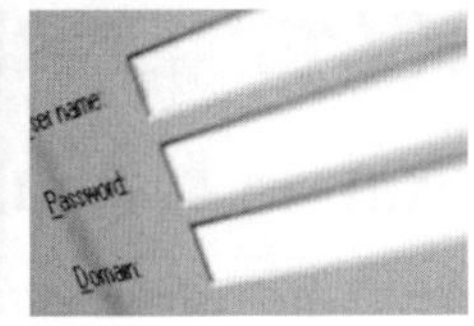

✎ Station 5: The big computer quiz

Match the computer words with the right definitions.

1 Internet	A A copy of the information on your computer, which is stored separately, on a CD-ROM for example. It is used when one or more of the files on your computer are damaged.
2 World Wide Web	B A mistake or problem in a computer program.
3 backup	C A disk that holds large amounts of information that can be read by a computer.
4 Windows	D A computer program that enables a computer to use other pieces of equipment such as a printer.
5 operating system	E The system for using computers to send messages over the Internet.
6 CD-ROM	F A small piece of electronic equipment inside a computer that enables it to receive and display pictures and videos.
7 hard disk	G A magnetic device that is fixed inside a computer and stores a very large amount of information.
8 virus	H The large system of connected computers around the world which allows people to share information and communicate with each other.
9 graphics card	I An electronic equipment which is used to connect your computer to the Internet and to send electronic mail.
10 modem	J A special program that controls the way a computer system works.
11 driver	K The equipment for converting paper documents to electronic documents.
12 scanner	L A computer program or part of a computer program which can make copies of itself and prevents the computer from working normally.
13 bug	M An operating system used by the majority of PCs.
14 electronic mail (e-mail)	N The system of connected documents on the Internet, which often contain pictures, video and sound, and can be searched for information about a particular subject.

Lösung: 1. *H* 2. *N* 3. *A* 4. *M* 5. *J* 6. *C* 7. *G* 8. *L* 9. *F* 10. *I* 11. *D* 12. *K* 13. *B* 14. *E*

ISBN 978-3-12-547163-4

KV 15: Stationenlernen Unit 3

Station 6: Discuss with your partner

Choose one of the topics and make notes. Then discuss the topic with your partner (3–5 minutes).

Internet dating is a good way of meeting new people. Yes / No? Discuss.

Portable media player, iPod, latest mobile phone: A must to have? Why / Why not? Discuss.

Is it necessary to protect kids from Internet dangers? Discuss.

A virtual world can replace real-world friendships. Yes / No? Discuss.

School lessons in the future. At home on the computer? Yes / No? Discuss.

Facebook and SchülerVZ – stealing your personality? Yes / No? Discuss.

Station 7: Project

You want to protect kids from Internet dangers. Get together in groups of three or four. Prepare solutions for the following dangers (if possible you can do Internet research). Write your results on a poster and present them in class.

Cyber-bullying

Cyber-bullies send hateful messages or even death threats to others, spread lies about them online, make nasty comments on their social networking profiles, or create a website to make fun of their victims' looks or character.

Sexual predators

Predators try to meet kids on the Internet, mostly in chatrooms. They pretend to be shy, cute teenage boys who are looking for a relationship. When meeting up, it is obvious that they intend sexual abuse.

Pornography

While surfing on the Internet, kids might end up on one of the large number of pornographic websites, some even showing small children in pornographic positions.

ISBN 978-3-12-547163-4

KV 16: Stationenlernen Unit 3

✎ Station 8: Can you feel the rhythm?

This is a test about you and music – are you a little, normally or very much enthusiastic about it? Or maybe not at all "yeah yeah yeah"?

1. What kind of instrument would you like to play in the school orchestra?
   a) the drums
   b) the guitar
   c) the flute

2. It's the day of your friend's big party. You are …
   a) laughing at the people on the dance floor.
   b) the dancing king / queen.
   c) hiding in a quiet corner.

3. You prefer dancing when there is …
   a) blues music.
   b) hip-hop music.
   c) rap music.

4. When it's raining …
   a) you dance.
   b) you run.
   c) you fall ill.

5. You thump nerviously on the table. What does it sound like?
   a) Ta ga ti gui di tag a da ti gui tag a!
   b) Ta tat a um tat a ta!
   c) Ta tat a!

6. When you go skating …
   a) you stop when you fall down.
   b) you forget everything around you.
   c) you experiment.

7. When your alarm clock rings …
   a) you get up immediately.
   b) you wait for another 5 minutes and stay in bed.
   c) you don't hear anything.

8. What is a triplet?
   a) a rhythm figure.
   b) a music instrument.
   c) a dessert with chocolate.

9. You dance …
   a) until you are completely tired.
   b) only to music you like very much.
   c) alone in your room with your teddy.

10. Sometime in another life, you will be …
   a) a kangaroo.
   b) a snake.
   c) a lion.

Auswertung: ***Majority answer a):*** *You are crazy about rhythm. You work with music, have a shower with music, go to bed with music, … If it was possible, you would do everything with music. You like dancing and moving your body. Conclusion: Your heart is a box full of rhythm!*

Majority answer b): *You like rhythm and when you listen to rap or groove, you want to start dancing. But you think that you aren't good at it. Don't think, just do it! Learn to play an instrument. Maybe you have hidden talents!*

Majority answer c): *You like music, but you can also live without it. You feel embarrassed when the others see you dancing. Give music a chance! Learn to feel the rhythm. Music can make you happy in every situation!*

ISBN 978-3-12-547163-4

⟨Revision for tests⟩ Unit 3

Seite 64–67

Ziele
- Vorbereitung auf Standardprüfungen
- Einen Bericht lesen
- Radiointerviews verstehen
- Jemanden überzeugen
- *Mediation:* Einen Text über „Handy-Ortung" erklären
- Über Regeln für die Internetnutzung schreiben

Text

That's stealing, too

Seite 64

Üben

1 Understanding the text: Internet thieves

Seite 64

Methodisches Vorgehen

- Die S stellen anhand der Überschriften *(That's stealing, too/Virtual thief caught)* und des Bildes Vermutungen an, worum es in dem Text gehen könnte.
- Anschließend lesen die S den Text und geben die wesentlichen Inhalte wieder *(skimming)*: *The police arrested a 17-year-old teenager and questioned five 15-year-olds who are all suspected of having stolen virtual furniture.*
- a) Die S suchen die erforderlichen Informationen im Text *(scanning)* und ergänzen die Sätze in Einzelarbeit. Anschließend Vergleich in PA.
- b) Die S bearbeiten die Aufgabe in Einzelarbeit. Die Ergebnisse werden anschließend gemeinsam an der Tafel gesammelt.

TIP
http://www.habbo.com

TA

Virtual thief caught
- became Habbo Hotel user
- invented fake Habbo website
- got Habbo people's user names + passwords
- logged into real Habbo Hotel
- suspected of stealing €4,000 worth of virtual furniture
- arrested by the police

Lösung

a) 1. *... they were contacted by the website's owners.* 2. *... in the thieves' own Habbo rooms.* 3. *... taken legal action* 4. *... pay for virtual furniture ("furni").* 5. *... to buy Habbo Credits.* 6. *... fake Habbo Hotel websites and thieves getting people's user names and passwords.*
b) *Siehe TA*

Tipps für junge Lehrer

Der Text bietet die Möglichkeit, gemeinsam mit den S den Sinn von Webseiten wie Habbo Hotel zu hinterfragen: *Would you play Habbo Hotel? Why/Why not? What better ways are there to spend your time on the Internet?*

Material
Workbook S. 42/1

L **Üben**

2 Listening: Two interviews in the street

Seite 65

HV-Text

One.

Sally: Hello there, excuse me. I'm Sally Taggart from Radio Seven. I noticed you were using your mobile a moment ago. Were you actually talking to anyone?

Boy: No, I wasn't. I was listening to music. I still am – or trying to.

Sally: Sorry to interrupt you, but we're preparing a programme about how teenagers use the Internet and their mobile phones. I'm looking for some teenagers who'd like to tell me a bit about their habits and opinions. Could I possibly ask you one or two questions?

Boy: Yeah, OK. Question number one?

Sally: Er – Do you use your mobile to talk to people?
Boy: Sometimes, yes. Next question?
Sally: Wait a moment! We haven't finished the first one yet! Am I right in thinking you use it more for text messages?
Boy: Yeah, I do. But I need it most for music, not people.
Sally: Oh, I see. Well, how many people's phone numbers do you have in your mobile at the moment?
Boy: How many? About twenty or thirty, I guess.
Sally: In a survey last year, teenagers have seventy-five numbers in their phone on average. Does that surprise you?
Boy: No, not really. – Must be all the girls. They're always talking with someone. I told you – I'm the music type.
Sally: Yes, of course. OK, many thanks, I won't hold you up.

Two.
Sally: … I'd just like to ask you a few questions about your mobile phone.
Girl: Do you mean – how much it costs and who pays for it?
Sally: No, no, nothing like that. For a start: How many numbers have you got in it? More than seventy?
Girl: Oh yes, easily! There's my whole class from school, my family, my –
Sally: If I could just interrupt you there. – Do you talk to all these people on your mobile – regularly?
Girl: Oh no! I text more than I talk on my mobile. If I really want to *talk* to somebody, I use my parents' phone at home or I chat online.
Sally: In a survey last year, the average teenager spends five hours online every day. Can you believe that?
Girl: Oh, yes. I mean like – *personally* I don't use the Internet for hours. Well, OK, I chat online, I check MySpace every day, – oh, and I download music. But I love doing sports, too, and I hang out with my friends after school. But I know people – I tell you, they're online every free minute of the day! What kind of a life is that, I mean …?

Methodisches Vorgehen

Pre-listening:
- Die S nehmen zunächst in PA Stellung zu folgenden Aussagen: 1. *"In a survey last year, teenagers have seventy-five numbers in their phone on average."* 2. *"The average teenager spends five hours online every day."* Anschließend gemeinsame Diskussion im Plenum.

While-listening:
- a) + b) L präsentiert die beiden Interviews von CD. Anschließend bearbeiten die S die Aufgaben in Einzelarbeit. In leistungsschwächeren Lerngruppen sollten die S nach dem ersten Interview genügend Zeit bekommen, um die ersten drei Aussagen überprüfen zu können.
- c) L und die S erstellen ein einfaches *listening grid* an der Tafel. Während des zweiten Hörens machen sich die S Notizen.

Post-listening:
- Mehrere S tragen abwechselnd ihre Notizen in das *listening grid* an der Tafel ein *(chalk relay)*. Alternativ kann L zwei S bitten, bereits während des Hörens ihre Notizen an der Tafel festzuhalten. Anschließend werden die Ergebnisse korrigiert bzw. ergänzt.

TA

Sally's notes: Two interviews in the street

Boy	- uses mobile for texting more than for talking - needs it most for music - 20—30 addresses in mobile

Girl	– more than 70 addresses in mobile (class, family) – uses mobile for texting more than for talking – uses parents' phone or chats online – not surprised by average teenager spending more than 5 hours online – doesn't use Internet for hours (chats, checks MySpace every day) – loves doing sports + hanging out with friends after school – knows people who are online every free minute of the day

Erweiterung

- L: *Do an interview with a girl and a boy in your class about how they use their mobiles and the Internet. Use Sally's questions – and some of your own. Write a report.*

Lösung

a) + b) 1. *right* 2. *not in the text* 3. *wrong: He has only about twenty or thirty. Sally tells him that the average teenager has seventy-five.* 4. *wrong: She uses her parents' phone at home or chats online.* 5. *right* 6. *not in the text*
c) *Siehe TA*

Material
Lehrer-CD 3/16–17

S L **Üben**

Listening: Climax

Workbook Seite 43

HV-Text

Danny: Hey, Lisa, look who's in the store with us! Lisa, I'm talking to you!
Lisa: Just a minute, Danny. I'm checking out these T-shirts. I think I might –
Danny: Forget the T-shirts, Lisa. This is much more important. Look, that's Wilson Williams looking at jeans over there.
Lisa: Wilson Williams – the DJ from Diva Nightclub?! Wow, yeah, you're right!
Danny: This could be the lucky break we need.
Lisa: Too right! Come on, let's go over and see if he'll listen to us.
Danny: Er, excuse us, Mr Williams. We were wondering – I mean, it would be great if you could give us a moment of your time.
Wilson: Well, I –
Lisa: Please!
Wilson: OK, guys. But you'll have to make it quick.
Danny: The thing is, we're in a band called Climax. There's us two and another guy. We've been together for over a year now, working really hard and developing our own sound.
Lisa: Yeah, Danny and Danny – that's the other guy – they're great song-writers.
Danny: And Lisa has the most amazing voice. We've recorded some tracks we're really proud of.
Wilson: Well, that's great. I'm happy the studio you chose did a good job for you.
Lisa: Actually, we didn't have the money to go to a studio.
Danny: But you'd never know we make our recordings at home. The sound quality is very good. Lisa's brother is into technology and helps us get the quality we want.
Lisa: The only problem we have now is how to get our music out there to other people.
Danny: And that's what we wanted to ask you. Our songs are great to dance to.
Lisa: Yeah, they'd be perfect for a nightclub, and –
Wilson: Guys, can you imagine how many new bands want me to give them play-time? I mean, I'd like to help, but you know –
Lisa: If you could just listen to our music –
Danny: We'll give you the Climax website address.
Wilson: Oh, so your music is already online.
Danny: Yeah, but there's so much competition on the web that not enough people get to hear us.
Lisa: I mean, if you're a new band and nobody knows you, it's hard to get noticed.

Danny: We've also tried e-mailing local radio stations to get airtime.
Lisa: But we got no reaction at all. Radio DJs don't even take the time to listen if you don't already have a name or have a record company behind you.
Danny: So you see, we're hoping you'll give us a chance.
Lisa: We're not asking you to promise to play our songs in the nightclub.
Danny: We just want you to listen to them.
Lisa: 'Cos we're sure you'll love them.
Danny: And then you *will* play them!
Lisa: And everybody will start talking about Climax and soon we'll –
Wilson: Stop! Wow, you guys are something else! But I love your energy, so – OK. But the only promise I'm making is to listen and tell you what I think.
Danny: Fantastic!
Wilson: So let me have that website address of yours and I'll get back to you by the end of next week.
Lisa: Thank you so much!

Material
Schüler-CD 2/12
Lehrer-CD 3/19
Workbook S. 43/4

Üben

3 Speaking: A new cell phone

Seite 65

Methodisches Vorgehen

- Die S lesen die Aufgabenstellung und überlegen in PA, welche Argumente es für und gegen ein neues Handy gibt.
- Anschließend werden die Argumente im Plenum kurz besprochen. Die S können dabei ihre eigenen Argumente ergänzen.
- In PA übernehmen die S eine der beiden Rollen (Ryan oder sein Vater/seine Mutter) und versuchen, den/die Gesprächspartner/in zu überzeugen. Anschließend Partnerwechsel.

TA

A new cell phone

Advantages	Disadvantages
- can do more things with it	- the price
- don't need an MP3 player	- spend more time phoning and texting
- looks better than the old one	- soon out of date
- smaller and lighter	- can be stolen
- new contract is better	- easily lost
- ...	- ...

Erweiterung

- L: *You want to go to a friend's birthday party, but your parents want you to be home by 11 pm. Try to convince your mum/dad to let you stay longer. Act the dialogue with a partner.*

Lösung

Individuelle S-Antworten

Tipps für junge Lehrer

Einige S tun sich bei Rollenspielen leichter, wenn der Anfang des Dialogs vorgegeben wird, z. B. *Dad, you know that mobile we saw the other day. Well, …; Take a look at this ad Mum. …; Have you seen Ryan's new mobile? I've had mine for ages now. Maybe …; My birthday is coming up soon. …*

Material
Workbook S. 43/3

Üben

4 Mediation: Tracking

Seite 65

Methodisches Vorgehen

- L führt den Begriff „Handy-Ortung" ein und fordert die S auf, die Vor- und Nachteile einer solchen Möglichkeit in PA zu diskutieren: *Your parents could track your mobile and find out where you are. What do you think of this idea?* Anschließend kurze Diskussion im Plenum. Die Vor- und Nachteile werden in Stichworten an der Tafel gesammelt.

- Die S überlegen sich in Einzelarbeit, wie sie die wesentlichen Inhalte des Textes vermitteln könnten. Anschließend Vergleich mit einem/einer Partner/in.
- Im Plenum Besprechung der Ergebnisse und eventueller Probleme bei der Übertragung der Textinhalte. L legt ggf. den Erwartungshorizont als Folie auf.

TA

Tracking

Advantages	Disadvantages
- helps if younger children get lost - good for worried parents - ...	- loss of privacy for older children - teenagers should learn to deal with difficult situations themselves - ...

Erweiterung
- Als weitere *Mediation*-Aufgabe kann die englische Bedienungsanleitung eines Handys ins Deutsche übertragen werden.
- Die S suchen in deutschen Zeitschriften, Werbeprospekten oder TV-Werbespots (z. B. für Handys) nach englischen Begriffen, die in der neuen Kommunikationstechnologie verwendet werden (z. B. *flat rate, headset, mailbox*, ...), und überlegen, ob es dafür eine deutsche Übersetzung gibt.

Lösung

Erwartungshorizont: Mit Hilfe von „Handy-Ortung" oder „Tracking" können besorgte Eltern herausfinden, wo ihre Kinder gerade sind. Das Ganze funktioniert über die SIM-Karte. Der „Tracker", z. B. ein Elternteil, muss sich anmelden und kann dann online über Computer oder Handy die Suche durchführen. Du kannst dich aber auch dagegen schützen. Firmen, die diesen Service anbieten, sind gesetzlich verpflichtet, deine Erlaubnis einzuholen und dir Alternativen anzubieten. Zum Beispiel kannst du die Firmen daran hindern, am Wochenende nach Dir zu suchen. Wenn du denkst, dass nach Dir gesucht wird, solltest du auf verdächtige Nachrichten achten und dein Handy ausschalten, wenn du gerade nicht erreichbar sein musst.

Material
Workbook S. 42/2

Üben

5 Writing: Using the Internet

Seite 65

Methodisches Vorgehen
- Die S überlegen in Einzelarbeit, welche *Dos* und *Don'ts* sie für wichtig halten. Nach drei Minuten werden die Ergebnisse im Kreidestaffel-Verfahren *(chalk relay)* an der Tafel zusammengetragen. L sollte darauf achten, dass jede/r seinen Punkt dabei kurz erläutert.
- Die S wählen die für sie wichtigsten *Dos* and *Don'ts* aus und schreiben einen Artikel für die Webseite des Computerklubs. L weist noch einmal auf die wesentlichen Punkte beim Verfassen eines Textes hin: *Collect ideas. Choose the most important points. Organise them. Write your text.*

TA

Using the Internet

Dos	Don'ts
- surf for info	- use real name
- watch for viruses	- steal/download illegally
- use safe websites	- believe everything you read
- use search machines	- give too much personal information
- keep a list of good websites	- play stupid games
- give yourself a time limit	- just copy and paste
- ...	- ...

Erweiterung
- L: *Tell an exchange student what the rules in your school computer room are.*

Lösung

Erwartungshorizont: You want to use the Internet the right way? Then there are plenty of things you should remember. Firstly, it is important to give yourself a time limit. Playing stupid games can cost you a lot of time. And while we are talking about costs, get a flat rate if you use the Internet often. There are safe websites and sites where it is perhaps risky to download files. So watch for viruses. Use a stick or a CD and check files with an antivirus programme before you download them. Next, not all the websites are reliable, so don't believe everything you read. Another important 'don't' is not to download files illegally. You don't want to become a virtual thief! And finally, be careful with social networking sites. Don't give too much personal information! You don't know who you are really talking to.

Tipps für junge Lehrer
An dieser Stelle bietet es sich an, Überleitungen wie *Firstly, ..., Secondly, ..., Another / A further / A final point, ...,* zu wiederholen, um den S die Textproduktion zu erleichtern.

Material
Workbook S. 43/5

Ziele
- Vorbereitung auf Standardprüfungen
- Einen Text über eine berufliche Laufbahn lesen
- Ein Interview verstehen
- Über Jobqualifikationen sprechen
- *Mediation*: Berufschancen als Hofelfachfrau vermitteln
- *Creative writing*: Eine Geschichte anhand von Bildern (re)konstruieren

Text — ***The redwar saga* by Justin B. Leroy** — Seite 66

Üben — **1 Understanding the text: Summary** — Seite 66

Methodisches Vorgehen
- L wiederholt die Lesetechnik SQ3Rs: ***Survey*** *(here: title, picture).* ***Question:*** *What do we learn about the text? (book review, Justin B. Leroy: Canadian author, latest novel).* ***Read:*** *(a paragraph).* ***Review:*** *What have you read in this paragraph?* ***Revise:*** *What have you read in the whole text?*
- Die S erschließen den Text mit Hilfe der Lesetechnik SQ3Rs und ergänzen anschließend die Zusammenfassung in Einzelarbeit. Vergleich der Ergebnisse mit einem / einer Partner / in. Unklarheiten werden kurz im Plenum besprochen.

TIP
Lesetechnik SQ3Rs wiederholen

Lösung

1. *science fiction* 2. *novel* 3. *plot* 4. *survive* 5. *boring* 6. *stereotypes* 7. *character* 8. *describe* 9. *surprise*

Tipps für junge Lehrer
Die Lesetechnik SQ3Rs sollte konsequent mit den S wiederholt und angewendet werden.

Material
Workbook S. 44/6

Üben — **2 Speaking: Talking about a book** — Seite 66

Methodisches Vorgehen
- L: *When you talk about a book you've read, what elements can you talk about?* Die S-Beiträge werden in einer Liste an der Tafel gesammelt und ggf. durch die in der Aufgabenstellung genannten Elemente ergänzt.
- Die S machen sich Notizen über ein Buch ihrer Wahl. Die Notizen können anschließend als Spickzettel für einen Kurzvortrag dienen. Die Buchvorstellung erfolgt in Kleingruppen oder – bei Interesse der S – auch im Plenum.

Erweiterung
- Die S schreiben als Hausaufgabe eine *book review* zu dem von ihnen vorgestellten Buch.

Lösung

Individuelle S-Antworten

Tipps für junge Lehrer Der Vortrag in Kleingruppen hat den Vorteil, dass auch stillere S zum Zug kommen, und die S insgesamt konzentrierter zuhören können.

Material *Workbook* S. 45/9

L Üben

3 Listening: The future of print media

Seite 67

HV-Text

Man: Good morning, everyone. Our guest speaker today is Jane Morgan, editor of "The Daily World". She is going to talk to us about the future of the print media – newspapers, magazines and books. Good afternoon, Ms. Morgan, – and over to you!

Jane: Thank you, Mr. Carlton, and hello. Now, as all you teenagers know, newspapers today are not only print. They all have an online edition, too. And my main interest is: I want people to read, whether it's on paper or on a screen. Of course, I'd prefer everyone to buy our printed newspaper every day. But reading is the thing I feel really strongly about. I mean, I read all the time – when I'm not talking to clever students like you!
Now, surveys have shown that people, especially the young readers, are reading fewer and fewer books. But that doesn't mean that they aren't reading. What about text messages and e-mails? Or blogs? My online paper runs very successful blogs written by – and for – teenagers like you. So you're still reading and writing, aren't you? And that's just great.
And then computers. Most readers, and not only the youngsters, can see the advantages of digital media. It's often easier to find information online than in a library, and it's usually cheaper, too, once you've bought your laptop or whatever. You can store lots of information in a small space, too. No more shelves and cupboards full of paper.

Student: Excuse me for interrupting, but – er – so … So do you think the print media are dying?

Jane: Not at all!! I know that people, – especially teenagers, – are buying fewer and fewer newspapers and books. But I think print on paper still plays an important role in our world, and that's not just because I need to sell printed newspapers. Would you like me to tell you what I believe?
Well, digital media aren't anything special anymore. I believe that as a reaction to this, the older media, – the real thing, if you like, – will become more popular. I guess all of you here are music fans. You want your stars to appear live, don't you, not just in video clips. I'm sure people will go to the theater more often, too, to see real actors on the stage, not just movie stars on a screen.

Student: And where do books and newspapers come into this?

Jane: They're real, too. They belong to their reader, like clothes, or handbags. A book can be a beautiful thing that you want to keep. Print media could even become part of the celebrity cult. Just imagine it: Angelina Jolie is seen carrying "The Daily World", my newspaper. Then everybody will want one, too!

Methodisches Vorgehen

Pre-listening:
- L: *We're going to listen to a text that deals with the future of print media. What's the difference between print and digital media? (print: newspapers, magazines, books, …; digital: online editions of newspapers/magazines, e-mails, text messages, blogs, …) Do you prefer using print or digital media? What are the advantages of your favourite kind of media?*

While-listening:

- a) Die S lesen die Aufgabenstellung. Anschließend präsentiert L die Tonaufnahme von CD. Die S machen sich Notizen zu den einzelnen Punkten. Vergleich der Ergebnisse mit einem/einer Partner/in.
- b) Während des zweiten Hörens notieren sich die S in einer Tabelle, was über die Print- und die digitalen Medien gesagt wird. Die Bearbeitung der Aufgabe kann auch arbeitsteilig in PA erfolgen.

Post-listening:

- Vergleich der Ergebnisse im Plenum. Die einzelnen Punkte werden stichwortartig an der Tafel festgehalten.

TA

Media

Print media	Modern digital media
- newspapers, magazines, books - fewer newspapers + books are bought, especially by teenagers - but: older media will become more popular = the real thing, sth you want to keep - could become part of the "celebrity cult" (= new trend)	- online editions of newspapers, text messages, e-mails, blogs - easier to find info online (than in a library) - cheaper (once you have bought a laptop) - can store a lot of info in small space - but: nothing special anymore

Erweiterung

- L: *Find articles about print and digital media. Add other points to these lists.*

Lösung

a) 1. *c)* 2. *a)* 3. *b)* 4. *b)* 5. *a)*
b) *Siehe TA*

Tipps für junge Lehrer

Bei dieser Höraufgabe wird das Thema bereits durch den Titel vorgegeben, daher kann auf das globale Hören verzichtet werden. Der Hörtext sollte jedoch durch eine intensive *Pre-listening*-Phase vorentlastet werden.

Material
Lehrer-CD 3/18

S L **Üben**

Listening: Phone ads

Workbook Seite 45

HV-Text

Interviewer: … So let's see whether those of you who reacted to the ads you got on your phone found it a good experience or not. I think you said you bought a computer game, didn't you, Mike?

Mike: Well, not a computer game. It's actually a mobile game. I think that's maybe why I decided to go for it. I mean, I was able to download it onto my phone right away. If it hadn't been so easy, I guess I might have thought a bit more before making the decision.

Interviewer: So what are you saying? That you aren't happy with the game?

Mike: Well, I wouldn't go that far. I mean, it's OK. I do play it sometimes if I don't have anything better to do – you know, if I'm feeling bored or whatever.

Interviewer: But it's not great.

Mike: No, the ad made it sound really special, but it's not anywhere near as exciting as I hoped.

Interviewer: Thanks, Mike. Now what about ads for things like clothes or makeup? Who wants to tell us about their experience with those? You, Nadia?

Nadia: Yeah, actually it was the first time I'd ever bought anything advertised on my cell phone. I mean, I'd clicked on quite a few ads before – you know, to get more information. But I'd never actually gone ahead and spent any money.

Interviewer: So what made you buy the jeans?

Nadia: Well, they looked really cool, and the ad also came with some fashion information about famous stars who are supposed to wear that brand. So I thought – you know – good enough for them, good enough for me.
Interviewer: And were they good enough?
Nadia: No, they weren't. No way. Really, they were very disappointing. I mean, they just looked so – so cheap. And although they weren't too expensive, they certainly weren't cheap. So I sent them back right away and asked for my money to be returned.
Interviewer: And did you get your money back OK?
Nadia: Yeah, no problem. I can't say anything bad about the company in that respect.
Interviewer: Well, I'm glad it wasn't a totally negative experience then. But is there anybody who can tell us a more positive story? You're nodding, Justin.
Justin: Yeah. I got a member's ticket for a new skateboard club. It's a different kind of product, I guess, but anyway, I found out about it from an ad on my cell phone. I'd given my number to a sports company and said I'd be interested in anything to do with skateboarding. So – well, they sent me all the details and I thought I'd try the club out.
Interviewer: And you're happy with the club.
Justin: I'm *very* happy. It's great. I can use a fantastic skate park whenever I want for a whole year. And I've also made some great new friends. So yeah, I'd say it's more than worth the money.
Interviewer: Well, it's good to find someone who feels they got value. I guess the lesson we should learn from all this is that …

Material
Schüler-CD 2/13
Lehrer-CD 3/20
Workbook S. 45/2

Üben

4 Writing: A letter to a newspaper

Seite 67

HA

Methodisches Vorgehen

- Mit Hilfe ihrer Notizen aus *ex.* 3b) schreiben die S einen Leserbrief, in dem sie zu den zuvor gehörten Aussagen Stellung nehmen.
- Anschließend geben die S ihren Leserbrief an einen/eine Mitschüler/in weiter, der/die den Text liest und ggf. Verbesserungsvorschläge macht. Nach einem weiteren Korrekturdurchlauf wird der Text wieder an den/die Verfasser/in des Briefes zurückgegeben. L sollte darauf achten, dass die S ihre Briefe an einen/eine Mitschüler/in weitergeben, der/die nicht in der Nähe sitzt.

Erweiterung

- *Mediation*-Aufgabe: Die S geben den Inhalt eines Leserbriefs aus einer deutschen Tageszeitung für einen amerikanischen Gastschüler/eine amerikanische Gastschülerin wieder.

Lösung

Erwartungshorizont:
After having listened to your recent talk, I would like to comment on what you said about the future of print media.
When I have to do research for my homework, I can quickly find everything I need on the Internet. I just do not have the time to go to a library.
But you are right when you say that books are nice things to have. I have got some books on my shelf, too, and I really do not think that we will have fewer books, newspapers or magazines in the future.
My dad likes to read the newspaper, especially on the weekends, but we both would not read one just because Angelina Jolie was seen with a copy of it.
I must say I find it easier to read a text which is printed on paper than to read it on a screen, but I cannot imagine writing a letter to my friends – it is either an e-mail or a text message.
In my opinion, there will be room for both print and modern digital media in the future.

Tipps für junge Lehrer Beim Schreiben ihres Leserbriefes sollten die S darauf achten, ein *formal register* zu verwenden (keine umgangssprachlichen Ausdrücke, keine Kurzformen, …).

Material *Workbook* S. 45/8

Üben

5 Mediation: A very popular writer

Seite 67

Methodisches Vorgehen

- Zur Einführung stellt L die Frage, ob die S ein Buch aus der „Tintenwelt“-Trilogie kennen oder die Verfilmung des ersten Romans, „Tintenherz“, gesehen haben.
- Die S lesen den deutschen Text und beantworten die Fragen in Einzelarbeit. Anschließend Vergleich mit einem/einer Partner/in.

Erweiterung

- L teilt Artikel über englische Autoren/Autorinnen aus, um bei den S Interesse für deren Bücher zu wecken: *Why would/wouldn't you want to read a book by this author?*

Lösung

1. *She lives in Los Angeles now.* 2. *No, she didn't. First she studied education and worked with young people. Then she went to art school and worked for some time as a book illustrator. She didn't start writing until she was 35.* 3. *She knows how to put the pictures in her head into words and she can see the world from a different perspective.* 4. *No, it doesn't say.*

Tipps für junge Lehrer Vielleicht können einige S dazu ermuntert werden, Bücher von Cornelia Funke auf Englisch zu lesen (z. B. *Inkworld, Inkheart, Inkdeath*) und diese anschließend in der Schülerzeitung vorzustellen (siehe S. 66, *ex.* 1 und 2).

Material *Workbook* S. 45/10

Üben

6 Speaking: The book first, or the DVD?

Seite 67

Methodisches Vorgehen

- L: *Have you ever seen a film version of a novel you have read? Did you read the book or see the film first? Is it a good idea to see the film first? Why/Why not?*
- Die S sammeln in PA Argumente für Deans und Kellys Position und üben den Dialog ein.
- Anschließend werden mehrere Dialoge im Plenum vorgespielt. L kann zwei S bitten, die dabei genannten Argumente an der Tafel festzuhalten.

TA

The book first, or the DVD?

The book first (Dean)	The DVD first (Kelly)
– more details	– see plot from different perspective
– characters are more clearly described	– more exciting/fun
– in the film version some scenes might be different from the book	– can help you to understand the book
– you want to imagine your own pictures	– doesn't take as much time
– …	– you can watch it with friends
	– …

Erweiterung

- L: *Read a book first and then watch the film version. If you had seen the film first, would you have enjoyed the book more? Explain why/why not.*

Lösung

Siehe TA

Tipps für junge Lehrer Vor dem Einüben der Dialoge bietet es sich an, die *Useful phrases* zur Durchführung von Diskussionen zu wiederholen (siehe auch Liste auf S. 217 im SB).

Planung Unit 4

Übersicht

Bearbeitungszeitraum: 20 Unterrichtsstunden

Abschnitt	SB-Seiten	Ziele	Wortschatz/Grammatik & *skills*	WB-Übungen	CD-*Tracks* Online-Links Kopiervorlagen	Gramm. Anhang (SB)
Check-in *Human Rights*	68–69	Über allgemeine Rechte und Werte sprechen Sich über konkrete Menschenrechtsverletzungen informieren und darüber sprechen Über die eigenen Rechte und Werte nachdenken	Wortfeld „Menschenrechte“	S. 47/*ex.* 1, 2	Schüler-CD 2/14 Lehrer-CD 3/21 Online-Link 547160-4001 KV 1, 2	
Language 1 *Dignity for all?*	70–72	Einen Sachtext über die Entwicklung von persönlichen Rechten lesen Den Begriff der Menschenwürde verstehen Neue *gerund*- und Infinitivkonstruktionen korrekt anwenden Den Ursprung der eigenen Ansichten kritisch reflektieren	R: *Gerunds* *Object + -ing form construction* *Gerunds after prepositions* R: *Infinitives with 'to'* *Infinitives after 'for' + noun* R: *Gerund or infinitive?*	S. 48/*ex.* 3–5 S. 49/*ex.* 6, 7	Schüler-CD 2/15 Lehrer-CD 3/22–27 Online-Link 547160-4002 KV 3	G10
Talkwise *Tolerance and respect*	73	Im Gespräch Toleranz und Respekt entgegenbringen und auf Englisch angemessen ausdrücken Eine Umfrage zum Toleranzniveau durchführen und kritisch kommentieren	*Useful phrases: Express tolerance and respect*	S. 50/*ex.* 9–11	Lehrer-CD 3/28–31	
Language 2 *Heroes*	74–75	Einen Sachtext über Rassenintegration in den USA lesen Den Heldenbegriff kritisch reflektieren und über *role models* sprechen Ein Internetprojekt durchführen Infinitive richtig anwenden Über einen jugendlichen Menschenrechtshelden sprechen	R: *Infinitives with and without 'to'* *How to:* Im Alltag Zivilcourage an den Tag legen	S. 51/*ex.* 12–14	Schüler-CD 2/16 Lehrer-CD 4/1–2 Online-Link 547160-4003 KV 4	G11, 14
⟨Revision⟩ *Equal opportunity*	76	Die Ersatzformen der Modalverben wiederholen Die indirekte Rede mit *tense shift* korrekt anwenden Gleichberechtigung reflektieren	R: *Modal verbs* R: *Indirect Speech*	S. 52/*ex.* 15, 16	KV 5, 6	G15, 16

Abschnitt	SB-Seiten	Ziele	Wortschatz/Grammatik & *skills*	WB-Übungen	CD-*Tracks* Online-Links Kopiervorlagen	Gramm. Anhang (SB)
Writing texts *Short biographies*	77	Eine Kurzbiografie über Mahatma Gandhi lesen Techniken bei der Charakterisierung von Personen vertiefen und ausbauen Ideen für eine eigene Kurzbiografie sammeln	*Writing texts:* Eine eigene Kurzbiografie schreiben	S. 53/*ex.* 17, 18	KV 7	
Text *Protest songs*	78–80	Zwei Protestlieder und ihre Botschaften verstehen und auswerten Das Zusammenwirken von Musik und Botschaft verstehen Der Frage nachgehen, ob Protestlieder zeitlos oder zeitverhaftet sind Ein Internetprojekt über Protestlieder durchführen Ein eigenes Protestlied schreiben		S. 54/*ex.* 19, 20	Schüler-CD 2/17–18 Lehrer-CD 4/3–4 KV 8	
Wordwise	81	Den Wortschatz der Unit umwälzen und vernetzen Das Bild eines berühmten Fotokünstlers auswerten Amerikanischen Slang verstehen	*Word building:* Wortfeld „Menschenrechte“ *Adjectives as nouns*	S. 55/*ex.* 23	KV 9	
Check-out	82	Die Lernziele der Unit in Selbstkontrolle überprüfen	Wortschatz- und Grammatikschwerpunkte der Unit: *Gerund vs. infinitive, infinitives with and without 'to'*	S. 56/*ex.* 25 S. 57/*ex.* 27, 29		

Unit 4 Human rights

Check-in

Seite 68–69

Ziele
- Über allgemeine Rechte und Werte sprechen
- Sich über konkrete Menschenrechtsverletzungen informieren und darüber sprechen
- Über die eigenen Rechte und Werte nachdenken

Fotos/Text

Human rights

Seite 68–69

On December 10, 1948, the General Assembly of the United Nations passed the Universal Declaration of Human Rights. This day is since being known as the International Day of Human Rights. The declaration consists of 30 articles which have been translated into 300 languages. Although this declaration does not have any formal legal obligation, it is acknowledged by every state when becoming a member of the United Nations.
The idea of writing down the general rights of mankind was first realized in the American Declaration of Independence of July 4th, 1776: "We hold these truths to be self-evident that all men are created equal and that they are endowed by their Creator with certain unalienable Rights, that among these are Life, Liberty and the pursuit of Happiness." The French National assembly took up these words in their text on August 26th, 1789, highlighting the Age of Enlightenment.
An excellent source for the study of the complex issues of human rights is the Eleanor Roosevelt Papers Project at the George Washington University (For further information check http://www.gwu.edu/~erpapers/humanrights/hrlinks.cfm).

Wortschatz *human rights, human, right, position of power, position, male, child labour, labour, continuing, developing world, same-sex, relationship, gay, lesbian, authoritarian, regime, to tolerate sth, protest, proportion, parliament, equal opportunity, equal, recent, democracy, to qualify, to be considered (to be) sth, democratic, least*

Methodisches Vorgehen
- L schreibt den Begriff *human rights* an die Tafel. In einem „Blitzlicht" sammeln die S, was sie mit diesem Begriff verbinden.

Erweiterung
- Die S wählen je eines der Fotos aus und sammeln Adjektive, mit denen sie die Situation/die Personen auf dem Foto beschreiben würden. Die Adjektive werden auf Karteikarten gesammelt und mit einem/einer Partner/in verglichen, der/die dasselbe Foto gewählt hat. Anschließend besprechen die S ihre Ergebnisse noch einmal in Kleingruppen, bevor ein/e S für seine/ihre Gruppe das Foto im Plenum präsentiert.

Stationenlernen
- Im Verlauf oder am Ende der Arbeit mit Unit 4 kann das Stationenlernen durchgeführt werden (**Kopiervorlagen 10–14**). Der Arbeitsbericht hierzu findet sich als **KV 17** bei Unit 1.

Material
Kopiervorlagen 10–14 (Unit 4)
Kopiervorlage 17 (Unit 1)
Ggf. Karteikarten

Üben

1 The different faces of human rights

Seite 68

Wortschatz *to represent, freedom of speech, religion, tolerance, racial equalitiy, to protest, sex*

Methodisches Vorgehen
- Die S ordnen zunächst in Einzelarbeit den Fotos auf der *Check-in*-Doppelseite einen oder mehrere passende Begriffe zu. Anschließend Vergleich der Ergebnisse mit einem/einer Partner/in bzw. in Kleingruppen. Im Plenum können unterschiedliche Zuordnungen noch einmal gemeinsam diskutiert werden.

Lösung

Individuelle S-Antworten

Tipps für junge Lehrer Aufgrund täglicher Medienberichte zu dieser Thematik ist mit einer großen Betroffenheit vieler Schüler/innen und zahlreichen Beiträgen zu rechnen. L sollte jedoch darauf achten, dass die inhaltliche Struktur des Unterrichtsgegenstandes nicht aus dem Blick gerät.

Material
Workbook S. 47/1

Üben

2 Values as the basis of human rights

Seite 68

Wortschatz *basis, to state, dignity, spirit, brotherhood*

Methodisches Vorgehen

- Die S bearbeiten die Aufgabe in Kleingruppen mit Hilfe eines *placemat*. Hierzu wird ein großer Bogen Papier in 4–5 gleich große Felder (je nach Anzahl der S) unterteilt. Jede/r S schreibt ihre/seine persönliche Position in eines der Felder. Anschließend werden die verschiedenen Positionen in der Gruppe diskutiert und gemeinsame Ergebnisse in das noch verbleibende Feld eingetragen.
- Vergleich der Ergebnisse mit einem weiteren Schülerpaar/einer weiteren Kleingruppe bzw. im Plenum. Alternativ kann als Ergebnissicherung auch ein *gallery walk* dienen. Hierfür werden alle *placemats* im Klassenraum aufgehängt. Je ein/e S verbleibt an der Station, um ggf. Fragen zu beantworten.

Erweiterung

- Zur Vertiefung der Thematik kann **KV 1: The UN Universal Declaration of Human Rights** eingesetzt werden.

Lösung

Individuelle S-Antworten

Tipps für junge Lehrer L sollte bei der Ergebnissicherung darauf achten, dass unterschiedliche Positionen diskutiert, aber nicht bewertet werden.

Material
Kopiervorlage 1

S L **Üben**

3 Listening: In the news

Seite 69

HV-Text

Reporter: There were many traffic jams on busy Piccadilly this morning as hundreds of exile Tibetans came together for a protest march. The protesters said they were trying to bring the suffering of the Tibetan people to the attention of the British people *and* the British government. This protest march comes two days after Chinese police have *again* shot into a crowd of Tibetan protesters in the Tibetan capital of Lhasa, killing four. A British spokeswoman for the 'Free Tibet' organization had this to say about the Tibetan situation.

Spokeswoman: We're not saying everyone should be against China. No, China is a country of rich history and culture. *But* China has a problem with democracy *and* with keeping what it promises. Remember, China marched into Tibet in 1950 and made Tibet an 'autonomous region' of China in 1951. Well, when most people hear 'autonomous region', they think of a region whose people have the freedom to say what they feel, to speak their own language, practice their own religion and live their own culture. That's what China promised Tibet, and that's exactly what has *not* happened there in the past 60 years. Instead, China has destroyed most of the Tibetan monasteries, made Chinese the first language of Tibet, and has also had hundreds of thousands of Chinese settlers move to Tibet. It's obvious what China's goal is: to water down Tibetan culture so that years from now there are more Chinese than Tibetans in Tibet. Sure, there'll be a few pretty palaces and monasteries for the tourists, but there won't be any *real* Tibetan culture any more. It'll be like Disneyland, and that's what we're trying to stop before it's too late.

Reporter: Only time can tell if the situation in Tibet really can improve. But it does *not* look like China wants to improve the situation in Tibet at all. Rachel Darcy, reporting for The Evening News at 6:00.

Methodisches Vorgehen

Pre-listening:
- a) L und die S lesen die Aufgabenstellung gemeinsam. Anhand der Fotos auf der *Check-in*-Doppelseite und der aktuellen Nachrichtenlage stellen die S Vermutungen an, worum es in der Radiosendung gehen könnte.

While-listening:
- L präsentiert die Tonaufnahme von CD. Beim ersten Hören sollten sich die S zunächst nur auf ein Globalverständnis des Textes konzentrieren.
- Während des zweiten Hörens notieren die S stichwortartig, welche Menschenrechte in der Sendung angesprochen werden. Die Ergebnisse werden anschließend an der Tafel/auf Folie gesammelt.

Post-listening:
- b) Die S tauschen sich zunächst in PA über ihr Vorwissen zu der Situation in Tibet aus. Anschließend Vergleich der Ergebnisse im Plenum.

Erweiterung
- Zu Teilaufgabe b): An dieser Stelle bieten sich zur Vertiefung der Thematik die Downloadmaterialien unter Online-Link 547160-4001 an.

Lösung

a) *Erwartungshorizont:*
The news story is about a demonstration by exile Tibetans in London. They want the British people and the government to pay attention to the situation in Tibet. Human rights talked about in the news: right to protest, freedom of speech/religion, tolerance
b) *Individuelle S-Antworten*

Material
Schüler-CD 2/14
Lehrer-CD 3/21
Workbook S. 47/2
Online-Link 547160-4001
Ggf. Leerfolie

Üben

4 Your turn: Your rights, your values

Seite 69

Wortschatz *satisfactory*

Methodisches Vorgehen
- a) + b) Die S bereiten eine Liste mit den beiden Kategorien als Hausaufgabe vor und diskutieren ihre Auffassungen in der folgenden Stunde mit einem/einer Partner/in bzw. in Kleingruppen. Die Ergebnisse der Diskussion werden auf Folie festgehalten und anschließend im Plenum präsentiert.
- Zur Vertiefung der Ergebnisse kann sich eine Diskussion darüber anschließen, wie die weltweite Situation der Menschenrechte verbessert werden könnte.

HA

Erweiterung
- An dieser Stelle bieten sich gute Möglichkeiten zur Zusammenarbeit mit den Fächern Religion/Ethik/Werte und Normen.
- Als Hausaufgabe suchen die S in deutschsprachigen Medien nach Berichten, die die Missachtung von Menschenrechten thematisieren und stellen diese in einem Kurzvortrag *(a one-minute talk)* im Unterricht vor.
- **KV 2: Materialism rules – All rights? No responsibilities?** bietet die Möglichkeit, die Thematik anhand eines konkreten Beispiels zu vertiefen.

Lösung

a) + b) *Individuelle S-Antworten*

Tipps für junge Lehrer

Bei dieser Aufgabenform ist ein reger Austausch von z. T. unreflektierten Meinungen zu erwarten. Dennoch sollten die S die Gelegenheit erhalten, sich weitgehend selbstständig mit der Thematik zu befassen. L sollte lediglich darauf achten, dass gewisse Spielregeln für die Gesprächsführung eingehalten werden.

Material
Kopiervorlage 2
Ggf. Leerfolie

Language 1

Seite 70–72

Ziele
- Einen Sachtext über die Entwicklung von persönlichen Rechten lesen
- Den Begriff der Menschenwürde verstehen
- Neue *gerund-* und Infinitivkonstruktionen korrekt anwenden
- Den Ursprung der eigenen Ansichten kritisch reflektieren

L **Text**

Dignity for all?

Seite 70

Wortschatz *slave, to free, Romanian, to smuggle, to recruit sb, pick-pocketing, slavery, western, to be happy to do sth, relative, concept, ancient, Middle Ages, to spread, landowner, to vote, to receive, individual, need, dictator, secret police, necessary, by force, Congress, to pass, patriot, act, activist, loss*

Methodisches Vorgehen
- Zur Einführung in die Thematik sammeln die S im Plenum, was sie unter dem Begriff *dignity* verstehen. Die Ideen werden stichwortartig an der Tafel festgehalten.
- Anschließend beschreiben die S das Foto auf S. 70 und erklären, was hier mit dem Begriff *dignity* gemeint sein könnte.

Erweiterung
- L formuliert provokante Thesen zu dem Foto, die von den S diskutiert werden: *Is there a human right to work?/Do jobless people lose their dignity? /Is world trade responsible for unemployment?/…*
- Zur Vertiefung des Themas „Sklaverei" können die Downloadmaterialien unter Online-Link 547160-4002 eingesetzt werden.

Material
Lehrer-CD 3/22–25
Online-Link
547160-4002

Üben

1 The concept of dignity

Seite 70

Wortschatz *to identify*

Methodisches Vorgehen
- a) L präsentiert die vier kurzen Texte nacheinander von CD. Die S machen sich Notizen, um welche Rechte es in den einzelnen Texten geht. Anschließend Vergleich der Ergebnisse im Plenum. L hält die S-Beiträge an der Tafel fest.
- b) + c) Die S erstellen in Einzelarbeit eine Liste mit Rechten, auf die sie nicht würden verzichten wollen. Anschließend Austausch mit einem/einer Partner/in. Dabei formulieren die S auf der Grundlage der Ergebnisse aus den Teilaufgaben a) und b) eine persönliche Definition des Begriffs *dignity*.
- Vergleich und Diskussion der Ergebnisse im Plenum. Dabei kann ggf. eine gemeinsame Definition erstellt und an der Tafel festgehalten werden.

Erweiterung
- Zu Teilaufgabe c): Eine gemeinsame Definition des Begriffs *dignity* kann auch in Kleingruppen erarbeitet werden. Hierbei bietet sich eine *placemat activity* an (zum Vorgehen siehe *Check-in, ex.* 2).

Lösung

a) *Text 1: right to freedom; Text 2: right to human dignity; Text 3: freedom of speech, right to protest; Text 4: privacy rights*
b) + c) *Individuelle S-Antworten*

Üben

2 Revision: Gerunds

Seite 71

Wortschatz *pyramid*

Strukturen
- *Gerund*

Methodisches Vorgehen
- Die S bearbeiten die Aufgabe schriftlich in Einzelarbeit oder als Hausaufgabe. Zur Ergebnissicherung kann der Text als Folie aufgelegt werden.

TIP
G 9

Erweiterung
- Die Aufgabe bietet die Möglichkeit, an die Besprechung der Ergebnisse ein vertiefendes Unterrichtsgespräch zum Thema *slavery* anzuschließen. Die Vorkenntnisse der S können dabei in Form eines „Blitzlichts“ abgefragt werden.

Lösung

1. *being* 2. *owning* 3. *Making* 4. *changing* 5. *asking* 6. *thinking* 7. *Growing up* 8. *seeing*

Tipps für junge Lehrer An dieser Stelle ist es sinnvoll, mit den S noch einmal die Regeln für die verschiedenen Formen des *gerund* zu wiederholen.

Material
Workbook S. 48/3
Ggf. Leerfolie

Üben 3 A new gerund construction Seite 71

Wortschatz *in spite of, by* (+ gerund), *cause*

Strukturen
- *Gerund after prepositions*

Methodisches Vorgehen
- a) Nachdem die S das angegebene Beispiel im Text nachvollzogen haben, bearbeiten sie die Aufgabe in Einzelarbeit.
- Vergleich der Ergebnisse mit einem/einer Partner/in und anschließend im Plenum. Hierbei können vorbereitete Folienstreifen aufgelegt und abwechselnd von einem/einer S zusammengefügt werden.
- b) Die Übersetzung ins Deutsche erfolgt mündlich im Plenum.

TIP G 10

Lösung

a) 1. *c)* 2. *a)* 3. *e)* 4. *b)* 5. *d)*
b) 1. *Die Menschen in demokratischen Staaten genießen oft ihre Rechte, ohne zu erkennen, dass es eine Sache gibt, für die es wert ist zu kämpfen, und dann zu versuchen, selbst Veränderungen herbeizuführen.* 2. *Viele denken, dass sie immer über ihre Rechte verfügen werden, obwohl sie im Fernsehen Menschen sehen, die in autoritären Staaten um ihre Rechte kämpfen müssen.* 3. *Aber außer ein paar Minuten jeden Tag in die Fernsehnachrichten zu investieren, denken nur wenige Menschen über die Gefahr nach, ihre Rechte zu verlieren.* 4. *Das ändert sich, wenn Menschen wirklich selbst etwas ändern wollen, anstatt nur den Anderen beim Protestieren zuzuschauen.* 5. *Die Menschen werden am ehesten über Menschenrechte und Demokratie lernen, indem sie darüber nachdenken, woher diese Rechte kamen.*

Material
Workbook S. 48/4
Ggf. Leerfolie

Üben 4 Revision: Infinitives with *to* Seite 71

Wortschatz *mark, to complain*

Strukturen
- *Infinitive with 'to'*

Methodisches Vorgehen
- a) Die S bearbeiten die Aufgabe schriftlich als Hausaufgabe. Zur Ergebnissicherung kann der Text in der folgenden Stunde als Folie aufgelegt werden. Die S tragen im „Kreidestaffel“-Verfahren ihre Ergebnisse auf der Folie ein.
- b) Die Fragen werden gemeinsam im Plenum diskutiert. Dabei sollte L darauf achten, dass die S ihre Antworten auch begründen.

TIP G 11

Erweiterung
- Zu Teilaufgabe b): Die Thematik eignet sich nach Formulierung einer These auch gut als Ausgangspunkt für eine *formal debate.*

Lösung

a) 1. *to be* 2. *to get* 3. *to be* 4. *to go out* 5. *to get* 6. *to stay out* 7. *to give* 8. *to help* 9. *to do* 10. *to marry*
b) *Individuelle S-Antworten*

Material
Workbook S. 48/5
Ggf. Leerfolie

Üben

5 New infinitive form with *to*: infinitives after *for* + noun

Seite 72

Strukturen
- *Infinitive after 'for' + (pro)noun*

Methodisches Vorgehen
- a) Die S formulieren Sätze nach dem vorgegebenen Muster im SB. Dabei können eigene Ideen ergänzt werden.
- b) Als Hausaufgabe überlegen sich die S fünf Dinge, die sie für wichtig/falsch/usw. halten. In der folgenden Stunde werden inhaltlich interessante Thesen an der Tafel festgehalten.

TIP
G 12

HA

Erweiterung
- Die bei Teilaufgabe b) gesammelten Thesen können als Themen für eigenständige Diskussionsrunden dienen.

Lösung

a) + b) *Individuelle S-Antworten*

Material
Workbook S. 49/6

L **Üben**

6 Gerund or infinitive?

Seite 72

HV-Text

Girl:
Anyway, my parents' friends were HOPELESS, but I still wasn't finished with them. If America is so perfect and equal and everything, I wanted to know, then why have lots of other countries had a *woman* leader and we haven't yet? And where are all the women *business* leaders? There are almost *no* women at the top of the biggest companies. Hm, maybe because there *aren't* any good American women? Yeah, *right*!

But they had even *less* to say to my next topic: same-sex marriage. Oops, wrong subject! But I just had to ask them how America, which is always so proud to be 'The Greatest Nation on Earth', can just ignore gay rights and not give gay people the chance to get married like anyone else. I mean, if all those European countries and Canada can do it, why can't America? I didn't wait for their answer and just told them why: because America *isn't* as open and free as it would like to see itself, *that's* why! And, it's just easier and more fun to criticize *other* countries, isn't it?

Wortschatz *mirror, affordable*

Strukturen
- *Gerund vs. infinitive*

Methodisches Vorgehen
- a) Die S bearbeiten die Aufgabe in PA. Zur Ergebnissicherung kann der Text anschließend als Folie aufgelegt werden.
- b) Die S äußern ihre Meinung zu der im Text dargelegten Position. L sollte darauf achten, dass sich die S dabei auf konkrete Argumente aus dem Text beziehen.
- c) Nach der Präsentation der Tonaufnahme von CD beantworten die S die Fragen im Plenum. Hieran kann sich eine Diskussion anschließen, ob diplomatisches Verhalten in Gesprächssituationen immer sinnvoll ist.

TIP
G 13

Erweiterung
- Zur weiteren Festigung der Unterscheidung von *gerund* und *infinitive* kann **KV 3: Gerund or infinitive?** eingesetzt werden.

Lösung

a) 1. *saying* 2. *hearing* 3. *keeping* 4. *to do* 5. *worrying* 6. *to think* 7. *to shut up* 8. *to stop* 9. *looking* 10. *to do* 11. *to admit* 12. *thinking* 13. *to make* 14. *to pay*
b) + c) *Individuelle S-Antworten*

Material
Lehrer-CD 3/26
Workbook S. 49/7
Kopiervorlage 3
Ggf. Leerfolie

Üben | **7 Your turn: Your views and where they came from** | Seite 72

Methodisches Vorgehen

- Im Plenum werden die Ideen der S in Form eines „Blitzlichts“ gesammelt. L hält die Beiträge stichwortartig an der Tafel fest.
- In leistungsschwächeren Lerngruppen machen sich die S zunächst Notizen und tauschen sich anschließend mit einem/einer Partner/in aus. Hieran kann sich eine gemeinsame Diskussion im Plenum anschließen.

Lösung

Individuelle S-Antworten

S L **Üben** | **Mediation: Protecting your privacy** | *Workbook* Seite 49

HV-Text

Man: Yeah, I know there are lots of firms and advertisers – even governments – out there collecting information about all of us. But there are some things we can do to protect our privacy. First of all, let's look at some of those thieves in real life. There are some things you should never – I repeat: never – carry around with you: passwords and other security numbers. Then you should be careful what you throw away into the garbage. No bills or bank statements, please. Or if you must – tear them into tiny little pieces first. If you're not careful, someone could steal your identity – and your money.

Woman: But we're all Internet users today. How can we protect ourselves?

Man: It's difficult, I know. Most people surf the Internet, they shop online, and they send e-mails. By doing so, we give information about ourselves to businesses who use it themselves, or they share it with other firms – or they even sell it.

Woman: Are they allowed to sell it?

Man: Well, it's not always legal, but these criminals are difficult to catch. They do it without our knowledge. It's a kind of pick-pocketing, if you like. We just have to make sure we give as little information as possible about ourselves online. If necessary, you can change your password, or your e-mail address, or even your telephone number.

Woman: Then there's the problem of the social networking sites.

Man: Yes, it's unbelievable how naïve some people can be! I mean – would you give your telephone number to a complete stranger? Well that's what some guys did recently on Facebook. I can only repeat: Never share your phone number and your home address with an online community.

Woman: But users of these sites want to create a private profile and share it with their friends –

Man: – but if they're not careful, this profile becomes public. You must control who has access to your information; and you must understand how it will be shared on the site. Different networks have different ways of doing this.

Woman: And your final word of advice?

Man: Protect your virtual self as strictly as you would protect your real self!

Material
Schüler-CD 2/15
Lehrer-CD 3/27
Workbook S. 49/8

Talkwise

Seite 73

Ziele
- Im Gespräch Toleranz und Respekt entgegenbringen und auf Englisch angemessen ausdrücken
- Eine Umfrage zum Toleranzniveau durchführen und kritisch kommentieren

Üben

Tolerance and respect

Seite 73

Wortschatz *everyday, ingredient*

Methodisches Vorgehen
- Zur Einführung in die Arbeit mit der *Talkwise*-Seite sammeln die S im Plenum, was sie unter den Begriffen „Toleranz“ und „Respekt“ verstehen, und welche Rolle diese in ihrem Alltag spielen.

L **Üben**

1 Who should respect whom?

Seite 73

HV-Text

A.

Girl: Hey, Danielle, What's up? (…) Oh, I'm just waiting for Brad. No, heard *what*? What about Lindsay and Brad? (…) WHAT?!?! That *fat* cow was doing *what* with *my* boyfriend at the mall?! So that's why he's late. I'm gonna *kill* that bitch! Oh my god, what a *slut*! And *then* I'm gonna *kill* –

Schlampe

Woman: – HEY, that's *enough*! Who do you think you are, talking in that tone of voice here in public, saying such awful things?! If you're going to talk like that, do it somewhere else, 'cause I don't wanna hear it! Got it?

Girl: Who the hell do you think *you* are, lady?! My mother? Now mind your own business and get out of my face.

B.

Girl: Hey, Danielle. What's up? (…) Oh, I'm just waiting for Brad. No, heard *what*? What about Lindsay and Brad? (…) WHAT?!?! That *fat* cow was doing *what* with *my* boyfriend at the mall?! So that's why he's late. I'm gonna *kill* that bitch! Oh my god, what a *slut*! And *then* I'm gonna kill –

Woman: – Er, excuse me …

Girl: Er, just a second, Danielle. Er, is there a problem?

Woman: Actually, I know it's none of my business, but you're talking in a pretty loud voice about some *really* personal things. Do you think you could do that somewhere else? I'd really appreciate it.

Girl: Well, actually, you're right: It really is none of your business, but I guess I could talk a *little* more quietly.

C.

Girl: Hey, Danielle, What's up? (…) Oh, I'm just waiting for Brad. No, heard *what*? What about Lindsay and Brad? (…) WHAT?!?! That *fat* cow was doing *what* with *my* boyfriend at the mall?! So that's why he's late. I'm gonna *kill* that bitch! Oh my god, what a *slut*! And *then* I'm gonna kill –

Woman: – Er, excuse me …

Girl: Er, just a second, Danielle. Is there a problem?

Woman: Actually, I know it's none of my business, but you're talking in a pretty loud voice about some *really* personal things. Do you think you could do that somewhere else? I'd really appreciate it.

Girl: Oh my God, that's so bad of me. I'm *really* sorry! I just found out that my boyfriend was kissing this other girl in front of everyone at the mall and, I don't know, I guess I just got a *little* bit too mad.

Wortschatz *tolerant, respectful, appropriate*

Methodisches Vorgehen
- Die S stellen zunächst anhand des Bildimpulses Vermutungen über die Situation des Hörtextes an.

- a) L präsentiert die erste Version des Dialogs von CD. Die S äußern spontan ihre Eindrücke und überprüfen ihre zuvor angestellten Vermutungen.
- b) Bei der zweiten Version notieren sich die S Äußerungen, die ihnen im Vergleich zur ersten Version angemessener erscheinen. Die Ergebnisse werden zunächst in PA und anschließend im Plenum besprochen.
- c) Bei der dritten Version ergänzen die S ihre Liste aus Teilaufgabe b). Anschließend besprechen L und die S noch einmal zusammenfassend im Plenum, inwieweit die gesammelten Äußerungen zu einer toleranteren und respektvolleren Atmosphäre beitragen.

Lösung

a) *Individuelle S-Antworten*
b) *Erwartungshorizont: Er, excuse me …; just a second; Is there a problem?; I know it's none of my business; pretty loud; really personal; Do you think you could …; I'd really appreciate it.*
c) *Erwartungshorizont: Oh my God, that's so bad of me. I'm really sorry!; I don't know, I guess I just …*

Material
Lehrer-CD 3/28–30

Üben 2 Think before you talk — Seite 73

HV-Text

Young man: And, here's your coke, sir.
Man: I didn't order a coke, I ordered a cappuccino. But tell me: which part of the word 'cappuccino' was so hard for you to understand, anyway? I mean, how difficult can it be?
Young man: Sir, all I can say is 'I'm sorry', and I'll bring you your cappuccino right away. But do you really think it's appropriate to tell me I'm stupid. Because that's what you're saying, isn't it?

Wortschatz *I'd appreciate it if …*

Methodisches Vorgehen

- L präsentiert die Tonaufnahme von CD. Die S schreiben in PA den Beginn des Dialogs so um, dass auch der Gast mehr Toleranz und Respekt zeigt. Hierbei können die *Useful phrases* Hilfestellung geben.
- Anschließend werden mehrere Beispieldialoge im Plenum vorgelesen oder als Vorbereitung auf die nachfolgende Aufgabe vorgespielt.

Erweiterung

- Als Hausaufgabe bearbeiten die S folgende Aufgabe: *Write a dialogue with as many positive phrases as you can.* Diese Aufgabe kann auch als Wettbewerb durchgeführt werden, um so den Anreiz für die S zu erhöhen.

Lösung *Individuelle S-Antworten*

Material
Lehrer-CD 3/31
Workbook S. 50/9

Üben 3 Role play: Show tolerance and respect — Seite 73

Methodisches Vorgehen

- Die S üben in PA unter Verwendung der *Useful phrases* ein Rollenspiel zu einer selbst gewählten Situation ein.
- Bei der nachfolgenden Präsentation der Rollenspiele wird durch die gegenseitige Beurteilung der S auch der praktische Umgang mit Kritik in alltäglichen Situationen geübt.

Lösung *Individuelle S-Antworten*

Tipps für junge Lehrer

Auch in dieser Altersstufe ist eine spielerische Darstellung noch möglich, wenn das Thema von den S als relevant angesehen wird. Mit Übungen aus der Didaktik des Darstellenden Spiels lassen sich im Unterricht weitere Alltagssituationen einüben (siehe z. B. Keith Johnstone, *Impro: Improvisation and the Theatre*).

Material
Workbook S. 50/10

Üben 4 Survey: Different people, different tolerance levels Seite 73

Wortschatz *sensitive, thick*

Methodisches Vorgehen
- Die S legen zunächst ihre eigene Position fest und schreiben diese auf eine leere Karteikarte. Anschließend werden die Karteikarten eingesammelt und von zwei S in einer Tabelle an der Tafel ausgewertet.
- Im Anschluss an die Umfrage werden die Ergebnisse im Plenum diskutiert.

Material
Workbook S. 50/11

Lösung *Individuelle S-Antworten*

Language 2

Seite 74–75

Ziele
- Einen Sachtext über Rassenintegration in den USA lesen
- Den Heldenbegriff kritisch reflektieren und über *role models* sprechen
- Ein Internetprojekt durchführen
- Infinitive richtig anwenden
- Über einen jugendlichen Menschenrechtshelden sprechen
- *How to:* Im Alltag Zivilcourage zeigen

Fotos/ Text L

Heroes

Seite 74

In the US, the Declaration of Independence was only one step in a long battle to end slavery and to give civil rights to African Americans. The first African Americans came to Virginia in 1619 as slaves, and soon the slave trade grew in importance. But right from the beginning an ethical dilemma arose: how could a free society deny equal rights to some of its members?

The 13th Amendment to the constitution officially ended slavery on December 18, 1865. This result of the American Civil War did not mean that African Americans were treated equally. Especially in the South, there was continuing pressure on the federal government not to enforce civil rights legislation. In the famous Plessy vs. Ferguson case of 1896 the Supreme Court finally defined the maxim of 'separate but equal' as constitutional, although the greatest liberty, the right to vote was denied.

The period from 1900 to WWII brought subtle but basic turning points. In 1909 W.E.B. Du Bois founded the National Association for the Advancement of Colored People (NAACP). Its major aims were to achieve equality for blacks in voting, civil rights, housing and education. From 1890 onwards, the Industrial Revolution brought significant changes to the structure of the population as the North needed more and more workers for its growing industries, resulting in a massive migration of African Americans 'from field to factory' and the necessity for Northern cities to improve the situation of their colored citizens.

Many African Americans who fought in both World Wars and especially in WWII faced the contradiction of fighting Nazis abroad and having to endure racial discrimination at home. As a result, the NAACP claimed many victories in court cases, one of the most influential ones being the 1954 Brown vs. Board of Education decision of Chief Justice Earl Warren: "In the field of public education the doctrine of separate but equal has no place." This court decision was initially ignored by many Southern states, although the federal

government was determined not to tolerate segregation in public schools. In 1957 president Dwight D. Eisenhower ordered federal troops to enforce the opening of Little Rock High School. Today the fight for desegregation has been replaced by the fight for quality education.

When Rosa Parks refused to leave her seat on a public bus in December 1955, she was arrested and taken to court. There she was represented by the young lawyer Dr. Martin Luther King, who organised the peaceful but very successful Alabama bus boycott. This action made him the charismatic leader who marched on Washington on April 3, 1963, and who held his famous speech "I have a dream" in front of Lincoln Memorial. The first African American president, Barack Obama, held his inauguration in January 2009 in front of the Capitol, speaking towards the place from where Martin Luther King once voiced his dream of an equal society.

Material
Lehrer-CD 4/1

Üben

1 The power of pictures

Seite 74

Wortschatz *movement, to cause, to integrate, segregation, courage, mob, to shuffle, to call sb names, block, to pass, bench, integration, to get through sth, terrified, silent, observer, racism, to bully*

Methodisches Vorgehen

- a) Die S beschreiben das Foto und stellen Vermutungen an, warum es Symbolcharakter erlangt haben könnte. Anschließend werden Vorkenntnisse der S zum amerikanischen *Civil Rights Movement* gesammelt und stichwortartig an der Tafel festgehalten.
- b) Die S äußern ihre Eindrücke zu den Gefühlen der abgebildeten Personen und spekulieren über mögliche Gründe für diese Gefühle. Auf eine schriftliche Ergebnissicherung sollte hier verzichtet werden, da die Details aus dem nachfolgenden Text erarbeitet werden können.
- Nach der Beschreibung und Analyse des Fotos erschließen die S den Text eigenständig mit Hilfe des *Dictionary* im Buchanhang.

Erweiterung

- Die S suchen als Hausaufgabe nach weiteren Pressefotos zum Thema, die auf sie eine besondere Wirkung haben, und stellen diese in der folgenden Stunde vor (Hilfestellung bei der Suche: http://www.google.co.uk → *images* → Schlagwort: *Civil Rights Movement*). HA
- Eine gute Möglichkeit, die hier dargestellte Situation aus einem anderen Blickwinkel und unter umgekehrten Vorzeichen zu betrachten, bietet der spannende Jugendroman *Noughts and Crosses* von Malorie Blackman.
- Für einen Überblick über die Geschichte der Rassenbeziehungen in den USA können die Downloadmaterialien unter Online-Link 547160-4003 eingesetzt werden.

Lösung

Erwartungshorizont:

a) *The photo shows a young African American girl who is followed by a group of white girls. All of them are carrying books and folders. In the background you can see white men and a soldier. A white girl in the centre of the photo is screaming at the black girl in front of her. The photo might have become a symbol of the civil rights movement because of the black girl's courage to walk through a group of white people.*

b) *The faces of the white girls are full of anger. The reason for this might be that they do not want the black girl to go through. The black girl's face does not show any emotions. Maybe she tries not to show that she is terrified.*

Tipps für junge Lehrer Es kann nicht davon ausgegangen werden, dass die S über konkretes Vorwissen zu den im Text dargestellten Ereignissen verfügen. Die Aufgabe bietet daher eine gute Gelegenheit, die Geschichte des *Civil Rights Movement* anhand ausgewählter Beispiele zu erarbeiten.

Material
Online-Link
547160-4003

Üben 2 Heroes — Seite 74

Wortschatz *ordinary, role model*

Methodisches Vorgehen

- Die S diskutieren die Fragestellung in GA und machen sich Notizen, welche Eigenschaften und Handlungen einen Helden/eine Heldin auszeichnen. Dabei kann als Erweiterung der Thematik auch der Heldenbegriff als solcher kritisch hinterfragt werden.
- Bei der anschließenden Ergebnissicherung im Plenum werden die Ergebnisse stichwortartig an der Tafel festgehalten. Dabei nennen die S weitere Personen, die sie selbst als Helden/Heldinnen bezeichnen würden.

Lösung *Individuelle S-Antworten*

Üben 3 ⟨Internet project: 'The mean girl'⟩ — Seite 74

Wortschatz *mean*

Methodisches Vorgehen

- Die S suchen in Einzelarbeit oder PA nach Informationen über Hazel Massey, das weiße Mädchen, das auf dem Foto hinter Elizabeth Eckford zu sehen ist. Besonders Erfolg versprechend sind hier die Stichwörter *Little Rock Nine* und *mean girl.*
- Die Ergebnisse werden anschließend von einem/einer S oder einem Schülerpaar im Plenum präsentiert.

Erweiterung

- Aus der Internetrecherche ergeben sich auch Links zu Videoaufnahmen von den Ereignissen in Little Rock. Diese können, wenn sie ohne Ton abgespielt werden, den Eindruck des Fotos zusätzlich verstärken.

Lösung *Individuelle S-Antworten*

Tipps für junge Lehrer Bei einer Internetrecherche besteht immer die Gefahr, dass die S zu stark abgelenkt sind, um die inhaltlich relevanten Aspekte in angemessener Zeit zu erarbeiten. Als Alternative eignet sich eine *web quest* zu den Ereignissen in Little Rock, die unter http://www.kn.pacbell.com/wired/BHM/little_rock zu finden ist. Sehr gut geeignet ist auch die digitale Sammlung von Texten und interessanten Links, die die *U.S. Diplomatic Mission to Germany* unter dem Titel *About the USA* anbietet (siehe http://usa.usembassy.de).

Üben 4 Revision: Infinitives with and without *to* — Seite 75

Strukturen

- *Infinitive with and without 'to'*

Methodisches Vorgehen

- a) Im Plenum werden zunächst die wichtigsten Regeln zum Gebrauch des Infinitivs wiederholt. Dabei können die Abschnitte G 11 und G 14 im Grammatikanhang Hilfestellung geben.
- Die S bearbeiten die Aufgabe in Einzelarbeit oder PA. Anschließend Vergleich der Ergebnisse im Plenum. Dabei werden die Infinitivkonstruktionen in einer Tabelle an der Tafel/auf Folie zusammengetragen.

TIP G 11, 14

HA

Lösung

a) + b)

Infinitive with 'to'	*trying to get into (l. 2; versuchte, hinein zu kommen); the first to integrate (l. 5; waren die ersten, die weiße Schulen für Schwarze zugänglich machten); the chance to attend (l. 11; die Chance, … zu besuchen); started to shake (ll. 22–23; begannen zu zittern); didn't know where to go (ll. 26–27; wusste nicht, wohin sie gehen sollte); not easy to get through each day (ll. 32–33; nicht leicht, durch jeden Tag zu kommen); no reason to remember me (ll. 37–38; keinen Grund, sich an mich zu erinnern); easier for Elizabeth to talk to students (l. 41; leichter für Elizabeth, mit Schülern zu sprechen); she advises students to get (ll. 43–44; sie rät Schülern, … zu bekommen); not to be silent observers (l. 45; keine stummen Beobachter zu sein)*
Infinitive without 'to'	*all I could hear (l. 16; alles, was ich hörte); nobody let her pass (ll. 25–26; niemand ließ sie durchgehen); made accept (l. 30; wurden gezwungen, … zu akzeptieren); could now attend school (ll. 31–32; konnten jetzt die Schule besuchen)*

Tipps für junge Lehrer Zur Ergebnissicherung kann der Text auch als Folie aufgelegt und die Infinitivkonstruktionen verschiedenfarbig markiert werden.

Material
Ggf. Leerfolie

Üben

5 Craig Kielburger: The children's hero

Seite 75

Craig Kielburger and his organisations "Free The Children" and "Me to We" are good examples of what courageous individuals can achieve when fighting injustice. In 1995, 12-year-old Craig Kielburger read the story of Iqbal Masih, a young boy from Pakistan, which changed his life. Iqbal had to work twelve hours a day in a carpet factory, from where he was able to escape. He started to speak about his life in captivity and about children's rights. Tragically, Iqbal was shot for telling too many unpleasant truths. Iqbal's fate inspired Craig to point out the scourge of child labour and look for help to end it. This quest led to a network of organisations in Canada and the US trying to cope with the problem (for further information check http://www. freethechildren.com). The Internet offers a large amount of material for project work on the problem of child labour. Two very substantial sources are: http://www.spartacus.schoolnet.co.uk/IRchild.main.htm and http://www.lehrer-online.de/child-labour.php.

Wortschatz *to murder sb, to bring sb's attention to sth, carpet, to speak out (about sth), to make a difference (to sth), to be eager to do sth, properly, sweatshop, hell*

Strukturen
- *Infinitive with and without 'to'*

Methodisches Vorgehen
- a) Die S bearbeiten die Aufgabe in Einzelarbeit oder PA. Anschließend Vergleich der Ergebnisse im Plenum.
- b) Die Fragestellung wird gemeinsam im Plenum diskutiert. Um ein abschließendes Meinungsbild zu erhalten, kann nach der Diskussion eine Abstimmung durchgeführt werden.

HA

Erweiterung
- Zur Vertiefung des Themas „Kinderrechte" kann **KV 4: The Convention on the Rights of the Child** eingesetzt werden.

Lösung

a) 1. *to* 2. – 3. *to* 4. *to* 5. *to* 6. *to* 7. – 8. – 9. *to* 10. *to* 11. – 12. *to*
b) *Individuelle S-Antworten*

Material
Workbook S. 51/13
Kopiervorlage 4

ⓢS ⓛL Üben — A child's fight for HIV-positive people

Workbook Seite 51

HV-Text

Michael: Now it's time to hear about another young human rights hero. Last week we talked about Iqbal Masih from Pakistan. This time Carol Lacy is here to tell us about the short but brave life of a South African boy, Nkosi Johnson. Over to you, Carol.

Carol: Thank you, Michael. Yes, today's young hero was born in South Africa, in a poor suburb of Johannesburg. That was in February 1989. Like so many babies in his country, he was born HIV-positive, that is, he was born with the virus which causes AIDS. His mother already had the disease and was very ill. Nkosi did not know his father at all.

Michael: And in those days nobody wanted to admit to having AIDS, did they?

Carol: You're right there, Michael. Nkosi's mother was also afraid of people finding out about the illness – and she was too weak and ill to look after her boy properly, anyway. But Nkosi was luckier than many kids in this situation. Another woman, Gail Johnson, who was in social work, – she adopted him and became his new mother, his 'mommy Gail'.

Michael: Ah, so that's how he got his name 'Johnson'.

Carol: Right again, Michael. Well, Nkosi was in the news when he was nine. A primary school in Johannesburg wouldn't accept him because he was HIV-positive. Human rights organizations protested strongly, as discrimination because of a person's medical condition is illegal in South Africa, as it is here, too, of course – officially.

Michael: And were the protests successful?

Carol: Yes, they were. Nkosi was allowed to attend the school. But that same year, 1997, his mother died of AIDS. Soon Nkosi developed the disease, too, but he fought against it as well as he could. Medicine was very expensive, even for his mommy Gail, but together they tried to keep up a healthy lifestyle for Nkosi.

Michael: The year 2000 was a particularly important one for Nkosi, wasn't it? He became famous all over the world for his courage.

Carol: Yes, that was the year of an important international AIDS conference in South Africa. And Nkosi, that thin little 11-year-old, stood on the stage at the front of the hall and made a speech. He told people with AIDS to come out of hiding and ask for help. And he asked society to accept AIDS patients as people with equal human rights. "We are all the same," he said.

Michael: I guess Nkosi helped to change the way we think about people with AIDS today.

Carol: Yes, and he won more support for the help centers which he and his new mother Gail had set up to help people like him. You know, Nkosi was unbelievably strong, in spite of being so ill. But sadly, he died in 2001, age 12. He had survived longer than any other child born in South Africa with the AIDS virus.

Michael: Thank you for telling Nkosi's moving story, Carol. He was certainly a hero; and he managed to improve the world just a little.

Material
Schüler-CD 2/16
Lehrer-CD 4/2
Workbook S. 51/12

Üben — 6 ⟨Book corner: Free the children⟩

Seite 75

Methodisches Vorgehen

- Bei besonderem Interesse kann L einzelne S bitten, das Buch zu lesen und anschließend im Plenum vorzustellen.
- Alternativ können eines oder mehrere Exemplare des Buches in der Klassen- oder Schulbibliothek zur Verfügung gestellt werden.

Erweiterung

- Die S informieren sich im Internet über die Organisation *Free the children* und weitere Kinderhilfsorganisationen und präsentieren ihre Ergebnisse.

Tipps für junge Lehrer
Auch wenn es sich bei *Free the children* um ein recht umfangreiches Buch handelt, gibt es immer wieder S, die sich freiwillig bereit erklären, ein englisches Buch zu lesen.

Material
Craig Kielburger, *Free the children*

Üben

7 How to: Show everyday courage and support

Seite 75

Wortschatz *to judge sb/sth by sth, appearance*

Methodisches Vorgehen
- a) Im Plenum sammeln die S Ideen, wie sie in den vorgegebenen Situationen reagieren könnten. Dabei können die *Useful phrases* Hilfestellung geben.
- Anschließend überlegen sich die S im *Think-Pair-Share*-Verfahren eigene Formulierungen und ergänzen die Liste der *Useful phrases*.
- b) Die S erarbeiten in GA einen möglichen Fortgang der beiden Situationen und üben diese als Rollenspiel ein. Mehrere Rollenspiele können anschließend im Plenum präsentiert werden.

Lösung
a) + b) *Individuelle S-Antworten*

Material
Workbook S. 51/14

⟨Revision⟩

Ziele
- Die Ersatzformen der Modalverben wiederholen
- Die indirekte Rede mit *tense shift* korrekt anwenden
- Gleichberechtigung reflektieren

Üben

⟨Equal opportunity⟩

Seite 76

Üben

1 Modals and their substitutes

Seite 76

Wortschatz *substitute, to miss a point, tense shift*

Strukturen
- *Modals and their substitutes*

Methodisches Vorgehen
- a) Nach einer kurzen Wiederholung der Regeln zur Verwendung der Modalverben und ihrer Ersatzformen bearbeiten die S die Aufgabe in Einzelarbeit. Anschließend Vergleich der Ergebnisse mit einem/einer Partner/in bzw. im Plenum.
- b) An dieser Stelle ist es lohnenswert, im Plenum eine kurze Diskussion über Leos Aussagen zum Thema *equal opportunity* anzuschließen.

TIP
G 15

Erweiterung
- Zur Vertiefung der Thematik kann **KV 5: Equal opportunity** eingesetzt werden.

Lösung
a) 1. *will have to* 2. *had to* 3. *will be able to* 4. *didn't have to* 5. *had to* 6. *weren't able to* 7. *had to* 8. *will be able to*
b) *Individuelle S-Antworten*

Material
Workbook S. 52/15
Kopiervorlage 5

Üben

2 Indirect speech

Seite 76

Wortschatz *race, discrimination, several, off, discount*

Strukturen
- *Indirect speech*

Methodisches Vorgehen
- Die S berichten sich in PA gegenseitig über den Inhalt des Dialogs und halten ihre Ergebnisse anschließend auf einer Folie fest.
- Alternativ wird die Aufgabe als Hausaufgabe bearbeitet. In diesem Fall bietet es sich an, zur Ergebnissicherung einen Erwartungshorizont als Folie aufzulegen.

TIP G16

HA

Erweiterung
- Zur weiteren Festigung der indirekten Rede kann **KV 6: Child brides in Nigeria** eingesetzt werden.

TB 76: 2 (indirect speech)

Lösung

Erwartungshorizont: He said (that) it was great if people of all races worked at A&F as "store models", but that employing only good-looking people, whether black or Asian, was still discrimination. He said (that) it was not a healthy environment and reminded me (that) he had heard bad stories about A&F. He added (that) they had had real problems in America. I told him to give the place a second chance. I said (that) everybody had a different opinion about being "good-looking". I asked him what shop employed the winner of the Mr Ugly Competition. I told him (that) Abercrombie & Fitch was just a cool place to be and (that) they had asked you to work there, too. I told him (that) it would be so much fun there with you. And I reminded him (that) I could buy everything there for 30 % off. Dad answered (that) he hadn't thought about the discount. But he asked why I needed to work in such a cool place. He told me to stop trying to be so cool all the time.

Material
Workbook S. 52/16
Kopiervorlage 6
Ggf. Leerfolie

Writing texts

Seite 77

Ziele
- Eine Kurzbiografie über Mahatma Gandhi lesen
- Techniken bei der Charakterisierung von Personen vertiefen und ausbauen
- Ideen für die eigene Kurzbiografie sammeln
- *Writing texts*: Eine eigene Kurzbiografie schreiben

Text — **Short biographies** — Seite 77

Wortschatz *biographical, further, to focus (on), bio* (= biography)

Methodisches Vorgehen Als Einstieg sollten die S für die Vielzahl von biografischen Texten in ihrem Alltag sensibilisiert werden (z. B. in Zeitschriften, auf Webseiten, usw.), um sie für die eigene Textproduktion zu motivieren.

Material
Workbook S. 53/17, 18

Üben — **1 Gandhi: A human rights hero** — Seite 77

Mohandas Karmchand ('Mahatma') Gandhi was born in Porbander on October 2, 1869, and grew up in a conservative family. He was married at 13 and sent to England to study law. In 1893 he became a legal adviser to an Indian company in South Africa where he was appalled at the denial of civil rights to Indian immigrants. He started his struggle for basic rights for Indians in South Africa, which was successful in 1914. He described his actions as coming from satya (truth), accomplished through ahimsa (non-violence, love) and brahmacharya (celibacy).
From his return to India in 1915 until his death on January 13, 1948, he fought in manyfold, non-violent ways for the civil rights and independence

of the Indian people. He was arrested many times and went on several hunger strikes, in 1932 even proclaimed as a 'fast until death'. One of the most symbolic actions showing Gandhi's non-violent attitudes was the 'salt march' of 1930 to the Arabian Sea where he made salt and thus successfully broke the British monopoly and tax. Indians revered Gandhi as a saint giving him the title "Mahatma" ('the great-souled one').
For further information check http://www.kamat.com/mmgandhi/gandhi.htm, http://www.mkgandhi.org /bio5000/birth.htm and http://www.sscnet.ucla.edu/southasai/History/Gandhi/gandhi.html

Wortschatz *soul, robe, clothing, status symbol, to achieve, uneducated, homeless, material, mind, peaceful, one-dimensional, though, tyrant, to flow, reference, thought, to feature (sth), contradiction*

Methodisches Vorgehen
- Im Plenum werden zunächst die Vorkenntnisse der S zu Leben und Wirken Mahatma Gandhis gesammelt. Ggf. kann L einzelne S bitten, einen kurzen Vortrag *(a one-minute-talk)* vorzubereiten.
- Die S lesen den Text und die Querverweise in Einzelarbeit. Im Plenum können Fragen zu den einzelnen Punkten geklärt werden. Anschließend diskutieren die S in PA, welche Tipps ihnen für das Schreiben einer Biografie als besonders hilfreich erscheinen.

Erweiterung
- Als Hausaufgabe suchen die S weitere Kurzbiografien (in Nachschlagewerken, im Internet, usw.). Diese werden in der folgenden Stunde auf die Verwendung besonderer Techniken und die hierdurch hervorgerufenen Effekte hin untersucht. HA
- Alternativ kann auch die Kurzbiografie auf **KV 7: Eleanor Roosevelt** eingesetzt werden.

Lösung *Individuelle S-Antworten*

Tipps für junge Lehrer Die Auseinandersetzung mit weiteren Textbeispielen ist eine gute Hilfestellung für das Schreiben eigener Kurzbiografien.

Material
Kopiervorlage 7

Üben

2 Collect ideas

Seite 77

Methodisches Vorgehen
- Die S tauschen sich in PA über Personen aus, die für sie besonders interessant sind, und machen sich Notizen zu deren Leben und möglichen Charaktereigenschaften. Anschließend stellen mehrere Schülerpaare ihre Ergebnisse im Plenum vor. Dies kann vor allem leistungsschwächeren S wertvolle Tipps für das Schreiben eigener Biografien liefern.
- Alternativ können die S aufgefordert werden, ihre Notizen in Einzelarbeit zu erstellen und anschließend mit einem/einer Partner/in auszutauschen. Diese Notizen können als Grundlage für das Verfassen einer Biografie über die Person des Partners/der Partnerin dienen.

Lösung *Individuelle S-Antworten*

Üben

3 Write a short bio

Seite 77

Wortschatz *historical*

Methodisches Vorgehen
- a) Auf Grundlage ihrer Notizen aus *ex.* 2 schreiben die S eine Kurzbiografie zu einer der ausgewählten Personen. Dabei sollten die zuvor angesprochenen Tipps zur Charakterisierung von Personen berücksichtigt werden. HA

- b) Anschließend tauschen die S ihre Texte aus und bewerten diese gegenseitig.

Lösung

a) + b) *Individuelle S-Antworten*

Tipps für junge Lehrer

Die Aufforderung, die Leistung des Mitschülers/der Mitschülerin mit kritischem Respekt zu behandeln, sollte ernst genommen werden. Viele S unterschätzen ihre Fähigkeiten im kreativen Schreiben aus Angst, dass ihre Darstellung von Mitschülern/Mitschülerinnen negativ beurteilt wird.

Text

Seite 78–80

Ziele
- Zwei Protestlieder und ihre Botschaften verstehen und auswerten
- Das Zusammenwirken von Musik und Botschaft verstehen
- Der Frage nachgehen, ob Protestlieder zeitlos oder zeitverhaftet sind
- Ein Internetprojekt über Protestlieder durchführen
- Ein eigenes Protestlied schreiben

S L **Song**

Protest songs

Seite 78–80

Methodisches Vorgehen

- L schreibt den Begriff *protest song* an die Tafel. Die S sammeln im Plenum, was sie unter dem Begriff verstehen.
- Anschließend leitet L zu *ex.* 1 über.

Material
Schüler-CD 2/17–18
Lehrer-CD 4/3–4

Üben

1 Before you listen: The sound of protest

Seite 78

Wortschatz

emotional, harmonious, dissonant, poetic, obnoxious, idealistic, to blow, dove, cannon ball, forever, to ban, to wash, to pretend (sth), death, till, to hold sb down, bitch (vulg), *cos* (coll), *to be on one's mind, to swallow, to fire back, target, rumor, to slander (sb/sth), popularity, controversy, worth, to stand one's ground, to take a deep breath, to offend, to handle, common, double standard, glory, to score* (coll), *whore* (vulg), *to get named* (coll)

Methodisches Vorgehen

- a) Die S nennen diejenigen Adjektive, die typische Merkmale von Protestliedern beschreiben, und begründen ihre Wahl. Die genannten Adjektive werden an der Tafel festgehalten.
- b) Die S sammeln in PA die ihnen bekannten Protestlieder und ordnen sie den zuvor genannten Adjektiven zu. Die Ergebnisse werden im TA ergänzt.
- L präsentiert die beiden Lieder von CD.

Erweiterung

- Die S sammeln weitere Adjektive, die als typische Merkmale von Protestliedern gelten könnten (*humorous, ironic, disrespectful, …*).
- Mehrere S stellen auf freiwilliger Basis „ihre" Protestlieder im Unterricht vor. Diese können parallel zur Arbeit mit dem SB weiter untersucht werden.

Lösung

a) *emotional, loud, aggressive, dissonant, obnoxious – Protest songs must use strong, emotional vocabulary to reach people. It is natural for their purpose to be loud, aggressive, dissonant, and obnoxious to create an emotional effect.*
b) *Individuelle S-Antworten*

Tipps für junge Lehrer

L sollte den S die Gelegenheit geben, eigene Beispiele zu präsentieren und diese anschließend mit den beiden Protestliedern im SB zu vergleichen. Hierbei empfiehlt es sich, die von den S genannten Lieder vorher anzuhören, ohne gleich eine Zensur vorzunehmen. Die S sollten jedoch darauf hingewiesen werden, dass bestimmte Inhalte für eine Diskussion im Unterricht nicht geeignet sind.

Material
Ggf. Leerfolie

Üben

2 First reactions

Seite 80

Methodisches Vorgehen

- a) Nach dem ersten Hören der beiden Lieder äußern die S spontan, welches Lied ihnen besser gefallen hat.
- b) Die S beschreiben die beiden Lieder mit den zuvor gesammelten Adjektiven und nennen ggf. eigene Ideen. Diese können im TA/auf der Folie aus *ex.* 1 ergänzt werden.

Erweiterung

- Die S gehen auf das Entstehungsjahr der beiden Lieder ein und kommentieren ggf. erste Unterschiede.

Lösung

a) + b) *Individuelle S-Antworten*

Tipps für junge Lehrer

Aufgrund ihrer Hörgewohnheiten ist zu vermuten, dass das Lied von Christina Aguilera von den S positiv beurteilt wird, während das Lied von Bob Dylan vermutlich auf einiges Befremden stößt. Auch wenn persönliche Werturteile nicht sanktioniert werden, sollte einer vorschnellen Beurteilung entgegengesteuert werden.

Material
Ggf. Leerfolie

Üben

3 The message

Seite 80

Wortschatz

message, specific, general, to relate to (sb/sth), solution

Methodisches Vorgehen

- a) Während des zweiten Hörens lesen die S die beiden Liedtexte mit und bearbeiten dann die Aufgabe in PA. Anschließend Vergleich der Ergebnisse im Plenum. Diese werden an der Tafel/auf Folie festgehalten.
- b) In einem weiteren Durchgang untersuchen die S in GA, inwieweit die beiden Liedtexte die Themen „Menschenwürde" und „Menschenrechte" thematisieren. Die Bearbeitung der Aufgabe kann innerhalb oder zwischen den Gruppen auch arbeitsteilig erfolgen. Anschließend Präsentation der Ergebnisse im Plenum.
- c) + d) können im Anschluss an die Textarbeit im Plenum diskutiert werden. In leistungsschwächeren Lerngruppen sollte L den S die Gelegenheit geben, sich vor der Diskussion Notizen zu machen.

Erweiterung

- Die S vergleichen die Fotos von Bob Dylan und Christina Aguilera und diskutieren die Glaubwürdigkeit ihrer Protestlieder im Hinblick auf ihr persönliches Auftreten.

Lösung

a) *Erwartungshorizont:* ***Bob Dylan:*** *anti-war song; words/lines: "white dove" (l. 3), "cannon balls" (l. 5), "people … allowed to be free" (ll. 11–12), "people cry" (l. 20), "many deaths" (l. 21), "too many people have died" (l. 22);* ***Christina Aguilera:*** *protest against situation of women; words/lines: "be quiet just because I'm a woman" (l. 2), "a female fires back" (l. 5), "a man who don't respect your worth" (l. 14), "stand our ground" (l. 18), "double standard of society" (l. 31)*

b) *Erwartungshorizont:* ***Bob Dylan:*** *more general about human right; phrases: "Before you call him a man?" (l. 2), "Before they're allowed to be free?" (l. 12), …;* ***Christina Aguilera:*** *more specific; phrases: "… be quiet just because I'm a woman" (l. 2), "Who've come across a man who don't respect your worth" (l. 14), It's a common double standard of society" (l. 31), …*

c) + d) *Individuelle S-Antworten*

Tipps für junge Lehrer Um die Ergebnisse der Analyse ggf. mit den eigenen Beispielen der S vergleichen und entsprechend ergänzen zu können, ist eine Ergebnissicherung auf Folie sinnvoll.

Material
Workbook S. 54/19, 20
Ggf. Leerfolie

Üben

4 The lyrics

Seite 80

Wortschatz *lyrics* (pl.), *refrain*

Methodisches Vorgehen
- a) + b) Die S bearbeiten die Aufgaben in Einzelarbeit oder PA. Anschließend Vergleich der Ergebnisse im Plenum. Diese werden stichwortartig an der Tafel/auf Folie festgehalten.

Lösung

Erwartungshorizont:
a) ***Bob Dylan:*** *poetic, using images, sad, accusing, creating empathy (e.g. "my friend"), philosophical, …;* ***Christina Aguilera:*** *aggressive, offensive, colloquial, …*
b) ***Bob Dylan:*** *"The answer my friend is blowin' in the wind/The answer is blowin' in the wind";* ***Christina Aguilera:*** *see chorus on p. 79 → The refrain speaks to the listener directly and creates a feeling of shared emotion, either sadness or fighting spirit.*

Material
Ggf. Leerfolie

Üben

5 The music

Seite 80

Methodisches Vorgehen
- Die S diskutieren die Fragestellungen zunächst mit einem/einer Partner/in und anschließend im Plenum.

Lösung

Individuelle S-Antworten

Üben

6 Protest songs: Timeless or dated?

Seite 80

Wortschatz *timeless, dated*

Methodisches Vorgehen
- Die S machen sich in Einzelarbeit Notizen zur Fragestellung. Nach einem kurzen Austausch mit einem/einer Partner/in werden die Ergebnisse im Plenum diskutiert.

Erweiterung
- Die S nennen weitere Protestlieder, die zeitlosen Status erlangt haben, und überlegen sich mögliche Gründe dafür.

Lösung

Erwartunghorizont: The songs' messages are timeless because there are still wars and the equality of men and women is still not achieved comletely. The messages might be dated in Western countries which are not directly affected by wars and where the position of women is considered to be equal to the position of men.

Üben

7 ⟨Internet project: Protest songs⟩

Seite 80

HA

Methodisches Vorgehen
- Die S tauschen sich im Plenum zunächst über ihr Vorwissen zu den drei Interpreten aus und bearbeiten anschließend die Aufgabe in Einzelarbeit oder PA. Die Ergebnissicherung kann in Form von Kurzvorträgen erfolgen.

TA

Aretha Franklin: "Respect" – women's dignity
John Lennon: "Imagine", "Give Peace a Chance" – peace movement
Pink: "Dear Mr. President" – various problems in US society

Erweiterung
- Die S sammeln Hintergrundinformationen über die Zeit, in der die Lieder entstanden sind, und versuchen, eine Verbindung zum geschichtlichen Hintergrund herzustellen. Hierbei kann die Frage nach der Zeitlosigkeit von Protestliedern erneut aufgegriffen werden.

Lösung

Siehe TA

Tipps für junge Lehrer

Es ist zu erwarten, dass die S die Sängerin Pink gut kennen und positiv bzw. ablehnend reagieren. L sollte darauf achten, dass die Bearbeitung der Aufgabe nicht mit dem Austausch von persönlichen Vorlieben endet, sondern an dem Thema *protest song* orientiert bleibt.

Üben

8 Your turn: Write your own protest song

Seite 80

Methodisches Vorgehen
- Die S sammeln zunächst im Plenum Ideen, welche Themen sie in einem eigenen Protestlied ansprechen würden.
- Als Vorbereitung auf die Schreibphase bietet sich ein „Schreibgespräch" in Kleingruppen an, bei dem jede/r S freie Assoziationen zu den von den anderen Gruppenmitgliedern genannten Themen auf einen gemeinsamen Bogen Papier schreibt.
- Die S verfassen ihr Lied als Hausaufgabe und stellen es in der nachfolgenden Stunde in ihrer Gruppe vor. Nach der Besprechung in den Gruppen werden mehrere Liedtexte im Plenum präsentiert, z. B. auf Plakaten, die anschließend im Klassenraum aufgehängt werden.

HA

Erweiterung
- An dieser Stelle bietet sich die Möglichkeit der Zusammenarbeit mit dem Fach Musik, indem die Liedtexte anschließend vertont werden.
- Zur Vorbereitung der Aufgabe kann alternativ auch **KV 8: Protest songs** eingesetzt werden.

Lösung

Individuelle S-Antworten

Tipps für junge Lehrer

Die Präsentation der fertigen Texte sollte auf freiwilliger Basis erfolgen, da viele S sich scheuen, über persönliche Anliegen und Gefühle zu sprechen. Die Aufgabe ist gleichzeitig eine sehr gute Gelegenheit, das Klima innerhalb der Lerngruppe zu verbessern.

Material
Kopiervorlage 8
Ggf. Plakate

Wordwise

Seite 81

Ziele
- Den Wortschatz der Unit umwälzen und vernetzen
- Das Bild eines berühmten Fotokünstlers auswerten
- *Word building:* Menschenrechtsvokabular
- Den Gebrauch von Adjektiven als Nomen wiederholen
- Amerikanischen Slang verstehen

Üben

1 The message behind the photo

Seite 81

Methodisches Vorgehen
- Die S bearbeiten die Aufgabe in Einzelarbeit. Anschließend Vergleich der Ergebnisse mit einem/einer Partner/in und dann in Kleingruppen. Die Ergebnisse mehrerer Gruppen können abschließend noch einmal gemeinsam im Plenum besprochen werden.

Erweiterung
- Die S suchen nach weiteren Fotos aus den Printmedien (z. B. auch preisgekrönte Pressefotos), die ähnliche Anliegen zum Ausdruck bringen.

Lösung

> 1. *Erwartungshorizont: The photo shows a white couple walking down a street. The man looks at an Asian man next to him and makes a vulgar gesture with his hand. The two men do not look directly at each other, but the Asian man must have noticed what is going on. The girl is walking behind her boyfriend/husband, and she is looking away from the two men.* 2.–4. *Individuelle S-Antworten*

Tipps für junge Lehrer Bei der Besprechung des Fotos sollten verschiedene Deutungsmöglichkeiten zugelassen werden.

Üben

2 Word building — Seite 81

Methodisches Vorgehen HA
- Als Hausaufgabe suchen die S mit Hilfe des *Dictionary* im Buchanhang und des Wörterbuchs weitere Formen zu den im SB vorgegebenen Wörtern.
- Vergleich der Ergebnisse mit einem/einer Partner/in und anschließend im Plenum.

Erweiterung
- Zur Vertiefung des themenbezogenen Wortschatzes und zur weiteren Arbeit mit dem Wörterbuch kann **KV 9: Talking about a speech** eingesetzt werden.

Material
Workbook S. 55/23
Kopiervorlage 9
Wörterbücher

Lösung

> 2. *race, racism, racist* 3. *equality, equal, to equalize, inequality* 4. *democracy, democratic* 5. *to protest, protester* 6. *slavery, slave* 7. *integration, to integrate*

Üben

3 Adjectives as nouns — Seite 81

Methodisches Vorgehen HA
- Die Aufgabe wird mündlich im Plenum bearbeitet. Alternativ kann sie auch als Hausaufgabe eingesetzt werden.

Lösung

> 1. *homeless* 2. *brave* 3. *sick* 4. *young* 5. *intolerant* 6. *famous* 7. *sensitive*

Üben

Zusatzaufgabe *Dictionary* — Seite 174

Methodisches Vorgehen HA
- Zur weiteren Übung des Gebrauchs von Adjektiven als Nomen kann die Zusatzaufgabe im *Dictionary* eingesetzt werden.

Lösung

> a) 1. *the uneducated* 2. *the poor* 3. *the very young* 4. *the rich* 5. *the sick* 6. *the unemployed*
> b) *Erwartungshorizont: the disabled – people who are not able to use a part of their body or mind; the homeless – those who have no place to live; the famous – people who are known by many people; the hungry – those who have not enough to eat; the brave – people without fear; the lonely – people who have no family or friends*

Üben

4 ⟨Real English⟩ — Seite 81

Methodisches Vorgehen
- Die S sammeln die Slang-Ausdrücke aus dem Text und formulieren diese in PA in „normales“ Englisch um. Anschließend Vergleich der Ergebnisse im Plenum.

Erweiterung
- Die S diskutieren im Plenum die Frage, welche Wirkung die Verwendung von Slang-Ausdrücken hat, und warum es wichtig ist, diese Ausdrücke zu kennen.

Lösung

Erwartungshorizont: … somebody's just been workin' your nerves again big-time. – … somebody's just gone terribly on your nerves. / She sure knows how to push all my buttons! – She sure knows how to annoy me! / I'm so tired of her shit. – I'm so tired of what she tells me. / She's always in my face about all these things … – She's always telling me about all these things … / Don't be hatin' on her … – Don't be angry with her … / She wants to lend a hand to the kids … – She wants to help the kids …

Tipps für junge Lehrer
Auch wenn die Behandlung von Slang-Ausdrücken im Unterricht keine dominierende Rolle einnehmen sollte, empfiehlt es sich dennoch, darauf einzugehen, um den S die Unterschiede zum Standardenglisch aufzuzeigen und die Kommunikation beim Besuch in englischsprachigen Ländern zu erleichtern.

Check-out

Seite 82–83

Ziele
- Die Lernziele der Unit in Selbstkontrolle überprüfen

Üben

1 Gerund or infinitive?

Seite 82

Strukturen
- *Gerund vs. infinitive*

Methodisches Vorgehen
- L weist noch einmal auf G 13 im Grammatikanhang hin.
- Die S bearbeiten die Aufgabe in Einzelarbeit oder als Hausaufgabe. Anschließend Selbstkontrolle bzw. Überprüfung durch einen/eine Partner/in.

TIP
G 13

Lösung

Siehe SB S. 220

Tipps für junge Lehrer
Damit sich die Regeln besser einprägen, sollte L die S auffordern, ihre Entscheidung für die jeweilige Struktur kurz zu begründen.

Material
Workbook S. 56/25

Üben

2 More practice with gerunds and infinitives

Seite 82

Strukturen
- *Gerund vs. infinitive*

Methodisches Vorgehen
- Die S bearbeiten die Aufgabe in Einzelarbeit. Anschließend Selbstkontrolle bzw. Überprüfung durch einen/eine Partner/in.

TIP
G 13

Lösung

Siehe SB S. 220

Üben

3 Different ages, different rights

Seite 82

Strukturen
- *Infinitive with and without 'to'*

Methodisches Vorgehen
- Die S schreiben die Sätze in ihr Heft und füllen die vorgegebenen Lücken aus. Anschließend Selbstkontrolle bzw. Überprüfung durch einen/eine Partner/in.

Lösung

Siehe SB S. 220

Material
Workbook S. 56/27

Üben

4 Tolerance levels

Seite 83

Methodisches Vorgehen

- a) Die S tauschen sich in PA über die drei dargestellten Szenen und ihre möglichen Reaktionen aus.
- b) Die S spielen die drei Situationen nach. Mehrere Rollenspiele können anschließend im Plenum präsentiert und gemeinsam besprochen werden.

Erweiterung

- Die S überlegen sich weitere Konfliktszenen und formulieren passende Dialoge. Dabei können die *Useful phrases* auf S. 73 Hilfestellung geben.

Lösung

Musterlösung siehe SB S. 220

Material
Workbook S. 57/29

Üben

5 ⟨Your turn: Your taste in music⟩

Seite 83

Methodisches Vorgehen

- a) Die S erstellen eine Tabelle und füllen sie gemäß ihrer eigenen Vorlieben aus.
- b) Die S vergleichen ihre Ergebnisse mit denjenigen Mitschüler/innen, die die gleichen Künstler/innen gewählt haben, und diskutieren ihre Ergebnisse.

Erweiterung

- Die S führen mit Hilfe der zuvor erstellten Tabelle eine Umfrage in der Klasse, der Jahrgangsstufe oder der Schule über die Hörgewohnheiten der Mitschüler/innen durch und werten diese aus.

Lösung

Individuelle S-Antworten

Tipps für junge Lehrer

Auch wenn die Bearbeitung der Aufgabe eher zeitintensiv ist, eignet sie sich gut als Auflockerung. Für die meisten S ist es motivierend, ihre eigenen Gewohnheiten in den Unterricht einfließen zu lassen.

Üben

6 ⟨Team activity: Your end-of-book quiz⟩

Seite 83

Methodisches Vorgehen

- Die S teilen sich in fünf Gruppen auf und bestimmen zwei Schiedsrichter/innen. Jede Gruppe einigt sich auf sieben Fragen und gibt diese zur Überprüfung an die beiden Schiedsrichter/innen weiter. Anschließend werden die Fragen in den Gruppen beantwortet.

Lösung

Beispielfragen siehe SB S. 220

Tipps für junge Lehrer

In der Regel ist diese Art der Lernzielkontrolle für die S motivierend, da sie selbst die Kontrolle über die Lernprozesse in die Hand nehmen.

KV 1: The UN Universal Declaration of Human Rights

a) *In 1948 the General Assembly of the United Nations declared universal human rights for all people. Look at some articles of the Declaration. Don't worry if you do not understand every word. Use your dictionary. Then find a headline for each article. Page 68 in your book can help you.*

Art. 1	All human beings are born free and equal in dignity and rights. They [...] should act towards one another in a spirit of brotherhood.
Art. 2	The rights of this Declaration are the same for everyone, without any difference of race, colour, sex, language, religion, political or other opinion, national or social origin, property, birth or other status.
Art. 3	Everyone has the right to life, liberty and security of person.
Art. 4	No one shall be held in slavery or servitude; slavery shall be forbidden in all their forms.
Art. 5	No one shall be tortured or given cruel, inhuman or degrading treatment or punishment.
Art. 12	No one shall suffer from interference with his privacy, family, home or correspondence.
Art. 13	Everyone has the right to freedom of movement and residence within the borders of each state.
Art. 14	Everyone has the right to ask for asylum in other countries.
Art. 16	1. Men and women of full age, regardless of race, nationality or religion, have the right to marry and to found a family. They are entitled to equal rights as to marriage, during marriage and at its dissolution. 2. Marriage shall be entered into only with the free and full consent of the partners.
Art. 18	Everyone has the right to freedom of thought, conscience and religion; including the freedom to change his religion or belief.
Art. 19	Everyone has the right to freedom of opinion and expression.
Art. 20	Everyone has the right to freedom of peaceful assembly and association.
Art. 21	1. Everyone has the right to take part in the government of his country, directly or through freely chosen representatives.
Art. 23	1. Everyone has the right to work, to free choice of employment, to just and favourable conditions of work and to protection against unemployment. 2. Everyone, without any discrimination, has the right to equal pay for equal work.
Art. 25	1. Everyone has the right to a standard of living adequate for the health and well-being of himself and of his family, including food, clothing, housing and medical care and necessary social services. 2. Motherhood and childhood are entitled to special care and assistance. All children shall enjoy the same social protection.
Art. 26	Everyone has the right to an education. Education shall be free, at least in the elementary and fundamental stages. Elementary education shall be compulsory.

b) *Which of these articles do you think are more important than the others? Do you think that there is a difference in importance at all? Discuss.*

c) *Name three countries where these rights are not respected. What could be done to improve the situation? Discuss.*

ISBN 978-3-12-547163-4

KV 2: Materialism rules – All rights? No responsibilities?

a) *For a survey into children's lifestyles and media consumption more than 10,000 children (aged 6–16) from different European countries were interviewed. What is important for British teenagers compared with teenagers from other countries? How does their attitude change when they get older? Have a look at the statistics below and interpret them.*

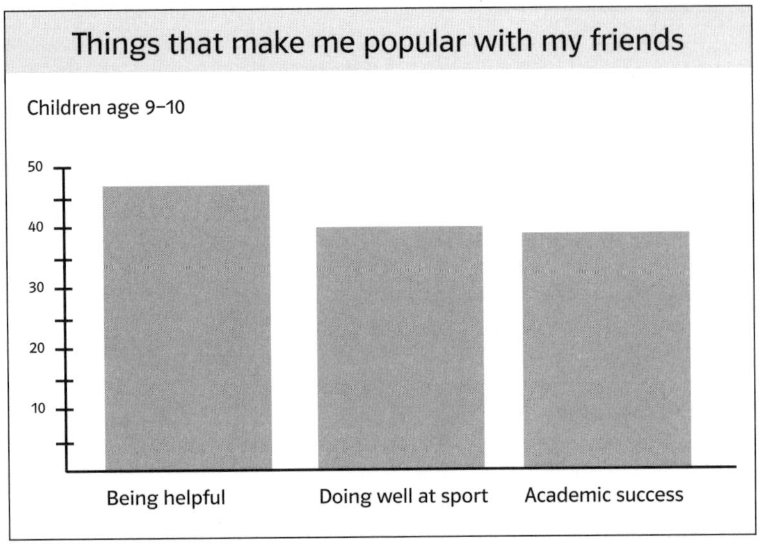

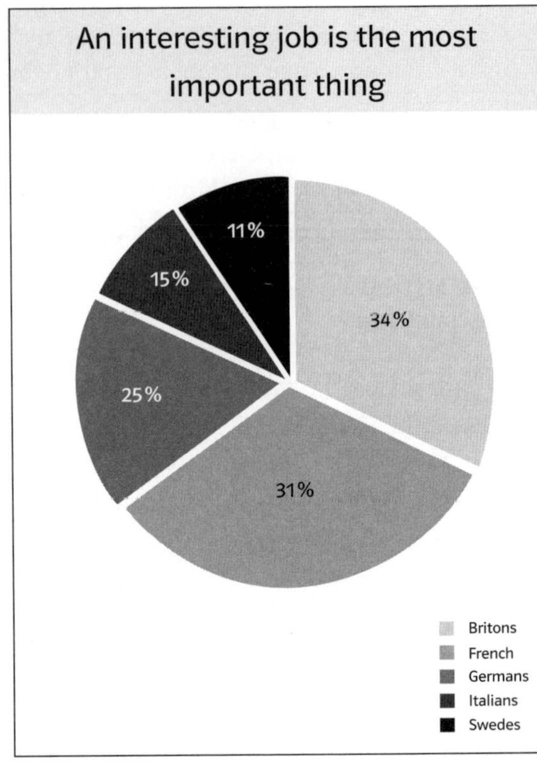

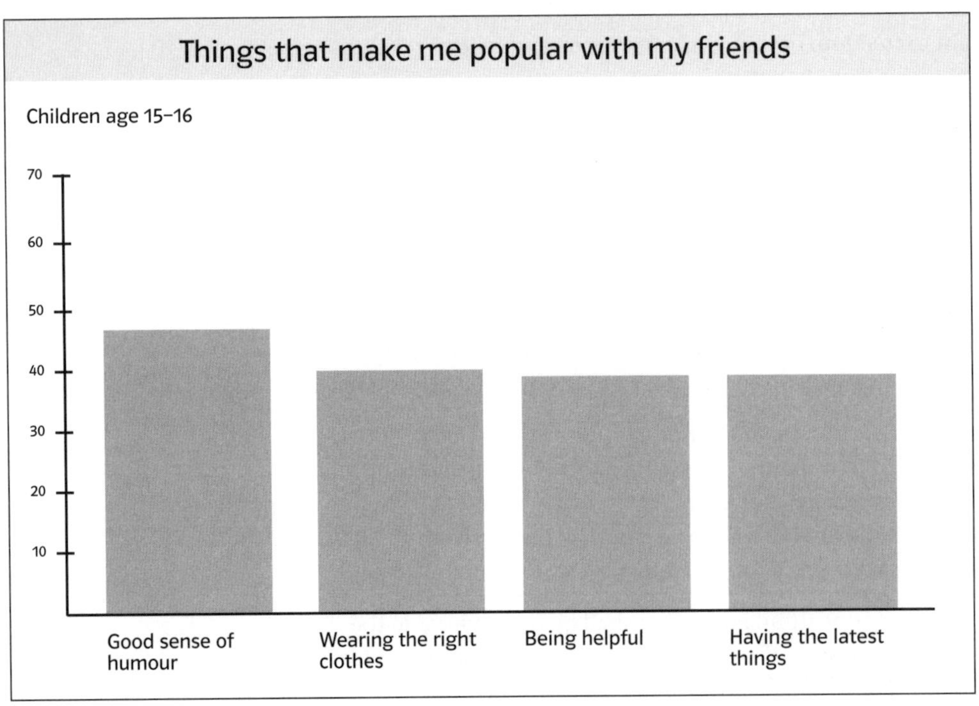

b) *Do a class survey and compare the results with the survey of British teenagers. What is different/the same? Can you think of reasons for possible differences?*

c) *Do you agree that a materialistic lifestyle can make you happier than doing things for other people? Get together in groups and discuss the question. Here are a few aspects that can help you to prepare your arguments: In what ways does it make people happy to own things? What about helping others – how can this make someone happy? What other things are important in life?*

ISBN 978-3-12-547163-4

KV 3: Gerund or infinitive?

Read what people say about fighting for human rights.
Fold the right part of the grid backwards.
Fill in the left part with gerunds or infinitives.
Check your results.

"I'll never forget ____________ (visit) Pakistan. Some of the people were so poor."	"I'll never forget ____visiting____ Pakistan. Some of the people were so poor."
"We must try ____________ (get) our message across to the government."	"We must try ____to get____ our message across to the government."
"Most women in developing countries never stop ____________ (work)."	"Most women in developing countries never stop ____working____."
"I couldn't speak their language, so I tried ____________ (use) sign language – and it worked!"	"I couldn't speak their language, so I tried ____using____ sign language – and it worked!"
"Don't forget ____________ (come) to the demonstration on Saturday."	"Don't forget ____to come____ to the demonstration on Saturday."
"A lot of people are selfish. They never stop ____________ (think) about others."	"A lot of people are selfish. They never stop ____to think____ about others."
"But there are also people who are interested in ____________ (talk) about human rights."	"But there are also people who are interested in ____talking____ about human rights."
"____________ (fight) for one's right isn't always easy."	"____Fighting____ for one's rights isn't always easy."
"It is important for children ____________ (grow up) in a safe environment."	"It is important for children ____to grow up____ in a safe environment."
"They should enjoy their lives instead of ____________ (worry) all the time."	"They should enjoy their lives instead of ____worrying____ all the time."
"People in democratic countries can't imagine ____________ (live) without basic rights."	"People in democratic countries can't imagine ____living____ without basic rights."
"We want ____________ (do) a project on child labour."	"We want ____to do____ a project on child labour."
"We have the chance ____________ (present) our project to the whole school."	"We have the chance ____to present____ our project to the whole school." chance of gettin oder:

ISBN 978-3-12-547163-4

KV 4: The Convention on the Rights of the Child

a) *Work in groups of six to eight. Describe the situation in the picture. What might the girl think or feel? What could be done to improve the girl's situation? Discuss.*

b) *Imagine the international committee is going to meet again in the near future to discuss the situation of children's rights and to write down which of these rights are most important. You are going to take part in this conference as a representative of a country of your choice. Choose the country you are most interested in. Make sure that industrial and developing countries are represented equally at the conference.*

In 1989 world leaders decided that children needed a special convention just for them because people under 18 years old often need special care and protection that adults do not. The leaders also wanted to make the world recognize that children have human rights, too.

c) *Collect information about the situation of children in your country. These websites can help you:*
http://www.cyberschoolbus.un.org/infonation/index.asp/
http://www.unicef.org/infobycountry/
http://www.un.org/en/rights/

d) *Then make a list of ten rights for the updated convention that you consider important for children of your country. Support it with arguments, statistics, photos, or other background material you found on the Internet.*

e) *Act out the discussion. Agree on a list of ten rights that you think are important for children all over the world.*

f) *Compare your results with the official UN Convention on the Rights of the Child. Check http://www.unicef. org/magic/ media/documents/what_rights_flyer_english.pdf.*

ISBN 978-3-12-547163-4

KV 5: Equal opportunity

a) *Look at the pictures and read the information on the right. What impression do you get of the two women, their work, and their feelings about it? Discuss with your partner.*

Information

52 % the world's population are women. They do 65 % of the world's work. They receive 10 % of the world's pay. 2 out of every 3 of the women in poor countries cannot read or write.

b) *How would you react to what these people say? Make notes.*

1. "These days women get equal pay in most countries."

____

____

2. "A lot of women with families prefer to stay at home while the men go out to work."

____

____

3. "At least the chance of a basic education no longer depends on a child's sex."

____

____

4. "I think it's good that so many men now allow women to share the responsibility of work."

____

____

c) *What do you know about equal opportunities in your country? How have things changed?*
Think about films and TV programmes you have seen or books you have read.
Or think of what you know from older people (perhaps your grandparents or great-grandparents).
Present your results in class.

ISBN 978-3-12-547163-4

KV 6: Child brides in Nigeria

a) *Read what Nasreen Khan, a UN expert on the problem of child brides, says in an interview about the situation of child brides in Nigeria. Then report what she said in an e-mail to one of your friends.*

Interviewer: How old are Nigerian girls when they marry?

Nasreen Khan: In northern Nigeria almost half the girls are married by the time they're 15. Most of them are forced to marry men who are as old as their parents or even older.

Interviewer: How are they treated by their husbands?

Nasreen Khan: Some of them are lucky and their husbands allow them to continue their education. But most of them don't get the chance to go to school and to learn how to read and write. Some are attacked so violently by their husbands that they end up in hospital.

Interviewer: And when they try to run away?

Nasreen Khan: We heard of girls who ran away and tried to find safety in their parents' home. But their families usually force them to go back to their husbands and their unhappy lives.

Interviewer: What happens when they get pregnant? It must be dangerous for them to have babies at this age.

Nasreen Khan: Usually, the girls get pregnant soon after the wedding and they're often crippled by childbirth. Many of them suffer from incontinence and are divorced by their husbands. What sounds good news to us makes them outsiders in Nigerian society.

Interviewer: Doesn't the Nigerian government do anything about the problem?

Nasreen Khan: Yes, they tried to. In 2003 the government passed the Child Rights Act which declared marriages under the age of 18 illegal. But the act wasn't accepted by all of Nigeria's 36 states.

Interviewer: But what could be an argument for child marriages?

Nasreen Khan: An 84-year-old man from a village in Nigeria who married a 14-year-old girl four years ago told me that he'd never accept a law against child marriages. He thinks that it's important to marry the girls young so that there's no risk of pregnancy outside marriage and to preserve the girls' purity.

b) *Find out more about the problem of child marriages in Nigeria and other countries. What could be done by the government and by international organisations to solve the problem? Present your results in class.*

Lösung: a) *Nasreen Khan said that in Northern Nigeria almost half the girls were married by the time they were 15. She added that most of them were forced to marry men who were as old as their parents or even older. She pointed out that some of them were lucky and their husbands allowed them to continue their education. But most of them didn't get the chance to go to school and to learn how to read and write. Some were attacked so violently by their husbands that they ended up in hospital. She said they had heard of girls who had run away and tried to find safety in their parents' home. But their families usually forced them to go back to their husbands and their unhappy lives. She continued that usually the girls got pregnant soon after the wedding and that they were often crippled by childbirth. Many of them suffered from incontinence and were divorced by their husbands. She added that what sounded good news to us made the girls outsiders in Nigerian society. She told the interviewer that in 2003 the Nigerian government had passed the Child Rights Act which had declared marriages under the age of 18 illegal. But the Act had not been accepted by all of Nigeria's 36 states. She said that a 84-year-old man from a village in Nigeria who had married a 14-year-old girl four years ago had told her that he would never accept a law against child marriages. He thought that it was important to marry the girls young so that there was no risk of pregnancy outside marriage and to preserve the girls' purity.*

ISBN 978-3-12-547163-4

KV 7: Eleanor Roosevelt

a) *Read the short biography about Eleanor Roosevelt. You might not understand every word. Use your dictionary for help. Write down the most important keywords.*

Eleanor Roosevelt was perhaps the greatest woman activist for equal opportunity and human rights in the 20th century. A shy, awkward child, Eleanor Roosevelt grew into a woman with great sensitivity to the underprivileged. Her constant work to improve their situation made her one of the most popular women of her generation.

She was born in New York City on October 11, 1884, and grew up with her grandmother after her mother's death in 1892. Attending a distinguished school in England gave her, at 15, her first chance to develop self-confidence among other girls.

Tall and graceful of figure but scared at the thought of being an outsider, she met a distant cousin, handsome young Franklin Delano Roosevelt. They became engaged in 1903 and were married in 1905. Within eleven years Eleanor had six children.

In Albany, where Franklin served in the state Senate from 1910 to 1913, Eleanor started her long career as political helpmate. When her husband became seriously ill in 1921, she cared for him devotedly. From his successful campaign for governor in 1928 to the day of his death, she dedicated her life to his goals.

When her husband became president of the United States in 1933 (until 1945), she was at last able to get the publicity she needed for the social causes she strongly believed in. She worked hardest for blacks and for women – the "forgotten women", as she called them. She fought for equal job opportunities, tried to create more jobs for women – and held press conferences for women reporters only! On her trips she often spoke to only black audiences and did everything she could to help slum clearance projects. She played a major role in the adoption of the Universal Declaration of Human Rights (1948).

After the president's death in 1945 she told reporters: "The story is over." Within a year, however, she began her service as American spokeswoman in the United Nations. She continued her career until her strength diminished in 1962. She died in New York City in November the same year, and was buried beside her husband.

b) *Use your notes to prepare a one-minute talk about Eleanor Roosevelt. Be prepared to present your talk in class.*

c) *Do you think the text is a good example for biographical writing? Why/why not? The ideas for a short biography on page 77 in your book can help you.*

d) *Find out about another human rights activist on the Internet. Write a short bio about him/her.*

ISBN 978-3-12-547163-4

KV 8: Protest songs

a) *Do Internet research on the following protest songs. What is the basic message in each song? Make notes.*

Jimmy Hendrix
The star-spangled banner
(1969)

Basic message:

Rolling Stones
Satisfaction
(1965)

Basic message:

Steppenwolf
Born to be wild
(1968)

Basic message:

Sex Pistols
Anarchy in the UK
(1976)

Basic message:

Jimmy Cliff
Vietnam
(1970)

Basic message:

John Lennon
Imagine
(1971)

Basic message:

Tracy Chapman
Talking 'bout a revolution
(1988)

Basic message:

Aretha Franklin
Respect
(1990)

Basic message:

Billy Joel
Allantown
(1982)

Basic message:

System of a Down
Boom!
(2004)

Basic message:

Genesis
No Son of Mine
(1991)

Basic message:

Pink
Dear Mr. President
(2006)

Basic message:

b) *Find out about the background to these protest songs. What was the political situation at that time? Were there social or economic problems? Make notes.*

c) *Collect ideas for your own protest song. What problems of today would you like to write about?*

ISBN 978-3-12-547163-4

KV 9: Talking about a speech

a) *The following words are taken from the speech by Reverend Joseph Lowery at the inauguration of Barack Obama on January 20, 2009. What is the basic message of Reverend Lowery's speech? Read the text once to get the gist. You do not have to understand every word. Make notes.*

We pray now, oh Lord, for our blessing upon thy servant Barack Obama, the 44th president of these United States, his family and his administration. He has come to this high office at a low moment in the national, and indeed the global fiscal climate. But because we know you got the whole world in your hand, we pray for not only our nation but for the community of nations. (…)

And while we have sown the seeds of greed – the wind of greed and corruption, and even as we reap the whirlwind of social and economic disruption, we seek forgiveness and we come in a spirit of unity and solidarity to commit our support to our president by our willingness to make sacrifices, to respect your creation, to turn to each other and not on each other.

And now, Lord, in the complex arena of human relations, help us to make choices on the side of love, not hate; on the side of inclusion, not exclusion; tolerance, not intolerance.

And as we leave this mountaintop, help us to hold on to the spirit of fellowship and the oneness of our family. Let us take that power back to our homes, our workplaces, our churches, our temples, our mosques, or wherever we seek your will. (…)

Help us then, now, Lord, to work for that day when nations shall not lift up sword against nation, when tanks will be beaten into tractors, when every man and every woman shall sit under his or her own vine and fig tree, and none shall be afraid; when justice will roll down like waters and righteousness as a mighty stream.

Lord, in the memory of all the saints who from their labors rest, and the joy of a new beginning, we ask you to help us work for that day when black will not be asked to get in back, when brown can stick around … when yellow will be mellow … when the red man can get ahead, man … and when white will embrace what is right. Let all those who do justice and love mercy say Amen.

b) *In political speeches often unusual expressions are used to make an impression on the audience. Choose phrases from the box to explain the phrases from Reverend Lowery's speech. Use your dictionary for help.*

feeling of solidarity • agreement of giving up things • staying close-by • worldwide financial situation • wanting to have more than enough • being part of a group • do the right thing • justice as a powerful movement

1. global fiscal climate
2. wind of greed
3. willingness to make sacrifices
4. the side of inclusion
5. spirit of fellowship
6. righteousness as a mighty stream
7. stick around
8. embrace what is right

c) *Which style does Reverend Lowery use to get his message across? Do you think the speech is inspiring? Explain.*

Lösung: b) 1. *global fiscal climate – worldwide financial situation* 2. *wind of greed – wanting to have more than enough* 3. *willingness to make sacrifices – agreement of giving up things* 4. *the side of inclusion – being part of a group* 5. *spirit of fellowship – feeling of solidarity* 6. *righteousness as a mighty stream – justice as a powerful movement* 7. *stick around – staying close-by* 8. *embrace what is right – do the right thing*

ISBN 978-3-12-547163-4

KV 10: Stationenlernen Unit 4

Station 1: Discuss with your partner

Choose one of the topics and make notes. Then discuss the topic with your partner (3–5 minutes).

Would you be prepared to accept the Patriot Act in Germany? Yes / No? Discuss.

Do teenagers need role models (heroes) to grow up? Yes / No? Give examples.

Are tolerance and respect important for you? Yes / No? Give examples.

Is equal opportunity important for you? Yes / No? Give examples.

You want to write a protest song. What would it be about? Explain.

What could be done to abolish modern slavery and human trade? Discuss.

Station 2: The movie *Trade*

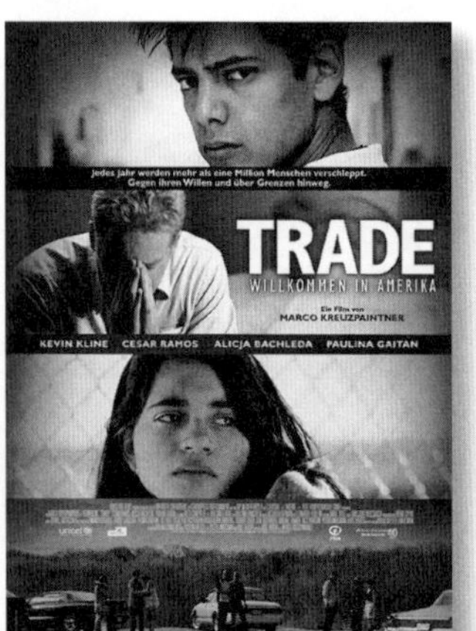

a) *Get together in groups of four. Imagine you are the person / one of the people in the pictures. Collect ideas about the situation. Who is the person? What are his / her feelings? What has just happened? What might the movie be about?*

b) *Watch the trailer of the movie on http://www.youtube.com. Were your ideas from a) right?*

c) *Imagine you work with an international organisation. Create your own advert against human slave trade. Present your advert in class. Are your classmates interested in joining your cause? Why / Why not?*

ISBN 978-3-12-547163-4

KV 11: Stationenlernen Unit 4

Station 3: A human rights quiz

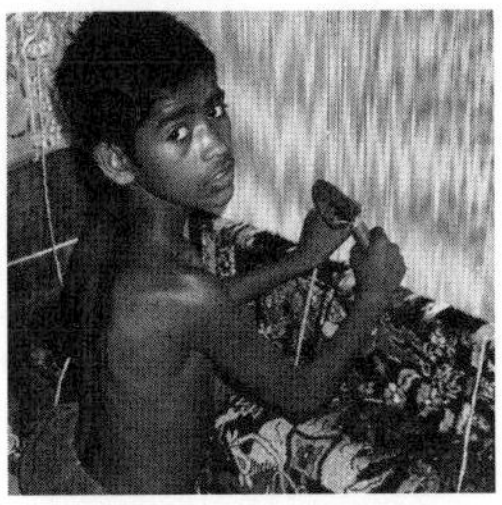

1. How many child workers are there in the world?
   a) 250 million
   b) 3 million
   c) 150 million

2. How many children have died in wars over the last decade?
   a) 2 million
   b) 5 million
   c) 1 billion

3. How many children have been left homeless because of wars?
   a) 50 million
   b) 30 million
   c) 12 million

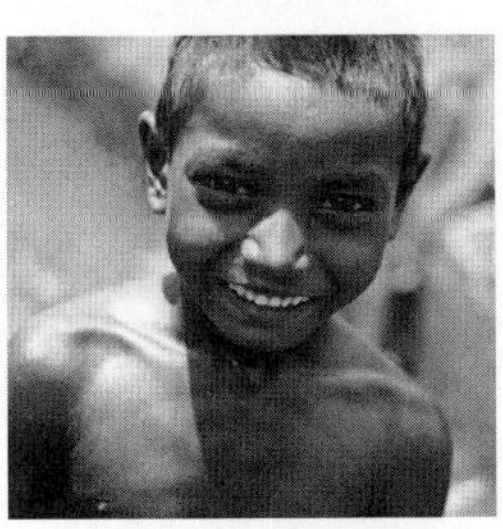

4. How many articles are there in the Declaration of Human Rights?
   a) three
   b) fifty-four
   c) eighteen

5. What country has not accepted the Convention on the Rights of the Child?
   a) Iraq
   b) Canada
   c) The United States of America

6. How many people have died of hunger and poor sanitation over the last decade?
   a) 183
   b) 400 000 000
   c) 900 000 000

7. What is the best way to end child poverty?
   a) give the children money
   b) destroy the government
   c) give the children the chance of an education

8. Who was Mahatma Ghandi?
   a) a god
   b) the president of India
   c) a fighter for human rights

9. What year was the Declaration of Human Rights adopted?
   a) 1948
   b) 1993
   c) 1893

10. What does every right have?
    a) a result
    b) a period
    c) a responsibility

11. Who was Nelson Mandela?
    a) the president of South Africa
    b) a republican
    c) an actor

12. Right or wrong: Is it child labour when your mum asks you to clean your room?
    a) right
    b) wrong

Lösung: 1. a) 2. a) 3. c) 4. b) 5. c) 6. b) 7. c) 8. c) 9. a) 10. c) 11. a) 12. b)

ISBN 978-3-12-547163-4

KV 12: Stationenlernen Unit 4

✎ Station 4: Find the right words

Read the text on page 165 in your book and try to remember as much as possible. Close your book. Then fill in the right words in the text below. Use your book to check your results.

food | health | modern | democracies | accepted | laws | racial
beginning | elections | unusual | married | fashioned
colour | basic | protect | charities | perfect | tolerated | equal

Human rights

Oxfam, one of the best-known ____________________ in the UK, states that every person has a ____________________ right to a safe environment, ____________________ and clean water, a home, an education, ____________________ chances, and doctors to look after their ____________________. To people living in democratic societies today, this doesn't seem too much to expect. But the idea of dignity for all and of living in a spirit of brotherhood and freedom is actually quite ____________________. Until 1865, for example, slavery was legally ____________________ in the USA, and even after it came to an end, ____________________ discrimination and segregation still made life hard for blacks in America for a very long time.

At the ________________ of the 20th century women in Britain started to fight for the right to vote in ____________________. In those days it was ____________________ for women to go to university, and women were often expected to give up their jobs when they got ________________. Girls these days would find such old-____________________ ideas impossible to accept. Many have no idea how much life has improved for women over the years.

Many countries in the world today have laws to ____________________ them from discrimination. In the USA, for example, there are ____________________ against discrimination connected with race, sex, religion or ____________________. But many people are still treated unfairly and discriminated against.

However, although life in our western-style __________________________ is still far from ____________________, the situation in the world's many authoritarian regimes, where protest is not ____________________ at all and human rights have little meaning, is definitely much more difficult for the people there than most of us can ever imagine.

ISBN 978-3-12-547163-4

KV 13: Stationenlernen Unit 4

Station 5: A memory

Work with a partner. Cut out the cards, mix them and put them face down on the table. Take turns to find the right pairs.

In many parts of the world, people haven't even got the most basic …	Europe does more than any other part of the world for …	I wonder what it would be like to be in a …, like the leader of a country.	I don't like big … in the streets; you never know what will happen next.
Do you really think it is … to wear such short shorts to a nice restaurant?	I thought he was just an … boy from school. I had no idea he was a drug dealer.	Soldiers are … to the army.	A lot of clothes in western countries still come from … that use young children as workers.
Workers in countries of the … are often not protected by labour laws.	My mum works for the company we're protesting against! She shouldn't see me in this …	Living in the centre of London isn't … for many people; flats are extremely expensive.	People who enjoy … know that they can criticize their government without fear of going to prison.
… is a real problem in some big cities, especially in crowded places.	For people living in … relationships it is still difficult to be open about it in some countries.	Being … means that something is typical of Europe or North America.	One major feature of a … is free elections.
When people use the term …, they are usually talking about racial …	Expensive watches, cars etc. are … There are lots of different …	German history shows what awful things a … and his regime can do.	In … societies, people are not free to say and do what they want.

sweatshops	**rights**	**dictator**	**equal opportunity**
appropriate	**ordinary**	**position of power**	**western**
democracy	**status symbols**	**same-sex**	**mobs**
segregation	**protest march**	**developing world**	**pick-pocketing**
freedom of speech	**authoritarian**	**affordable**	**recruited**

ISBN 978-3-12-547163-4

KV 14: Stationenlernen Unit 4

Station 6: Vocabulary cards

Work with a partner. Cut out the vocabulary cards, mix them and put them face down on the table. Take one of the cards. If your partner knows the answer, he/she can keep the card. Take turns. The winner is the one with the most cards.

authority *adjective* **(authoritarian)**	polite *opposite* **(impolite)**	harmonious *opposite* **(dissonant)**	violent *noun* **(violence)**
to protest *noun* **(protest)**	life *opposite* **(death)**	to receive *synonym* **(to get)**	to think *noun* **(thought)**
identification *verb* **(to identify)**	dependent *opposite* **(independent)**	peace *adjective* **(peaceful)**	serious *adverb* **(seriously)**
tolerant *noun* **(tolerance)**	law *synonym* **(act)**	to tolerate *adjective* **(tolerant)**	democracy *adjective* **(democratic)**
work *synonym* **(labour)**	popular *noun* **(popularity)**	least *opposite* **(most)**	common *synonym* **(everyday)**

Station 7: A role play

Work with a partner. One of you is a member of Oxfam, the other one is the manager of a big company. Choose one of the role cards. Make notes to prepare your role. Act out the role play in class.

Role card 1	Role card 2
You are a member of Oxfam, one of the best-known charities in the UK. You think that every person has a right to equal opportunity. Find arguments to convince the manager of a big company of your fight against cheap labour in developing countries. 	You are a manager of a well-known company which employs cheap labour in factories in South East Asia. You understand the need to fight for human rights, but you are also interested in economic success and the profits for your company. 

ISBN 978-3-12-547163-4

⟨Project⟩ English and Politics: the US

Seite 84–85

Ziele
- Das politische System der USA kennen lernen
- *Listening skills:* Eine berühmte politische Rede hören und über deren Wirkung sprechen
- Über Formen der politischen Kommunikation sprechen
- Projekt: Die eigene politische Meinung über ein bestimmtes Thema überzeugend vermitteln

Text

English and Politics: the US

Seite 84

Methodisches Vorgehen

- L und die S lesen den Einführungstext gemeinsam. Im *Think-Pair-Share-*Verfahren überlegen die S, wie sie den Begriff „Demokratie" definieren würden.
  L: *How would you define the term 'democracy'? (a system of government in which power is held by elected representatives or directly by the people themselves)*

STEP 1

L **Üben**

Learn how American democracy began

Seite 84

HV-Text

Tourist guide:
Welcome to our wonderful city of Boston – a city that played an important part in the birth of the United States! For those of you who don't know the facts I'll give a quick summary, OK?
You probably do know that by the second half of the eighteenth century Britain had thirteen colonies on the east coast of America. But did you know that the French had colonies in America, too? And because Britain and France were at war in Europe, in 1754 war also started between their colonies here. By 1763 the British had won, but all the fighting everywhere had been very expensive. Nothing changes, huh? War always costs a lot! Anyway, back then, because Britain needed money, the colonies were told they had to pay extra new taxes. No prizes for guessing the reaction to that news! Of course everyone was extremely angry. Paying money to a government is bad enough when you've voted for that government. But the people here had not taken part in choosing the British government. They said they wouldn't accept laws that had been made far away in London. Many of them said "No, siree, we ain't gonna pay!" And they didn't.

Well then of course, the British got angry, too, and so they sent extra soldiers here to protect the customs guys whose job it was to collect the taxes. That made people even more furious, and so it wasn't surprising that in 1770 the situation developed into violence here in Boston. And well, one thing led to another. There were protests in all the colonies, and secret political meetings, and – yeah, as I said, one thing led to another until in the end, we were at war with Britain. A lot of people outside America think the War of Independence began with the Declaration of Independence on the fourth of July in 1776. I guess that's because they know we celebrate the Fourth of July every year. But actually the war itself began the year before, in 1775. Anyway, by 1783 we'd finally won our freedom and were able to create our own form of democracy. Sure, we took over a lot of ideas from Britain, but we also had our own ideas.
OK, now you know a bit about the background, let's have a closer look at what happened here in Boston. This morning we're going to follow the Freedom Trail so that you can see exactly where …

Wortschatz *tax*

Methodisches Vorgehen

- a) L und die S diskutieren die Fragestellung gemeinsam im Plenum. L: *The government makes people pay taxes. Can you think of reasons for that?*
- b) L: *You're now going to hear a talk by a tourist guide in Boston. Where is Boston exactly? (in Massachusetts, on the east coast)*
- L präsentiert die Tonaufnahme von CD. Die S bemühen sich zunächst um ein Globalverständnis des Textes und machen sich noch keine Notizen. L: *What is the text about? (Boston's role in the birth of American democracy)*
- Während des zweiten Hörens sammeln die S Detailinformationen zur Rolle Bostons.
- c) Anhand ihrer Notizen fassen die S die Anfangsgeschichte der USA für einen/eine Partner/in kurz zusammen und erklären, warum die britischen Kolonien in Amerika sich vom Mutterland lösen wollten. Anschließend Besprechung der Ergebnisse im Plenum.
- d) Die S bearbeiten die Aufgabe in Einzelarbeit und erklären das amerikanische Regierungssystem anschließend einem/einer Partner/in bzw. im Plenum. Zur Wiederholung der Informationen kann **KV 1: The American government today** eingesetzt werden.

TA

Boston and the birth of American democracy
- by 2nd half of 18thC Britain had 13 colonies on E coast of Am; French colonies, too
- 1754–1763 war betw Brit + Fr – Br won – needed money – taxes – Ams refused to pay – extra soldiers sent from Br
- 1770 violence in Boston
- 1775 War of Independence betw Am + Br
- 4 July 1776 Declaration of Independence
- by 1783 Am independent

Erweiterung

- Für einen Überblick über die Amerikanische Revolution können auch die Downloadmaterialien unter Online-Link 547160-0005 eingesetzt werden.

Lösung

a) *Erwartungshorizont: They make people pay taxes because they need money for teachers and schools, nurses/doctors and hospitals, police and army, …*
b) *Siehe TA*
c) *Erwartungshorizont: The British colonies in America did not want to pay the extra taxes for the war between Britain and France because they had not taken part in choosing the British government. This is when they decided to fight for their independence. → No taxation without representation.*

Tipps für junge Lehrer

Die S sollten eine eigene *shorthand* für das *note-taking* entwickeln (siehe auch *Skills*, S. 16). Der TA kann dazu dienen, Abkürzungen (vor allem von Wörtern wie *between* (betw), *and* (+), …), den Gebrauch von unvollständigen Sätzen (Partizipien, kein Artikel) und Gedankenstrichen sowie die Anordnung (hier: chronologisch) zu besprechen.

Material
Lehrer-CD 4/9
Kopiervorlage 1
Online-Link
547160-0005

STEP 2

L Üben — **Listen to a famous speech** — Seite 84

HV-Text

I have a dream that one day this nation will rise up and live out the true meaning of its creed: "We hold these truths to be self-evident: that all men are created equal."
I have a dream that one day on the red hills of Georgia the sons of former slaves and the sons of former slave owners will be able to sit down together at the table of brotherhood.

I have a dream that one day even the state of Mississippi, a state sweltering with the heat of injustice, sweltering with the heat of oppression, will be transformed into an oasis of freedom and justice.
I have a dream that my four little children will one day live in a nation where they will not be judged by the color of their skin but by the content of their character.

Wortschatz *creed, self-evident, former, to inspire, to persuade, factual*

Methodisches Vorgehen

Pre-listening:
- L präsentiert das Bild von Martin Luther King aus dem SB oder eine vergleichbare Szene als stummen Impuls auf dem OHP. Die S sammeln bereits vorhandenes Vorwissen. (*in 1963, from steps of Lincoln Memorial in Washington, "I have a dream"-speech, more than 250.000 people, Civil Rights Movement, against racism, …*)
- a) Die S lesen den Ausschnitt aus der Rede in Einzelarbeit und erklären im Plenum, was Martin Luther King mit seinem „Traum" gemeint haben könnte.

While-listening:
- b) L und die S lesen die Aufgabenstellung und die *Listening skills* gemeinsam im Plenum. Anschließend präsentiert L einen Teil der Rede von CD. Die S machen sich keine Notizen, sondern konzentrieren sich auf die Wirkung, die die Rede auf die Zuhörer/innen gehabt haben könnte.

Post-listening:
- Die S vergleichen ihre Ergebnisse in PA oder GA und halten diese auf einer Folie fest. Anschließend bittet L eine der Gruppen, ihre Ergebnisse im Plenum zu präsentieren. Die übrigen S ergänzen ggf. ihre eigenen Ideen.
- c) eignet sich als freiwillige Hausaufgabe. Zu Beginn einer der folgenden Stunden stellen die S die von ihnen ausgewählten Reden kurz im Plenum vor. HA

Erweiterung
- Zur Vertiefung kann die gesamte Rede Martin Luther Kings gemeinsam im Plenum besprochen werden (siehe z. B. http://www.americanrhetoric.com/speeches/mlkihaveadream.htm)

Lösung

a) *Erwartungshorizont: Martin Luther King had the dream that one day black Americans would have the same rights as white Americans and that both black and white Americans would live together peacefully.*
b) *Erwartungshorizont: the way he speaks, the feelings in his voice, the choice of words, his rhetorical skills (e.g. repetition of "I have a dream"), the pictures he creates in the minds of his listeners (e.g. use of metaphors), the message of his speech*
c) *Individuelle S-Antworten*

Tipps für junge Lehrer Das Internet bietet zahlreiche Möglichkeiten, die Kontaktzeit mit der englischen Sprache zu erhöhen. Eine politische Rede auf Englisch – als Text, Tonaufnahme oder Videomitschnitt – kann gut als *Mediation*-Aufgabe dienen.

Material
Lehrer-CD 4/10
Ggf. Leerfolie

STEP 3

Üben

Talk about how politicians communicate

Seite 85

Methodisches Vorgehen
- a) In PA erstellen die S mit Hilfe der Bilder auf S. 85 eine Liste mit verschiedenen Formen der politischen Kommunikation. Die Liste kann durch eigene Ideen beliebig ergänzt werden.
- Anschließend Vergleich der Ergebnisse im Plenum. Diese werden von L oder einem/einer S an der Tafel festgehalten.
- b) Die S diskutieren in PA bzw. GA die Effektivität der verschiedenen Formen politischer Kommunikation.

- Als Ergebnis der Diskussion wird der TA im Plenum durch je zwei Formen der Kommunikation ergänzt, die von den S als am effektivsten/am wenigsten effektiv beurteilt werden.
- c) L stellt eine Impulsfrage: *How do politicians communicate with you?* Anschließend sammeln die S im Plenum, wie sich die politische Kommunikation von früher zu heute verändert hat, und wie sie in der Zukunft aussehen könnte.

TA

Forms of political communication
- TV or radio interview / discussion / debate
- posters, stickers, handouts, leaflets, flyers
- books, newspaper / magazine articles
- (campaign) speech, public appearances
- adverts / commercials
- Internet websites

TIP Zusammenarbeit mit dem Fach Sozial-/ Gemeinschaftskunde

Erweiterung
- Das Thema „Politische Kommunikation" bietet die Möglichkeit einer fächerübergreifenden Zusammenarbeit mit dem Fach Sozial-/Gemeinschaftskunde.

Lösung

a) *Siehe TA* b) + c) *Individuelle S-Antworten*

STEP 4

Üben

Do a project: Communicate your views on a political issue Seite 85

Wortschatz *to sum up, strength*

Methodisches Vorgehen
- a) Die S bilden Kleingruppen und wählen ein für sie interessantes Thema aus. Zum Sammeln der Ideen kann **KV 2: Communicate your views on a political issue** dienen.
- b) Die Gruppen sammeln ihre Ideen in einem *word web* und überlegen sich einen geeigneten Slogan.
- c) Die Gruppen erstellen einen *action plan*, in dem sie festhalten, welche Formen der Kommunikation sie nutzen wollen, und wer welche Aufgabe übernehmen soll.
- d) Durchführung des Projekts. L legt vorab eine Bearbeitungszeit fest (z. B. eine Woche).

TIP Diskussion oder Debatte mit Parallelklasse

Erweiterung
- Das Projekt kann gleichzeitig in zwei Parallelklassen durchgeführt werden. Hierzu wird eine Themenliste erstellt, aus der die Klassen jeweils ein Thema auswählen. Nach Beendigung des Projekts stellen mehrere Gruppen pro Klasse ihre Ergebnisse vor. Anschließend werden die Meinungen der einzelnen Gruppen von beiden Klassen gemeinsam diskutiert. Mit der entsprechenden Vorbereitung und Motivation ist alternativ auch die Durchführung einer Debatte zwischen den beiden Klassen möglich.

Lösung

Individuelle S-Antworten

Material
Kopiervorlage 2

KV 1: The American government today

Look at the information at the back of your book. Try to remember as much as possible. Then close your book and fill in the grid.

The United States of America has three ______________________

of ____. Each

____ the other two.

C ____________ s		The P ____________ t	The S ____________ e C ____________ t
S ____________ e	H ____________ e of R ____________ s		
• • • •		• • • •	• • •

The people elect		
• Senators for __________ years. • ______________ of Representatives every __________ years	• President for _____ years	Why is this box empty?

ISBN 978-3-12-547163-4

KV 2: Communicate your views on a political issue

Political issue / problem (that is relevant or important to you): ____________________

____

Solution(s): 1. ____________________

2. ____________________

3. ____________________

Word web with phrases to express the problem and your solution(s):

Slogan: ____________________

Methods to communicate your ideas: 1. ____________________

2. ____________________

3. ____________________

Action plan:

Who?	What?	By when?

ISBN 978-3-12-547163-4

Mediation

Seite 86–91

Ziele
- In einem Gespräch die Aussagen des Dialogpartners angemessen vermitteln
- Wichtige Informationen über australische Fernsehshows ins Deutsche übertragen
- In einer E-Mail über die eigenen Lieblingsshows berichten
- Einer englischen Internetseite gezielt Informationen entnehmen und ins Deutsche übertragen
- Eine deutsche Bedienungsanleitung auf Englisch erläutern
- Informationen aus einem Podcast erfassen und in der Zielsprache wiedergeben
- Anglizismen in einem deutschen Text erkennen und durch deutsche Begriffe ersetzen
- Die Bedeutung eines deutschen Protestlieds ins Englische übertragen

Unit 1 Misunderstandings

Seite 86–87

Methodisches Vorgehen
- L und die S lesen die Aufgabenstellung und die *Mediation skills* gemeinsam.
- Da es sich um ein Gespräch handelt, bietet es sich an, jeweils drei S zusammen arbeiten zu lassen. Anschließend spielen – auf freiwilliger Basis – mehrere Gruppen ihre Ergebnisse im Plenum vor. Hierauf kann eine kurze Reflexionsphase folgen, in der besprochen wird, ob die S das nötige Einfühlungsvermögen gezeigt haben.

Lösung

*Erwartungshorizont: … **You:** Drew, he says that he understands you quite well and that he has just wanted to ask you some questions. … **You:** Hannes, hast Du ihn mit „G'day, mate" begrüßt? Drew glaubt, dass du der Meinung bist, alle Australier würden mit Krokodilen kämpfen und ständig grillen. Er glaubt, dass Du eine vorgefasste Meinung hast. … **You:** He said that this was his image of Australia. … **You:** Drew möchte gerne wissen, ob du schon einmal in Australien warst oder mit einem Aborigine gesprochen hast? … **You:** No, Hannes has never been to Australia, but he has heard about how the colonists treated the Aboriginals and he'd like to know how the Aboriginals are treated today and how they live? … **You:** Drew sagt, dass sie tatsächlich sehr schlecht behandelt wurden, und dass es immer noch Probleme gibt. Aber die Dinge ändern sich. Zum Beispiel helfen die Aborigines in Cairns, wo er herkommt, das Great Barrierr Reef zu schützen. Jahrtausende lang haben sie mit dem Reef gelebt, es respektiert und gut dafür gesorgt. Und sie nutzen es selbst heute noch für traditionelle Riten. … **You:** He says he didn't know that and it sounds very interesting to him. … **You:** Er sagt, er freut sich, dass du dich für Australien interessierst, aber du solltest beim nächsten Mal ein bisschen vorsichtiger sein. Drew glaubt auch nicht, dass alle Deutschen Lederhosen tragen und den ganzen Tag Bier trinken. Vielleicht hast Du ja noch einige andere Fragen zu Australien. … **You:** Well, he he has got it now. And he'd really like to ask you some more questions!*

Unit 1 Australian TV

Seite 87

Methodisches Vorgehen
- a) + b) Die S bearbeiten die Aufgaben schriftlich in Einzelarbeit. Anschließend Vergleich der Ergebnisse im Plenum.

HA

Erweiterung
- Die S suchen im Internet nach weiteren australischen Fernsehshows und präsentieren diese kurz im Plenum.

Lösung

a) *Erwartungshorizont: **Blue Water High:** Anna möchte ein ganz normaler Teenager sein und trifft sich deshalb mit einem Jungen zum Date. Ihre Freunde drehen unterdessen ein Video, um neue Surfbretter zu gewinnen. Anna vergisst den Abgabetermin für das Video und ruiniert fast die Präsentation.*

***The Real Seachange:** Hier geht es um „Reality TV". 16 Familien, Paare und Singles werden dabei begleitet, wie sie außerhalb der Großstadt ein neues Leben beginnen. **Blood, Sweat and Gears:** Hier werden in ganz Australien die zehn besten Autos und Fahrer oder Fahrerinnen gesucht, die sich dann in einem Wettbewerb im Outback beweisen müssen. **Bondi Rescue:** Hier werden die weltbesten Lebensretter am Bondi Beach bei ihrer Arbeit begleitet. Der Bondi Beach ist der belebteste Strand, den es auf der Welt gibt.*

b) *Individuelle S-Antworten*

Unit 2 Working in England Seite 88

Methodisches Vorgehen
- Die S bearbeiten die Aufgabe in Einzelarbeit. Anschließend Vergleich mit einem/einer Partner/in bzw. im Plenum.

Erweiterung
- Als weitere *Mediation*-Aufgabe zum Thema „Ferienjobs" kann **KV 1: A job advert** eingesetzt werden.

Lösung

Erwartungshorizont: 1. *Wir brauchen keine Arbeitserlaubnis, weil wir EU-Bürger sind. Dadurch können wir uns innerhalb der europäischen Grenzen frei bewegen und überall arbeiten.* 2. *Weil du erst 14 Jahre alt bist, darfst du pro Woche nur 25 Stunden arbeiten und nicht mehr als fünf Stunden pro Tag. Ich darf bis zu 35 Stunden in der Woche arbeiten. Es gibt einen Mindestlohn in Großbritannien, dafür sind wir aber zu jung. Unter 16 Jahren können wir pro Stunde bis zu drei Pfund verdienen.* 3. *Es gibt verschiedene Ferienjobs in der Landwirtschaft, in Reitställen, in Geschäften, Cafés, Restaurants, Hotels, Büros, beim Friseur oder als Autowäscher.*

Material
Kopiervorlage 1

Unit 2 Instructions for use Seite 89

Methodisches Vorgehen
- Zur Einstimmung präsentiert L lustige Übersetzungsfehler in deutschen oder englischen Bedienungsanleitungen (siehe z. B. http://www.technic3d.com/Forum/off-topic/lustige-bedienungsanleitungen-t5120.0.html). Anschließend leitet L zur Bearbeitung der Aufgabe über.
- Die S verständigen sich zunächst mit einem/einer Partner/in auf Deutsch über die richtigen Antworten auf die Fragen der Gastfamilie. Anschließend bearbeiten die S die Aufgabe in Einzelarbeit. Vergleich der Ergebnisse in PA bzw. im Plenum.

Erweiterung
- Die S überlegen sich eigene Fragen zur Bedienung der Waage, die anschließend von den Mitschüler/innen beantwortet werden.
- Die S bringen weitere Bedienungsanleitungen mit und fassen die wichtigsten Informationen schriftlich auf Englisch zusammen. Anschließend wird die englische Version im Plenum vorgelesen. Die übrigen S müssen raten, um welches Gerät es sich dabei handelt.

Lösung

Erwartungshorizont: 1. *Put the scales on a table and press the 'Enter' key. Then wait until the display shows '0.0'.* 2. *The scales can only tell you how much fat and water are in your body if you tell them your personal details.* 3. *You have to press the 'Enter' key for two seconds.* 4. *I think up to ten people can put their information into the scales because there are ten numbers.* 5. *I don't know. But I think you can find out your weight when you press the 'Enter' key, wait until the display shows '0.0' and then just step on.*

Tipps für junge Lehrer
Authentisches Material fördert die Motivation der S und zeigt ihnen den Sinn der Aufgaben für den Alltag außerhalb des Klassenraumes.

Unit 3 A podcast Seite 90

HV-Text

Meredith: This is "Teen Beat" reporter Meredith Barker. Welcome to our 'Technology today and tomorrow' podcast. We've got some exciting topics today, but first an interview with our studio guest. He's been in the news a lot, especially after selling his company for $1.65 billion, and I'm sure that almost every one of you has used his product. His name is Chad Hurley and he is one of the three founders of YouTube. Good morning, Chad, and welcome to "Teen Beat".

Chad: Good morning and thank you, Meredith. I'm glad to be here.

Meredith: Everyone I know uses YouTube. It's a simple but great idea. How did you get the idea?

Chad: Well, it was two friends and I who had the idea. We realized that it was really difficult to send videos to friends using e-mail. As I'm sure you know, it takes a long time and sometimes it just doesn't work.

Meredith: And then the three of you founded YouTube?

Chad: Yes, Steve Chen, Jawed Karim and I. I've always been interested in technology and business.

Meredith: How old were you when you founded YouTube?

Chad: 28.

Meredith: How would you describe YouTube?

Chad: It's a very easy site to use. You don't have to register in order to watch any videos. You only have to register if you want to post your own video. So you just go to the site and watch videos. Even your grandma could use it. We're very user-friendly. And it doesn't cost you a cent.

Meredith: But how does your company make money then?

Chad: We make our money with advertising. Companies know that thousands, maybe millions of people use YouTube every day. The companies pay to have their ad on the site. They hope that lots of people see and then use or buy their products.

Meredith: But you sold YouTube shortly after founding it. Can you tell us about that?

Chad: Yeah, we sold YouTube to Google less than two years after we founded it.

Meredith: So what do you do now?

Chad: Oh, I still work for YouTube. I'm the CEO, that is Chief Executive Officer, which means that I'm the boss. I've got to make a lot of decisions about the business. All the technical things are taken care of by Steve. And Jawed is back at school studying, but he helps us out with things.

Meredith: Sounds like you're busy.

Chad: I sure am, but I'm really enjoying myself, too, and I still have time for my family.

Meredith: What do you think you'll be doing five years from now?

Chad: That's a good question ... I want to make YouTube even better. I want to offer our users an improved product.

Meredith: Sounds good. Thanks for the interview, Chad.

Chad: You're welcome. See you on YouTube!

Methodisches Vorgehen

- Im Plenum wird zunächst der Begriff Podcast geklärt: *A podcast is an audio or video file available on the Internet to listen to and / or watch (POD = portable on demand / CAST = the file is sent out to you over the Internet).*
- L und die S lesen die Aufgabenstellung und die *Mediation skills* gemeinsam. Anschließend präsentiert L die Tonaufnahme von CD. Die S machen sich auf Englisch Notizen zu den Fragen im SB. In einem zweiten Schritt übertragen die S die gesammelten Informationen ins Deutsche.
- Vergleich der Ergebnisse in PA, anschließend Vortrag mit verteilten Rollen im Plenum. Dabei sollte ein „richtiges" Gespräch zustande kommen.

Lösung

> *Erwartungshorizont:* 1. *In dem Podcast geht es um „Technologie heute und morgen". Der Studiogast ist Chad Hurley, einer der drei Gründer von YouTube.* 2. *YouTube ist eine Videoplattform im Internet. Die Seite ist so beliebt, weil sie so einfach zu benutzen und kostenlos ist. Man muss sich nicht mal registrieren, wenn man Videos anschauen möchte.* 3. *Chad Hurley und zwei seiner Freunde haben festgestellt, dass es schwer ist, Videos per E-Mail an Freunde zu schicken. Es dauert sehr lange und manchmal funktioniert es überhaupt nicht. So kamen sie auf die Idee mit der Videoplattform.* 4. *Sie verdienen Geld mit der Werbung. Weil Millionen von Menschen YouTube jeden Tag nutzen, zahlen Unternehmen Geld, um ihre Werbung auf der Seite zu platzieren.* 5. *Er ist der Chief Executive Officer und damit der Boss. Er muss jeden Tag viele Entscheidungen treffen.*

Material
Lehrer-CD 4/11

Unit 3 Anglicisms Seite 90

Methodisches Vorgehen

- L und die S lesen gemeinsam die Erläuterung des Begriffs *anglicism*. Die S nennen spontan Beispiele, die nicht unbedingt aus dem Medien-/Technologiebereich stammen müssen (z. B. *Bodyguard, boomen, chillen, cool, Jackpot, Label, Outdoor, Sound, stylen, recyceln, Allroundtalent, Backgroundsänger, Checkliste)*.
- a) Die S lesen die englischen Definitionen in Einzelarbeit und überlegen sich eine deutsche Erklärung. Anschließend Vergleich der Ergebnisse in Kleingruppen.
- b) Die S übertragen die Anglizismen ins Deutsche. Dies kann mündlich oder schriftlich im Unterricht erfolgen. Eine weitere *Mediation*-Aufgabe zum Thema „Anglizismen" bietet **KV 2: Denglish – Filmexperten im Gespräch**.

Erweiterung

- Die S erstellen in PA eigene kurze Texte, in denen sie möglichst viele Anglizismen verwenden. Die Texte werden auf Zettel oder Karteikarten geschrieben, die von L eingesammelt, gemischt und dann von neuem an die Schülerpaare verteilt werden. Diese schreiben eine „deutsche" Fassung dazu. Anschließend werden beide Versionen gemeinsam im Plenum besprochen.

Lösung

> a) *Erwartungshorizont:* ***Blog:*** *Ein Blog ist eine Art Tagebuch im Internet, in dem jemand über seine Meinungen und Aktivitäten berichtet.* ***File-sharing:*** *Das File-sharing ist eine Möglichkeit, Musik und Videos von anderen Nutzern weltweit herunterzuladen. Aber man muss aufpassen, dass die Daten nicht mit Viren infiziert sind, oder es sich um illegale Kopien handelt.* ***Instant messaging:*** *Das Instant Messaging ermöglicht es Freunden, miteinander zu kommunizieren, indem sie Nachrichten eintippen. Das ist sicherer als ein Chatraum, weil es eine Liste mit Kontakten gibt.* ***Wiki:*** *Unter Wiki versteht man offen zugängliche Internetseiten, die jeder mitgestalten kann. Das beste Beispiel ist Wikipedia, ein Lexikon, das von seinen Lesern geschrieben wird.*
> b) 1. *Hit = Treffer, YouTube = Videoplattform im Internet* 2. *uploaden = hochladen, Computer = Rechner, rebooten = neu starten, gecrasht = abgestürzt* 3. *upzudaten = auf den neuesten Stand zu bringen* 4. *USB-Stick = Datenspeicher (USB = universal serial bus), Files = Dateien* 5. *Event = Ereignis, Chatroom = Quasseltreff im Internet*

Material
Kopiervorlage 2
Ggf. Karteikarten

L Unit 4 Explaining a song Seite 91

Methodisches Vorgehen

- L und die S lesen die Aufgabenstellung und die *Mediation skills* gemeinsam. Anschließend präsentiert L das Lied von CD. Die S versuchen zunächst, die Hauptaussage des Liedes zu verstehen.

- Die S erklären einem/einer Partner/in, um was es in dem Lied geht. Anschließend tauschen sich die Schülerpaare über eigene Vorkenntnisse zur Thematik des Liedes aus.
- Als weitere Aufgabe untersuchen die S den Liedtext auf stilistische Merkmale und vergleichen ihn mit den bereits bekannten Beispielen aus Unit 4 (siehe *Text*, S. 78–80).

Erweiterung

- Die S bringen andere deutsche Protestlieder in den Unterricht mit und tauschen sich in PA aus, welche Themen darin angesprochen werden.

Lösung

Erwartungshorizont: The song is about right-wing youths in Germany. They are aggressive towards other people and spread their fascist ideas. But in reality they try to get love and attention and they want other people to really see them.

Material
Lehrer-CD 4/12

KV 1: A job advert

a) *Robert Smith works for Connexions in Peterborough, and he helps students to find summer jobs in Europe. In a German newspaper he found the following advert. Read the advert. Then help Robert to advertise the job on the Internet. Fill in the details in English.*

Bavaria's Best

VERKÄUFER/INNEN GESUCHT FÜR OKTOBERFEST

Teilzeit, evtl. auch Vollzeit (25/40 Std. Woche)

- Laden für Originalprodukte aus Bayern sucht engagierte und kontaktfreudige Verkäufer/innen mit guten Englischkenntnissen, um unser dynamisches Verkaufsteam während des Oktoberfests zu unterstützen.
- Sie haben Erfahrung im Verkauf und können gut mit Kunden aus verschiedenen Ländern umgehen. Außerdem sind Sie freundlich, zuverlässig und belastbar sowie bereit, sonntags zu arbeiten. Bei uns finden Sie ein tolles Arbeitsklima und die Möglichkeit, Berufserfahrung zu sammeln.
- Befristeter Vertrag (max. 6 Wochen)
- Lohn nach Vereinbarung + Leistungsbonus

Interessiert?
Dann bewerben Sie sich schriftlich mit Lebenslauf bis Ende Juli bei:
Bavaria's Best Thomas Ketterer Königstraße 2 80539 München

Name of company:	
Type of business and activity:	
Job:	
Duties:	
Qualifications / experience:	
Personal qualities required:	
Duration of employment:	
Hours:	
Pay and conditions:	
How to apply:	
Contact details:	
Application deadline:	

b) *Would you like to do this job? Why/Why not? Explain in a few sentences. Use your exercise book.*

c) *Write a letter of application in English for the job. Look again at page 33 in your book to help you with the application.*

Lösung: a) ***name of company:*** *Bavaria's Best;* ***type of business and activity:*** *shop for products from Bavaria which are sold at the 'Oktoberfest' in Munich.* ***position:*** *salesman or saleswoman;* ***duties:*** *to sell the products at a stall at the 'Oktoberfest';* ***qualifications/experience:*** *work experience in a shop, ability to serve customers from foreign countries;* ***personal qualities required:*** *friendly, reliable, able to cope with hard work;* ***duration of employment:*** *a maximum of six weeks;* ***hours:*** *25 or 40 hours a week, may include weekends;* ***pay and conditions:*** *no fixed pay, individual agreement plus extra money if you work well;* ***how to apply:*** *letter of application and CV;* ***contact details:*** *Bavaria's Best, Thomas Ketterer, Königsstr. 2, 80539 München;* ***application deadline:*** *end of July*

ISBN 978-3-12-547163-4

KV 2: Denglish: Filmexperten im Gespräch

a) *You are watching TV with your grandparents. In the following interview the two speakers use a lot of Anglicisms. Help your grandparents to understand them. First read the text and mark all the Anglicisms you can find.*

Moderator: Und jetzt kommen wir zur Movie Lounge, wo auch schon unser Filmexperte Georg Angelsächser sitzt. Guten Morgen, Georg.

Experte: Hi.

Moderator: Sag mal, was läuft denn so diese Woche in den deutschen Cinemas, Georg?

Experte: Ja, unser Movie of the Week ist wohl ganz klar *Streets of Violence*. Ich war jetzt am Weekend im Preview und habe ihn dann auf dem Silverscreen begutachten dürfen und kann sagen, dass der schon ganz clever gemacht ist. Ich sage nur drei Worte: Sex and Crime!

Moderator: Worum geht es denn in dem Film, Georg?

Experte: Also der Teaser, den wir letzte Woche hier gezeigt haben, hat eigentlich schon fast alles gesagt. Es geht um einen knallharten Cop, der einen Killer durch die City jagt und viele Rückschläge erleidet. Allerdings kommt es dann zu einem Showdown mit dem Gangster, in dem der Film durch einen Last Minute Rescue doch noch zu seinem Happy End kommt. Der Film ist mit einem All-Star-Cast grandios besetzt, das Team kommt bei der action-reichen Story voll zur Geltung, von der Leading Lady bis zum Sidekick. Ein Blockbuster voller Thrills, der in den States bereits Millionen im Box Office einspielte und dort auch zu Recht gehypet wird, der kann sich vieler Awards sicher sein!

Moderator: Was hältst du denn von der Hauptbesetzung, Snake McClane?

Experte: Snake McClane ist ja momentan *der* Shootingstar am Hollywoodhimmel, seitdem er bereits letztes Jahr als großer Newcomer des Actionkinos gefeiert worden ist, hat er einfach alles richtig gemacht. Er war zunächst nur ein einfaches Model, aber über seine Homepage im Internet und durch die Besuche zahlreicher Charity-Events und Partys, wo er sich in den coolsten Outfits ganz gentlemanlike als Trendsetter und Ladykiller offenbarte, legte er sich das nötige Image zu. Er ist immer im Training und sein Look passt sich den neuesten Trends an, er schleppt so manches Starlet ab und egal, wo er von einer Schar Bodyguards umringt hingeht, werden ihm Standing Ovations zuteil. Er ist ein echter Star, aber das ist eher was für unsere Society Experts.

Moderator: Ja, aber das ist ja diese Woche nicht der einzige Film in den deutschen Lichtspielhäusern, nein, denn da gibt es ja noch den neuen Horror-Schocker von Kultregisseur Bloodwin Creep, *Zombies in the Central Park*. Wir haben den berühmten Director jetzt live im Interview per Skype zugeschaltet. Hallo Bloodwin? Kannst du mich hören? …

b) *Check your results with a partner's.*

c) *Get together in groups of four. Write a new version of the text in which you use German words only.*

d) *In class discuss which version you like better. Say why.*

ISBN 978-3-12-547163-4

⟨Free Section⟩

⟨Going home⟩ by "JB" (after Unit 1)

Seite 92–93

Ziele
- Eine *short story* über die Welt der Aborigines verstehen und auswerten
- Den Wendepunkt einer Geschichte herausarbeiten
- Einen Zeitungsbericht verfassen
- Eine Internetrecherche durchführen

Text | **⟨Going home⟩** | Seite 92–93

Aboriginals believe in two streams of activity. One is the daily objective activity, the other is an infinite spiritual cycle called the **Dreaming** (also Dreamtime). Whatever happens in the Dreaming establishes the values, symbols, and laws of Aboriginal society. Dreaming is also often used to refer to an individual's or group's set of beliefs or spirituality. In Aboriginal belief, every person exists eternally in the Dreaming. This eternal self exists before the life of the individual begins, and continues to exist when the individual dies.

Songs play an important role in Aboriginal culture as a way of contact with the Dreaming. **Songlines**, also called Dreaming tracks, are an ancient cultural concept perpetuated through oral lore and singing and other storytelling modalities such as dancing and painting. They are a series of song cycles that identify landmarks and subtle tracking mechanisms for navigation. They describe, for example, where waterholes may be found in the desert. The continent of Australia is a system of songlines, some of which are a few kilometres long, whereas others traverse hundreds of kilometres through the different countrysides. As they span the lands of different language groups, different parts of the songs are said to be in different languages. Thus the whole songs can only be fully understood by a person speaking all the languages.

Wortschatz Annotationen S. 92–93

Üben | **1 Going home** | Seite 92

Methodisches Vorgehen
- Die S sammeln mit einem/einer Partner/in, was sie mit dem Begriff *going home* verbinden. Anschließend Vergleich der Ergebnisse im Plenum. Dabei werden die S-Beiträge in Stichworten an der Tafel gesammelt.
- Alternative: L gibt Assoziationen zum Begriff *going home* an der Tafel/auf Folie vor. Die S äußern sich dazu (individuell oder nach kurzem Austausch in PA) und ergänzen ggf. die Liste mit eigenen Ideen.
- Vor Beginn der Textarbeit informieren sich die S in der *Time line of Australian history* über den Begriff *Stolen Generations*.
- Die S erschließen den Text eigenständig mit Hilfe der Annotationen und des Wörterbuchs. L leistet individuelle Hilfestellung.
- Alternative: In leistungsschwächeren Lerngruppen empfiehlt sich eine Unterteilung des Textes in mehrere Sinnabschnitte (z. B. Z. 1–23, Z. 24–49, Z. 50–63, Z. 64–98 oder Z. 64–85 und gemeinsames Lesen der letzten Zeilen). Zwischen den einzelnen Abschnitten stellt L Fragen zum Textverständnis.
- Nach dem ersten Lesen äußern sich die S spontan zum Inhalt des Textes.

TA

Going home ...
- to the house, apartment, etc. where you live
- to your home town or to a place where you feel at home
- to the country where you come from
- to your family or to people you feel at home with

Erweiterung
- Zur Erweiterung der Textarbeit können hier bereits die typischen Elemente einer Kurzgeschichte wiederholt bzw. eingeführt werden. Als Hilfestellung kann **KV 1: Talking about short stories** dienen.

Material
Kopiervorlage 1
Ggf. Leerfolie, Wörterbücher

Lösung

Siehe TA

Üben

2 The story

Seite 93

Methodisches Vorgehen
- a) L und die S besprechen die Frage gemeinsam im Plenum.
- b) L: *Find words/phrases in the text that show how the girl acts.* Die S sammeln geeignete Textstellen in PA (auf Zeilenverweise achten!). L weist die S darauf hin, dass einige Informationen „zwischen den Zeilen" zu finden sind.
- Vergleich der Ergebnisse im Plenum. Dabei werden die entsprechenden Textstellen an der Tafel gesammelt. Anschließend erklären die S, wie sich das Verhalten des Mädchens im Verlauf der Geschichte verändert, und auf was diese Veränderungen hindeuten könnten.

HA

Lösung

Erwartungshorizont:

a) *The girl was taken away from her family and had to live in a place far away from home. She managed to run away, and on her way back home she died in an accident. In the story her spirit finally manages to get to the place where she comes from. So the story is about "going home".*

b) *didn't signal me to stop (ll. 2–3), saw her shoulders slump (ll. 3–4), gingerly lifting her sore, bare feet (l. 24), put her hands together in her lap (l. 26), turned her head to the window and watched (ll. 32–33), in a faltering voice (l. 34), seemed to brighten with recognition (ll. 40–41), fell quiet again (l. 43), her hands found each other back in her lap and began to churn (ll.43–45), was excited now (l. 56), hopped out (ll. 58–59), waved (l. 62)*
→ *In the beginning of the story the girl seems shy and exhausted. Later she gets more and more excited, and she even waves to the narrator when she gets out of the car. These changes tell the reader what it means to the girl to come home.*

Tipps für junge Lehrer
Um die Bedeutung des Operators *analyze* deutlich zu machen, empfiehlt sich die oben beschriebene Vorgehensweise. Den S sollte dabei bewusst werden, dass eine solche Analyse eng am Text erfolgen muss.

Üben

3 A closer look

Seite 93

Methodisches Vorgehen
- a) Mit Hilfe der *Skills*-Seite in Unit 1 (SB, S. 20) werden im Plenum kurz die Begriffe *turning point* und *climax* wiederholt.
- Die S bestimmen den Wende- und Höhepunkt in der Kurzgeschichte und begründen ihre Vorschläge. Vergleich der Ergebnisse in PA und anschließend im Plenum.
- b) Die S bearbeiten die Aufgabe mit einem/einer Partner/in. Anschließend Vergleich der Ergebnisse im Plenum. In leistungsschwächeren Lerngruppen können im Plenum gemeinsam Ideen gesammelt werden.

TIP
Skills, S. 20

Lösung

a) *Erwartungshorizont:* ***turning point****: the moment when the old man tells the narrator: "Bin waiting for you to come back, mate."*; ***climax****: when the narrator learns from the old man that the girl died fifty years ago*
b) *Individuelle S-Antworten*

Tipps für junge Lehrer

Bei vielen Texten ist der individuelle Leseeindruck entscheidend für die Festlegung von *turning point* und *climax*. Die S-Beiträge sollten daher nicht als „richtig" oder „falsch" gewertet werden.

Üben

4 Writing texts: A newspaper report

Seite 93

Methodisches Vorgehen

- L und die S lesen die Aufgabenstellung gemeinsam. L legt eine vorbereitete Folie mit Hinweisen zum Schreiben eines Zeitungsberichts auf (siehe *Green Line 3*, S. 85). Die S übernehmen die Hinweise in ihre Hefte.
- Die S machen sich in PA Notizen und schreiben einen Zeitungsbericht über den Unfall des Mädchens. Mehrere Zeitungsberichte können anschließend im Plenum vorgelesen werden.

TIP
Green Line 3, S. 85

TA

Writing a newspaper report
- headline (tells the reader what the article is about)
- basic information (Who? What? When? Where?)
- interesting details (after the basic information)
- background information (on the topic)
- ending

Erweiterung

- Die S schreiben ihre Berichte für verschiedene Zeitungen (seriöse Zeitung, „Klatschpresse"). Dabei sollte ihnen die Möglichkeit gegeben werden, Informationen einzubauen, die sie sich selbst ausgedacht haben.

Lösung

Individuelle S-Antworten

Tipps für junge Lehrer

Um den Unterschied zwischen seriösen Zeitungen und der „Klatschpresse" deutlich zu machen, empfiehlt es sich, den S zur Veranschaulichung zwei Beispielseiten zu einem selbst gewählten Thema mitzubringen.

Material
Ggf. Leerfolie, Zeitungsausschnitte

Üben

5 Internet project: The Aboriginal world

Seite 93

Methodisches Vorgehen

- a) + b) Das Durchführen einer Internetrecherche erfordert sehr viel Zeit. Aufgrund der Komplexität des Themas und der damit verbundenen sprachlichen Herausforderungen sollte L im Vorfeld entscheiden, ob die Aufgabe für alle S geeignet ist oder nur einzelne S angesprochen werden sollen.
- Alternative: L gibt verschiedene Internetadressen vor und formuliert dazu passende Aufgaben, die von allen S bearbeitet werden (z. B. http://www.aboriginalartonline.com, http://teachers.ash.org.au/jmresources/dreaming/stories.html, http://www.safaris.net.au/info/dreaming).
- Die Recherche sollte als langfristige Aufgabe formuliert und als Zusatzleistung berücksichtigt werden.

TIP
Als Differenzierung einsetzen

Lösung

a) + b) *Individuelle S-Antworten*

⟨Stone cold⟩ by Robert Swindells (after Unit 2)

Seite 94–95

Ziele
- Einen Auszug aus einem Jugendroman verstehen
- Über Realismus in literarischen Texten diskutieren
- Story-Elemente herausarbeiten
- Einen Text aus einer veränderten Perspektive nacherzählen
- Eine Bewerbung schreiben

Text ⟨Stone cold⟩ Seite 94

Robert Swindells (born in 1939) is an English author of children's and young adult literature. Born in Bradford, Swindells worked for a local newspaper after leaving school at the age of 15. He served in the Royal Air Force and held various jobs before training as a teacher. Swindells combined writing with teaching until 1980 when he took up writing full-time. He first won the Children's Book Award in 1984 with *Brother in the Land*, a novel set in a post-apocalyptic world. His young adult novel *Stone Cold* won the Carnegie Medal in 1993, an award in honour of the Scottish philanthropist Andrew Carnegie.

Hinweis Der Roman *Stone Cold* von Robert Swindells ist als Lektüre für den Unterricht bei Klett erschienen (ISBN 978-3-12-578145-0). Der dazugehörige *Teacher's Guide* ist unter der ISBN 978-3-12-578146-7 erhältlich.

Wortschatz Annotationen S. 94–95

Üben

1 Personal qualities

Seite 94

Methodisches Vorgehen
- L schreibt die Leitfrage *What personal qualities are important for a job?* an die Tafel / auf Folie. Die S sammeln Ideen in Einzelarbeit. Dabei kann die *How to*-Aufgabe in Unit 2 (S. 32, *ex.* 7) Hilfestellung geben. Vergleich der Ergebnisse mit einem/einer Partner/in und anschließend im Plenum.
- Die S lesen den Einführungstext und den ersten Teil des Textes (Z. 1–42) in Einzelarbeit. L gibt individuelle Hilfestellung. Anschließend werden erste Reaktionen im Plenum gesammelt.

Material
Ggf. Leerfolie

Lösung *Individuelle S-Antworten*

Üben

2 Stop and think

Seite 94

Methodisches Vorgehen
- a) Die S lesen den ersten Teil des Textes noch einmal und stellen in Einzelarbeit oder PA die Informationen über den Protagonisten zusammen. Anschließend Vergleich der Ergebnisse im Plenum. Die S-Beiträge können in Stichworten an der Tafel festgehalten werden.
- b) Die S sammeln im Plenum mögliche Gründe, warum Link seinen Vermieter als *rat-face* bezeichnet. Die Aufgabe kann alternativ auch als Hausaufgabe bearbeitet werden.

HA

Erweiterung
- Die in Teilaufgabe a) gesammelten Informationen können um den Aspekt *how he feels* erweitert werden. Die Infoboxen im *Dictionary* (S. 141 und 144) liefern dazu hilfreiches Vokabular.

Lösung

Erwartungshorizont:
a) *a teenager from Bradford; runs away to London; rents a little room, tries to find a job, but has no chance; looks like a tramp after some weeks; cannot understand why nobody wants to give him a job, …*
b) *Link might call the man "rat-face" because he thinks that the man is only interested in money and cheats on others. Maybe the man's face is ugly and grey so that it reminds him of a rat.*

Material
Ggf. Leerfolie

Üben

3 Think about the novel

Seite 95

Methodisches Vorgehen

- Vor der weiteren Arbeit mit dem Text erläutert L die Abkürzung DSS *(Department of Social Security: the British government department which is responsible for supporting people in difficult situations, e.g. when they are unemployed or have no place to stay).*
- a) L und die S diskutieren die Frage, ob diese Geschichte realistisch ist. Alternative: Die S tauschen sich zunächst mit einem/einer Partner/in aus, bevor verschiedene Antworten im Plenum diskutiert werden.
- b) Die S bearbeiten die Aufgabe in PA. Anschließend Vergleich der Ergebnisse im Plenum. Dabei überprüfen die S ihre zuvor angestellten Vermutungen.
- c) Im Plenum formulieren die S eine begründete Stellungnahme zum Verhalten von *rat-face*. In leistungsschwächeren Lerngruppen sollte L den S die Gelegenheit geben, sich vorab Notizen zu machen.

HA

Lösung

a) *Individuelle S-Antworten*
b) *Erwartungshorizont:* ***Link:*** *sleeping in your clothes makes you look scruffy (ll. 9–10), I looked like a tramp (l. 11), I started getting really depressed (l. 13), my willingness to be out and about early (ll. 33–34), I'd offered my services (l. 35), I'd thought things were bound to work out (ll. 86–87) → Link is characterized by what he tells about himself (direct characterization).* ***"rat-face":*** *he said two words (l. 48), he had a bunch of my shirt in his fist (ll. 59–60), he hissed (l. 61), "I make the rules around here." (ll. 62–63), "I'll give you five minutes to pack your stuff and get out." (ll. 64–65), he shoved me (l. 65), he snarled (l. 70), his laughter rang in my ears (l. 81) → "Rat-face" is characterized by how he acts (indirect characterization).*
c) *Individuelle S-Antworten*

Üben

4 Story elements

Seite 95

Methodisches Vorgehen

- Mit Hilfe der *Skills*-Seite in Unit 1 (SB, S. 20) werden im Plenum kurz die Begriffe *setting, turning point* und *climax* wiederholt.
- Die S bearbeiten die Aufgabe in Einzelarbeit oder PA. Anschließend Vergleich der Ergebnisse im Plenum. L sollte darauf achten, dass die S ihre Vorschläge auch tatsächlich begründen.

Erweiterung

- Zur weiteren Arbeit mit dem Text kann **KV 2: Stone cold** eingesetzt werden.

TIP
Funktion des *first-person narrator* erklären lassen

Lösung

Erwartungshorizont:

setting	*different places in London (Link's room, on the street, …); two weeks in Wharfedale Road; a Friday night, eight o'clock*
turning point	*l. 43: "rat-face" comes to Link's room and wants to get his money; Link realises that he has no perspective*
climax	*l. 79: "I'll have you for this." → Link thinks of taking revenge.*

Material
Kopiervorlage 2

Üben

5 Perspective

Seite 95

Methodisches Vorgehen

- L und die S lesen die Aufgabenstellung gemeinsam. L weist die S darauf hin, dass sie nicht jeden Satz umformen müssen, sondern sich auf die wesentlichen Informationen beschränken sollten. Anschließend schreiben die S den Text in Einzelarbeit um.

HA

Lösung

Individuelle S-Antworten

Üben

6 Collaborative writing: A letter of application

Seite 95

Methodisches Vorgehen

- L und die S lesen die Aufgabenstellung gemeinsam. Anschließend überlegen die S in Kleingruppen, welchen Job Link übernehmen könnte und schreiben eine Bewerbung für ihn. Dabei können die Hinweise auf der *Skills* Seite in Unit 2 (SB, S. 33) Hilfestellung geben. Alternativ können vor der GA Vorschläge für mögliche Jobs im Plenum gesammelt werden.
- Nach Beendigung der Arbeitsphase werden mehrere Bewerbungen im Plenum vorgelesen und gemeinsam besprochen.

TIP
Skills, S. 33

Lösung

Individuelle S-Antworten

Tipps für junge Lehrer

L sollte die S dazu ermutigen, sich auch „unrealistische“ Jobs für den Protagonisten zu überlegen. Es geht bei dieser Aufgabe nicht um einen unbedingten Realitätsbezug, sondern um die Fähigkeit, eine Bewerbung zu formulieren.

⟨A history of rock and pop music⟩ (after Unit 3)

Seite 96–98

Ziele
- Einen Text über die Geschichte der Rock- und Popmusik seit 1950 lesen
- Musikgenres kennen lernen
- Aktuelle Musikarten nach Genres ordnen
- Ein Projekt über Musiker und Bands durchführen

L Text

⟨A history of rock and pop music⟩

Seite 96–98

Wortschatz

Annotationen S. 96–98

Methodisches Vorgehen

- Dieser Überblick über die Musikgeschichte kann als Grundlage für eine Reihe von S-Aktivitäten bzw. -Projekten dienen. Aufgrund des zu erwartenden höheren Zeitaufwandes ist eine langfristige Planung bzw. Aufgabenverteilung sinnvoll. Es bietet sich an, die Unterrichtsphase mit *ex.* 3 zu beginnen, die als längerfristige Aufgabe formuliert wird. Ideal wäre eine Zusammenarbeit mit dem Fach Musik.
- SB geschlossen. L stellt eine Impulsfrage: *What role does music play in your life?* Alternative: Die S füllen den Fragebogen auf **KV 3: Music makes the world go round** aus. Vergleich der Ergebnisse mit einem/einer Partner/in. Anschließend werden die Fragebögen im Plenum ausgewertet.
- L und die S lesen den Text bis Z. 11 gemeinsam. Anschließend werden die weiteren Textabschnitte arbeitsteilig bearbeitet (Gruppe 1: *The 1950s*, Gruppe 2: *The 1960s*, Gruppe 3: *The 1970s*, Gruppe 4: *The 1980s and 1990s*).

- Die Gruppen lesen ihre Textabschnitte und machen sich Notizen, um sie anschließend in einem Kurzvortrag *(a one-minute talk)* im Plenum präsentieren zu können. Ggf. kann hier bereits als Vorbereitung auf *ex.* 3 eine Liste der in den Texten genannten Interpreten an der Tafel erstellt werden.
- Der letzte Abschnitt, *The 21st century*, wird gemeinsam gelesen und kann als Einstimmung für *ex.* 2 genutzt werden.

TA

A history of rock and pop music
1950s: Bill Haley, Little Richard, Elvis Presley
1960s: Jimi Hendrix, Rolling Stones, Janis Joplin, Joan Baez, Bob Dylan, The Beatles
1970s: Queen, Led Zeppelin, David Bowie, Ramones, Sex Pistols, Donna Summer, The BeeGees, Gloria Gaynor, Chic
1980s and 1990s: Michael Jackson, Madonna, Whitney Houston, Mariah Carey, Nirvana, Oasis
The 21st century: Christina Aguilera, Amy Winehouse

Erweiterung
- Je nach Zeit und Interesse können einzelne S beauftragt werden, Kurzvorträge zu Themen vorzubereiten, die im Text nur kurz erwähnt werden, z. B. Hippie-Bewegung, Woodstock-Festival, MTV.

Material
Lehrer-CD 4/13–23
Kopiervorlage 3

Üben

1 Other kinds of music — Seite 98

Methodisches Vorgehen
- Die S sammeln in PA weitere Musikgenres und überlegen, warum diese wichtig sind. Anschließend Besprechung der Ergebnisse im Plenum. Dabei kann an der Tafel eine Liste mit den genannten Musikgenres erstellt werden.
- Alternative: Die S erstellen eine Liste als Hausaufgabe und bringen jeweils ein Lied/Musikstück mit, um das entsprechende Musikgenre vorzustellen. HA

Lösung
Individuelle S-Antworten

Üben

2 Present and future — Seite 98

Methodisches Vorgehen
- Die S bilden Kleingruppen und sammeln Ideen, um die *History of rock and pop music* für die Gegenwart zu ergänzen. Anschließend stellen die S Vermutungen an, wer die Stars der Zukunft sein werden. In leistungsschwächeren Lerngruppen können zunächst Ideen im Plenum gesammelt werden.
- Alternative: Die S wählen einen noch unbekannten Sänger/eine noch unbekannte Sängerin bzw. eine Gruppe aus und stellen diese im Plenum vor. Dabei können auch Hörbeispiele, Videoclips, etc. eingesetzt werden. HA

Lösung
Individuelle S-Antworten

Tipps für junge Lehrer
Da sich *ex.* 2 und 3 inhaltlich ergänzen, können beide Aufgaben miteinander verknüpft werden. Die S sind in der Regel mit den gängigen Präsentationstechniken vertraut, weshalb auf längere Erläuterungen verzichtet werden kann. Die *Useful phrases* auf S. 216 können bei der abschließenden Präsentation Hilfestellung geben.

Üben

3 A project: Music through the decades — Seite 98

Methodisches Vorgehen
- Die S finden sich je nach Musikinteresse gruppenweise zusammen (max. 4–5 S) und besprechen die weitere Vorgehensweise. L gibt einen Zeitrahmen vor und

leistet bei Bedarf individuelle Hilfestellung.

Erweiterung

- Im Anschluss an die Präsentation der einzelnen Projekte empfiehlt sich ein Musikquiz, das von den S (ein/e S pro Projektgruppe) zusammengestellt wird.

Lösung

Individuelle S-Antworten

Tipps für junge Lehrer

Wird die Aufgabe bewertet, sollten die Bewertungskriterien im Vorfeld gemeinsam festgelegt werden. Den S sollte dabei bewusst werden, dass es zwar um die Präsentation eines Gesamtergebnisses geht, aber auch deutlich werden muss, dass jedes Gruppenmitglied an der Erarbeitung beteiligt und für einen speziellen Bereich verantwortlich war.

⟨Slam poetry⟩ (after Unit 3)

Seite 99

Ziele
- Ein *slam*-Gedicht vortragen
- Ein eigenes *slam*-Gedicht schreiben

Text/Üben

Slam poetry

Seite 99

Slam Poetry wird auch in Deutschland immer beliebter. Viele Fernsehsender (vor allem die dritten Programme) bieten zu festen Sendeterminen Live-Mitschnitte und Aufzeichnungen von *Slam Poetry*-Veranstaltungen an. Auch im Internet finden sich Videoclips, die einen ersten Eindruck vermitteln, z. B. auf http://www.wdr.de/tv/poetryslam oder http://www.arte.tv/ (Suchbegriff: *poetry slam*). Weitere Informationen können unter http://www.poets.org nachgelesen werden.

Methodisches Vorgehen

HA

- a) Die S lesen das Gedicht und überlegen sich, welche Gefühle darin ausgedrückt werden. Anschließend Vergleich der Ergebnisse im Plenum.
- In PA entscheiden die S, wie das Gedicht am besten vorgetragen werden sollte. L leistet individuelle Hilfestellung. Mehrere S lesen anschließend das Gedicht laut im Plenum vor.
- b) Die S probieren mit einem/einer Partner/in verschiedene Arten des Vortrags aus und überlegen sich anschließend eine Fortsetzung des Gedichts.
- c) L und die S lesen die Grundregeln für einen *poetry slam* gemeinsam. Anschließend tragen mehrere S ihre Gedichte aus Teilaufgabe b) in Form eines *poetry slam* vor. Hierzu werden fünf Jurymitglieder aus dem „Publikum" bestimmt, die anschließend eine Bewertung vornehmen.

Erweiterung

- Die S erhalten als längerfristige Hausaufgabe den Auftrag, ein Gedicht für einen *poetry slam* zu schreiben. Die Themenschwerpunkte können vorab im Plenum oder individuell festgelegt werden.
- Wenn bei den S Interesse besteht, kann ein *poetry slam* zwischen mehreren Klassen organisiert werden.

Lösung

a) 1. *Erwartungshorizont: girl is excited (ll. 22–23), feels loved (l. 24), becomes sad and lonely (ll. 26–28), gets angry and frustrated (l. 29), is angry about herself (l. 33)* 2. *Individuelle S-Antworten*
b) + c) *Individuelle S-Antworten*

Material
Ggf. Videoclips

⟨Deportation at breakfast⟩ by Larry Fondation (after Unit 4) Seite 100–101

Ziele
- Literarische Termini zur Interpretation anwenden
- In Ansätzen die Eigenart der amerikanischen *short story* verstehen
- Anhand des Textes über Menschenrechte und deren Verletzung diskutieren

Text ⟨Deportation at breakfast⟩ Seite 100–101

Larry Fondation is an American author, concentrating largely on the Los Angeles area where he has lived for fifteen years. Fondation worked with the Industrial Areas Foundation that sets up organisations promoting social change at the grass-roots level. Fondation is currently working for a teacher training company that helps underperforming schools to raise their academic standards.

Wortschatz Annotationen S. 100–101

Methodisches Vorgehen
- Als Ergänzung oder als Alternative zu den im SB vorgeschlagenen Aufgaben kann auch der Lernzirkel unter http://www.klett.de (Suchbegriff *Deportation at breakfast*) eingesetzt werden.

Üben **1 Deportation** Seite 100

Methodisches Vorgehen
- L schreibt den Titel der Kurzgeschichte an die Tafel und unterstreicht den Begriff *deportation*. Die S sammeln Ideen, was sie mit diesem Begriff verbinden. Anschließend kann eine kurze Definition auf Folie präsentiert werden.
- Die S spekulieren anhand des Titels über den Inhalt der Kurzgeschichte. Die S-Beiträge werden in Stichworten an der Tafel gesammelt. Da vielen S das Aufstellen von Hypothesen schwer fällt, sollte L diese Phase kurz halten. Anschließend lesen die S den ersten Teil des Textes in Einzelarbeit.

Lösung

deportation: the act of forcing someone to leave a country, especially someone who has no legal right to be there or who has broken the law

Material
Ggf. Leerfolie

Üben **2 Stop and think** Seite 100

Methodisches Vorgehen
- Nach dem Lesen des ersten Teils überprüfen die S im Plenum ihre zuvor angestellten Vermutungen über den Inhalt der Kurzgeschichte. L sollte darauf achten, dass die S ihre Erklärungen in vollständigen Sätzen formulieren.
- Anschließend wird der zweite Teil des Textes gemeinsam gelesen.

Lösung

Individuelle S-Antworten

Üben **3 Stop and think** Seite 100

Methodisches Vorgehen
- a) Im Plenum spekulieren die S über mögliche Gründe für Javiers Verhaftung. L weist dabei noch einmal auf die Definition des Begriffs *deportation* hin.
- b) Nach ersten Spekulationen über mögliche Gründe äußern die S ihre Meinung zu Javiers Verhaftung.
- Die S erschließen den letzten Teil des Textes in Einzelarbeit. Anschließend stellt

L Fragen zur Sicherung des Textverständnisses. Die S äußern erste Reaktionen. L: *Did you expect this to happen?/Is the ending of the story realistic?*

Lösung

a) + b) *Individuelle S-Antworten*

Üben

4 Reactions

Seite 101

Methodisches Vorgehen

- a) Die S fassen in Einzelarbeit die Reaktionen der Gäste und des Erzählers kurz zusammen. Vergleich der Ergebnisse mit einem/einer Partner/in und anschließend im Plenum. HA
- b) Die S äußern im Plenum ihre Meinung über die Reaktionen der Gäste und des Erzählers.

Erweiterung

- L fragt die S nach ihren eigenen Erfahrungen: *Have you ever experienced a situation when people looked away and didn't help? Why do people react like this? Are people only interested in their personal needs/their own business?*

Lösung

Erwartungshorizont:
a) ***What happens?*** *the narrator realises that Javier has worked alone in the café; decides to get his breakfast himself; is regarded as the cook; takes orders from new customers; serves breakfast; thinks of hiring a waitress;* ***reaction of the customers:*** *two elderly ladies are talking; two elderly men are reading the paper; do not notice Javier's exit; pay their bills; surprised that the narrator does not remember their meals; no reactions to Javier's deportation;* ***reaction of the narrator:*** *thinks about Javier but not about the reasons for his deportation; makes plans; thinks of running the place*
b) *Individuelle S-Antworten*

Üben

5 Short stories

Seite 101

Methodisches Vorgehen

- L und die S lesen die Aufgabenstellung gemeinsam. Anschließend bearbeiten die S die Aufgabe in PA. Vergleich der Ergebnisse im Plenum.

Erweiterung

- An dieser Stelle bietet es sich an, **KV 1: Talking about short stories** einzusetzen. Die KV wurde für die Kurzgeschichte *Going home* konzipiert, lässt sich aber leicht anpassen.

Lösung

Erwartungshorizont: ***beginning:*** *There is no real introduction. The story starts with a description of the signs in the window. We do not have any information about the person who tells the story. So the reader gets curious about what will happen and continues reading.* ***ending:*** *The ending is surprising because the narrator now works in the café and serves breakfast. The reader wants to know if the narrator will run the café and hire a waitress. So the ending is surprising and open at the same time.*

Material
Kopiervorlage 1
Ggf. Leerfolie

Üben

6 An American short story

Seite 101

Methodisches Vorgehen

- a) Je nach Kenntnisstand der S bezüglich des Begriffs *American Dream* kann diese Teilaufgabe gemeinsam im Plenum besprochen werden. Die S erklären, inwieweit die beiden Charaktere der Kurzgeschichte den *American Dream* leben. Die S-Beiträge werden an der Tafel festgehalten.
- b) Die S schreiben eine Fortsetzung der Geschichte als Hausaufgabe. HA

Erweiterung

- Als weitere Aufgabe zum *Creative writing* können die S aufgefordert werden, die Kurzgeschichte in ein Drehbuch umzuschreiben. Dabei können die Hinweise auf der *Writing texts*-Seite in Unit 3 (SB, S. 58) Hilfestellung geben.

Lösung

a) *Erwartungshorizont:* ***Javier:*** *works hard to have a better life; his place looks "better than most" (ll. 3–4) because he wants the customers to come back; he is dressed immaculately (l. 24) and the food is good (l. 32) → knows that he can only make money and be successful when he is better than the other café owners;* ***narrator:*** *interested in doing something; doesn't leave the café but looks after the food and serves the customers (ll. 53–57); even thinks of working in the place and hiring a waitress (ll. 89–90) although he doesn't know exactly how to run a café → tries to start something new and to make the best of it*

b) *Individuelle S-Antworten*

⟨Battle of the books⟩ (Throughout the school year)

Seite 102–103

Ziele
- Romane vollständig lesen
- In einer Wettbewerbssituation das Romanverständnis überprüfen und Romane im Ansatz interpretieren
- Das *creative writing* üben

Üben ⟨Battle of the books⟩ Seite 102–103

Methodisches Vorgehen

Vorbereitung:
- Zu Beginn des Schuljahres lesen L und die S die Erläuterungen auf S. 102–103 gemeinsam. L sollte die Bände *Green Line 2–5* im Unterricht dabei haben, um die entsprechenden Textauszüge in Erinnerung rufen zu können.
- Bei der Vorbereitung des Wettbewerbs können den S auch die im *Workbook* angebotenen Aufgaben behilflich sein.
- L erstellt einen Katalog mit Fragen und Aufgaben. Wird der Wettbewerb in mehreren 9. Klassen durchgeführt, kann dies in enger Absprache mit den Fachkollegen/-kolleginnen erfolgen.

Durchführung:
- Zum internen Vergleich in der Klasse werden die S in Gruppen eingeteilt. Die Anzahl der Gruppenmitglieder ist dabei von der Klassenstärke abhängig. Während des Wettbewerbs können sich die Gruppenmitglieder untereinander beraten.
- Im Anschluss kann der Wettbewerb zwischen den Klassen der entsprechenden Jahrgangsstufe durchgeführt werden. Dabei werden die besten Teilnehmer/innen des Klassenwettbewerbs für den übergreifenden Wettbewerb ausgewählt.

Material
Workbook S. 13–14, 32, 46

KV 1: Talking about short stories

a) *Look at the typical characteristics of a short story:*

A short story often starts unusually ("medias in res" – right in the middle of the action).

The story is often set at one place and does not last very long.

There are only a few characters.

Short stories can have different endings (attention: endings not ends!), often they end with a surprise (endings: surprising, open, dramatic)

A short story describes one important moment / situation in the life of the main character ("snapshot of life").

b) *Now read the short story* Going home *again and see which characteristics you can identify. Complete the grid.*

Element	Reference to the text ("Going home")
beginning	There is no real introduction. The beginning of the story only tells us that a girl is standing off the road. (l. 1)
characters	
plot	
place and time	
ending	

c) *Now write a short text that includes the elements in b) to prove that* Going home *is a short story. Don't forget to refer your answers to the text. Use your exercise book. The following phrases can help you:*

… is a typical characteristic of a short story. • In the story (title + author) we … •
It is typical of a short story that … • Another characteristic is … • In this particular story … •
In … (title + author) this can be proved with the help of lines … - … •
There is some evidence in lines … that …

d) *Do you like short stories or do you prefer longer stories / novels? Give reasons for your answer. Use your exercise book.*

Lösung: b) ***characters:*** *There are only a few characters – the girl, the narrator and the girl's brother;* ***plot:*** *The story describes an important moment in the life of the main character: The girl is finally going home.* ***place and time:*** *The story is set at one place – in the Australian outback –, and the action does not last very long. The story only describes a half an hour's drive and the conversation between the narrator and the girl's brother.* ***ending:*** *The ending of the story is surprising. The narrator hears from the girl's brother that she died many years ago.*

ISBN 978-3-12-547163-4

KV 2: Stone cold

a) *Read the extract from* Stone Cold *again and finish the following sentences.*

1. Link leaves home because ______________________________

____

2. He doesn't find a job because ______________________________

____

3. Link has to leave his room because ______________________________

____

4. Link is desperate in the end because ______________________________

____

b) *Link can't understand why nobody wants to give him a job. Explain why.*

____

____

c) *Explain the following sentences in your own words.*

1. "… and I could hardly drag myself out of bed in the morning." (ll. 38–39) – ______________________________

____

2. "I'll have you for this." (ll. 79–80) – ______________________________

____

d) *The story is told by a first-person narrator. Where can you see that in the story? What influence does a first-person narrator have on you, the reader?*

____

____

Lösungsvorschlag: a) 1. *… his dad has left the family and Link doesn't get along with his mother's new boyfriend.* 2. *… most employers want people with experience or they don't accept people who are unemployed. After a while Link looks like a tramp and nobody wants to take him like this.* 3. *… he doesn't have enough money to pay for his room.* 4. *… he knows that now he is a homeless kid, too.* b) *Link thought that the employers would be impressed by his willingness to look for a job early in the morning or late at night, but they don't want to give him a job. He can't believe that in a city as big as London there is no job for him. In the movies he has seen the search for a job always works out.* c) 1. *Link is so frustrated and sad that he has no motivation to get up in the morning.* 2. *Link thinks of taking revenge one day and showing "rat-face" that he made a mistake when forcing him to leave the room.* d) *The narrator is a character in the story. He uses the pronouns 'I' and 'me'/'my' when he speaks about his situation and feelings. The reader gets the feeling that he/she is in the story together with the narrator, and that he/she can better understand the narrator's feelings and behaviour. This makes the story more realistic.*

Klett

ISBN 978-3-12-547163-4

KV 3: Music makes the world go round

MUSIC

1. My favourite music style is ______________________________

2. My favourite song / piece of music is ______________________________

3. The song is about ______________________________

4. I like it because ______________________________

5. I absolutely don't like ______________________________

   because ______________________________

6. While listening to a song I concentrate on
   ☐ the music.
   ☐ the lyrics.
   ☐ both.

7. I ☐ often ☐ sometimes ☐ never listen to German singers / groups.

8a) My favourite German singer / group is ______________________________

or

8b) I don't like German songs because ______________________________

9. In the music lessons at school I would like to listen to ______________________________

   music and get to know more about ______________________________

10. I think English songs can help me to improve my English ☐ yes ☐ no

    because ______________________________

11. When do you usually listen to music and why?

    ____

    ____

    ____

ISBN 978-3-12-547163-4

Bildquellennachweis

U1/U4 Getty Images (Digital Vision), München; **16.1** Klett-Archiv (Kraus, P. (Wäschenbeuren)), Stuttgart; **16.2** Getty Images RF (Photodisc), München; **16.3** laif (Ursula Meissner), Köln; **16.4** Avenue Images GmbH (Corbis RF), Hamburg; **43.1** iStockphoto (twobluedogs), Calgary, Alberta; **43.2** laif (Emmler), Köln; **44.1** Corbis (Michael A. Keller/zefa), Düsseldorf; **44.2** Avenue Images GmbH (Image Source), Hamburg; **45.1** Voller Ernst (Marske), Berlin; **45.2** Corbis, Düsseldorf; **46.1** Getty Images RF, München; **46.2** shutterstock (Debra James), New York, NY; **46.3** shutterstock (John Orsbun), New York, NY; **46.4** Picture-Alliance, Frankfurt; **47.1** Corbis (Sean Davey), Düsseldorf; **49.1** Corbis (Grace), Düsseldorf; **50.1** Corel Corporation Deutschland, Unterschleissheim; **51.1** shutterstock (Phillip Minnis), New York, NY; **51.2** Getty Images, München; **51.3** iStockphoto (EddWestmacott), Calgary, Alberta; **51.4** Avenue Images GmbH (Corbis RF), Hamburg; **51.5** Stockbyte, Tralee, County Kerry; **51.6; 51.13** MEV Verlag GmbH, Augsburg; **51.7** Fotosearch Stock Photography (Photodisc), Waukesha, WI; **51.8** Corbis (Penny Tweedie), Düsseldorf; **51.9** shutterstock (Ian Scott), New York, NY; **51.10** iStockphoto (James Thew), Calgary, Alberta; **51.11** Ullstein Bild GmbH (Weller), Berlin; **51.12** iStockphoto (Paul Morton), Calgary, Alberta; **51.14** Corel Corporation Deutschland, Unterschleissheim; **51.15** imago sportfotodienst, Berlin; **51.16** iStockphoto (iTobi), Calgary, Alberta; **53.1** iStockphoto (John Carnemolla), Calgary, Alberta; **53.2** Avenue Images GmbH (Stockbyte), Hamburg; **53.3** Cinetext GmbH, Frankfurt; **53.4** Klett-Archiv (Steffen Butz, Karlsruhe), Stuttgart; **54.1** iStockphoto (RF/Octavian Babusi), Calgary, Alberta; **55.1** iStockphoto (RF/Octavian Babusi), Calgary, Alberta; **56.1** Klett-Archiv (Wolfgang Schaar, Grafing), Stuttgart; **58.1** Corel Corporation Deutschland, Unterschleissheim; **58.2** iStockphoto (Arno Staub), Calgary, Alberta; **58.3** iStockphoto (RF), Calgary, Alberta; **58.4** Getty Images, München; **58.5** The Associated Press GmbH (Alan Root), Frankfurt am Main; **58.6** shutterstock (Patsy A. Jacks), New York, NY; **59.1** MEV Verlag GmbH, Augsburg; **59.2** The Associated Press GmbH (NyxoLyno Cangemi), Frankfurt am Main; **59.3** Avenue Images GmbH (image source), Hamburg; **59.4** iStockphoto (Dmitriy Shironosov), Calgary, Alberta; **59.5** iStockphoto (RF/ andres balcazar), Calgary, Alberta; **59.6** Corbis, Düsseldorf; **59.7** Getty Images RF (Mixa), München; **59.8** shutterstock (pixmac), New York, NY; **61.1** iStockphoto (Lee Daniels), Calgary, Alberta; **100.1** iStockphoto (DWlabsInc), Calgary, Alberta; **102.1** shutterstock (Kirsty Pargeter), New York, NY; **103.1** shutterstock (Andresr), New York, NY; **103.2** shutterstock (jirijura), New York, NY; **103.3** Alamy Images (Charles O. Cecil), Abingdon, Oxon; **103.4** Corbis (Mika), Düsseldorf; **104.1** Photothek.net Gbr (Thomas Imo), Radevormwald; **105.1** Avenue Images GmbH (Image Source), Hamburg; **105.2** LEGO GmbH, München; **106.1** JupiterImages photos.com (RF/photos.com), Tucson, AZ; **106.2; 106.3; 106.4** The Walt Disney Company (Germany) GmbH, München; **108.1** Kessler-Medien, Saarbrücken; **111.1** Corbis (Tom Stewart), Düsseldorf; **112.1** Bananastock (Banana Stock), Watlington/Oxon; **113.1; 113.2** URW, Hamburg; **113.3** Klett-Archiv (Bünstorf), Stuttgart; **114.2** Picture-Alliance (monster.de), Frankfurt; **116.1** Avenue Images GmbH (Brand X Pictures), Hamburg; **129.1** Schopf, Oliver, Wien; **157.1** shutterstock (RF/Alexander Sysoev), New York, NY; **157.2** shutterstock (AVAVA), New York, NY; **157.3** Avenue Images GmbH (stock disc), Hamburg; **157.4** Fotosearch Stock Photography (Stock Disc), Waukesha, WI; **158.1** Picture-Alliance (Picture-Allinace, Frankfurt dpa/Carstensen), Frankfurt; **159.1** Sascha Reuen, Essen; **161.1** Fotolia LLC (RF/soundsnaps), New York; **162.1** Ernst Klett Sprachen GmbH, Stuttgart; **164.1** Klett-Archiv, Stuttgart; **166.1** shutterstock (Gina Smith), New York, NY; **166.2** Ogilvy & Mather, Frankfurt am Main; **168.1** Klett-Archiv, Stuttgart; **169.1** creativ collection Verlag GmbH, Freiburg; **170.2** Getty Images RF (PhotoDisc), München; **170.3** Ingram Publishing, Tattenhall Chester; **171.1** The University of Alabama, Alabama; **172.1** getty images/photodisc; **172.2** iStockphoto (Jacob Wackerhausen), Calgary, Alberta; **172.3** laif (Contrasto), Köln; **172.4** shutterstock, New York, NY; **172.5** Avenue Images GmbH (image source), Hamburg; **172.6** Ingram Publishing, Tattenhall Chester; **172.7** Corel Corporation Deutschland, Unterschleissheim; **209.1** Dream Maker Software (RF), Colorado; **211.1** Das Fotoarchiv (Wolfgang Schmidt), Essen; **212.1** Corbis (Jeremy Horner), Düsseldorf; **212.2** Getty Images, München; **213.1** Fotosearch Stock Photography, Waukesha, WI; **213.2** Picture-Alliance (Michael Reynolds), Frankfurt; **214.1** iStockphoto, Calgary, Alberta; **215.1** Ullstein Bild GmbH (Granger Collection), Berlin; **218.1; 218.2; 218.3; 218.4** Cinetext GmbH (20th Century Fox), Frankfurt; **219.1** Klett-Archiv (Krensel, Hameln), Stuttgart; **219.2** AKG, Berlin; **219.3** EPD, Frankfurt; **219.4** iStockphoto (VikramRaghuvanshi), Calgary, Alberta; **219.5** Corbis (REUTERS/Shaun Best), Düsseldorf; **222.1** Alamy Images (Image Source/RF), Abingdon, Oxon; **222.2** Fotosearch Stock Photography (Banana Stock), Waukesha, WI; **227.1** Corel Corporation Deutschland, Unterschleissheim; **234.1** Fotosearch Stock Photography (PhotoDisc), Waukesha, WI; **248.1** Klett-Archiv, Stuttgart

Textquellennachweis

S. 40 © Sprint Music - Alle Rechte für Deutschland, Österreich und Schweiz bei Sony/ATV Music Publishing (Germany) GmbH

Nicht in allen Fällen war es uns möglich, den Rechteinhaber ausfindig zu machen. Berechtigte Ansprüche werden selbstverständlich im Rahmen der üblichen Vereinbarungen abgegolten.